미디어 내러티브와 스토리텔링

미디어 내러티브와 스토리텔링

브론웬 토머스 지음 | 황인성 옮김

컬처룩 미디어 총서 030

컬처룩 미디어 총서 030
미디어 내러티브와 스토리텔링

지은이 브론웬 토머스
옮긴이 황인성
펴낸이 이리라

책임편집 이여진
편집 하이픈
표지 디자인 엄혜리

2023년 3월 15일 1판 1쇄 펴냄

펴낸곳 컬처룩
등록 번호 제2011 – 000149
주소 03993 서울시 마포구 동교로 27길 12 씨티빌딩 302호
전화 02.322.7019 | 팩스 070.8257.7019 | culturelook@daum.net
www.culturelook.net

Narrative - The Basics
by Bronwen Thomas

ISBN 979 – 11 – 92090 – 16 – 0 94300
ISBN 979 – 11 – 85521 – 06 – 0 (세트)

culturelook

차례

일러두기

- 한글 전용을 원칙으로 하되, 필요한 경우 원어나 한자를 병기하였다.
- 한글 맞춤법은 '한글 맞춤법' 및 '표준어 규정'(1988), '표준어 모음'(1990)을 적용하였다.
- 외국의 인명, 지명 등은 국립국어원의 외래어 표기법을 따랐으며, 관례로 굳어진 경우는 예외를 두었다.
- 사용된 기호는 다음과 같다.

  신문 및 잡지 등 정기 간행물, 영화, TV 프로그램 제목 등: 〈 〉

  책(단행본): 《 》

옮긴이의 말

내러티브는 숨쉬기처럼 우리를 살아 있는 존재로 인식하게 하는 불가피한 본질이며, 우리가 세상을 이해하고 표현하는 데 요구되는 중요한 수단이다.

내러티브의 보편성과 편재성 그리고 침투성에 대해서는 이미 많은 학자가 지적한 바 있다. 그중에서도 롤랑 바르트의 "그것은 단순히 삶 그 자체처럼 거기에 있다"와 헤이든 화이트Hayden White의 "내러티브 능력이 없다거나 내러티브를 거부한다면 그것은 의미 자체의 부재나 거부를 가리키는 것이다"는 특히 기억에 남는다. 이런 맥락에서, 우리는 한순간도 내러티브로부터 벗어날 수 없고, 내러티브를 통해서만 세상에 대한 의미를 구성하고 이해하고 전달할 수 있다고 해도 과언이 아니다.

따라서 우리가 내러티브의 본질적 특징과 양상, 그리고 내러티브가 우리 삶과 관련해서 갖는 사회적이고 문화적인 의미와 기능 등에 대해 고민해 보는 것은 매우 중요한 일이 아닐 수 없다. 과거의 아날로그 문화에서 오늘날 디지털 문화로 변화하는 과정에서 말과 글 그리고 전기 및 디지털 기술의 발전으로 내러티브 문화가 급변하고 있다. 하지만 이 책의 저자가 말하듯 예측 불가능한 내러티브 기술의 발전과 변화 그리고 속도에도 불구하고 유사 이래 내려오는 내러티브의 기본은 변하지 않는다.

이와 같은 맥락에서 브론웬 토머스가 쓴 *Narrative: the Basics*는 중요한 책이다. 이미 국내에도 내러티브 또는 스토리텔링을 주제로 하는 많은 책이 소개되었다. 하지만 대부분 온전히 내러티브 관련 논의로만 구성되기보다는 저자들의 연구 관심에 따라 특정 주제나 미디어별로 집필되어 서사학 입문서로는 적절하지 않다. 그리고 영어권에서도 내가 탐색한 바로는 적절한 내러티브 관련 개론서를 발견하기 어려웠다. 이 경우에도 대부분 마찬가지로 한정적인 주제나 미디어에 국한되어 있거나 특정 이론가의 관점을 중심으로 하는 전문 서적이어서 서사학에 대한 개괄적 정보를 필요로 하는 독자에게는 적합하지 않은 것이 사실이다.

이러한 사실을 고려해 볼 때, 내러티브에 관심 있는 독자에게 이 책은 유용하다. 그리 두텁지 않은 한 권의 개론서에 많은 내용을 담고 있다. 내러티브 개념을 정의하는 기본 논의에서 출발해 프로프나 토도로프 등 초기 이론가들을 필두로 바르트와 레비스트로스, 주네트 등 굵직한 이론가들의 논의를 펼쳐나간다. 이 과정에서 근래의 신진 학자들을 포함하여 많은 관련 학자의 논의를 소개한다. 이는 특히 최근의 뉴 미디어 내러티브 문화에 대해 논의하는 8장에서 두드러진다. 또한 이론적 논의를 적절한 현대 내러티브 사례에 적용하여 살펴봄으로써 독자의 이해를 돕는다. 이는 이 책의 탁월한 점이기도 하다.

지난 30년 가까이 대학에서 내러티브 관련 과목을 가르치며 서사학 입문서를 써야겠다는 생각을 해왔지만 결국 실행에 옮기지 못했다. 서사학에 첫발을 딛는 독자에게 훌륭한 길잡이가 될 이 책은 역자의 이러한 무거운 마음을 어느 정도 덜어주었다. 직접 집필한 책처럼 독이성을 높이고자 최선을 다했으나, 정확한 의미 전달을 위해 다소 경직된 표현을 피할 수 없었음을 양해 바란다. 끝으로, 이 책의 출판을 위해 배려와 인내로 도움을 준 컬처룩에 깊은 감사의 말을 전한다.

황인성

서론 내러티브란 무엇인가

"내러티브는 인간이 있는 곳이라면 어디든 존재한다." (Abbott, 2008: xv)

"우리의 현실감은 점점 더 내러티브에 의해 구성된다." (Fulton, 2005: 1)

롤랑 바르트Roland Barthes가 내러티브는 "단순히 삶 그 자체처럼 거기에 있다"(1977: 79)라고 했을 때, 많은 사람은 그의 주장이 다소 과장되었다고 여겼다. 대부분 내러티브가 현실이나 삶의 본질이라기보다 상상이나 도피, 환상 등과 연관된 것으로 생각했다. 하지만 바르트는 내러티브가 마임, 스테인드글라스, 만화 등 다양한 형태를 통해 구현되고 여러 양식과 미디어를 아우르며 우리 주변에서 발견된다고 주장했다. 그는 내러티브가 구술 및 문자 문화의 주요 부분일 뿐만 아니라 시각적이고 다양식적일 수 있음을 보여 주었다. 또한 내러티브는 중립적 행위가 아니라 정치적인 것으로, 우리를 에워싼 세계에 우리가 대응하는 방식, 나아가 그것을 바라보고 경험하는 방식을 형성하고 규정하는 데 도움을 준다고 보았다. 내러티브가 단지 즐거움만 주는 것은 아니다. 그것은 우리를 가르치고, 우리에게 정보를 제공하고, 우리를 설득함으로써 여러 면에서 우리의 행동 그리고 타인과의 교류에 영향을 미친다.

내러티브 이론이 결코 바르트와 함께 시작하거나 끝나는 것은 아니다. 내러티브에 관한 많은 연구는 아리스토텔레스Aristoteles(BC 384~BC 322)의 《시학*Poetics*》으로부터 시작한다. 특히 아리스토텔레스의 플롯은 통합적 구성을 가리키는 개념이며 명확한 시작, 중간, 결말을 제공한다. 소설 형식이 부상하고 스토리텔링 형식으로서 산문 소설이 지배적 형식이 되면서 많은 작가가 자신들이 사용해 온 기술을 돌아보고 오늘날 당연하게 여기는 기법을 개발하고 개선했다. 특히 친절한 이야기 안내자로서 화자 형식의 등장은 헨리 필딩Henry Fielding과 로런스 스턴Laurence Sterne의 초기 소설에 많은 빚을 졌으며, 텔레비전과 영화의 보이스오버voice-over와 더불어 현재까지도 이어진다(3장 참조).

2장에서 자세히 논의하겠지만, 바르트는 1960년대와 1970년대에 내러티브 연구를 별개의 학문으로 전환하고 정착시킨 작가와 사상가 집단 중 한 사람이다. 그들의 획기적인 작업은 인문학뿐만 아니라 사회과학 및 최근에는 과학 분야까지 영향을 미친 '내러티브적 전환narrative turn'을 가져왔다. 이러한 변화의 배경에는 내러티브를 만들어 내려는 인간의 충동이 우리 마음의 작동 방식에 대한 통찰력을 제공할 수 있다는 주장이 있어 왔다.

바르트의 뒤를 잇는 이론가들도 내러티브의 중요성을 바르트만큼 강력하게 주장했다. 예를 들어, 특히 [문화연구자로] 영화 관련 글을 쓰는 그레임 터너Graeme Turner(2006: 98)는 최근 영화가 스토리텔링보다 스펙터클과 특수 효과에 더 집중할 수는 있지만, 여전히 "세상은 이야기의 형태로 '우리에게 온다'"는 사실을 인정한다. 일부 이론가들에 의하면, 내러티브에 대한 많은 주장이 너무 부풀려져 그 용어의 명확성이나 정확성을 잃고 있지만(예를 들면 Ryan, 2007), 내러티브 이론은 점점 더 다른 학문 분야와 연관되면서 인간 커뮤니케이션과 인식을 이해하는 중심이 되고 있다.

서사성

내러티브 이론은 내러티브의 본질적 속성, 또는 서사성narrativity을 구성하는 요인이 무엇인지에 답하기 위해 오랫동안 씨름해 왔다. 포터 애벗Porter Abbott(2008: 13)이 내러티브에 대해 "사건 또는 일련의 사건들에 대한 재현"이라고 정의한 것처럼, 이론가 대부분은 **사건**events, 순서sequence, 인과 관계를 바탕으로 내러티브를 정의했다. 하지만 애벗에 따르면, 내러티브 이론은 그것이 다루고자 하는 주요 문제 대부분에 대해 합의하는 데 실패했다. 내러티브를 규정하는 것은 무엇인가라는 질문은 뉴 미디어나 새롭게 떠오르는 미디어 형식이 논의에 포함되고, 또한 내러티브에 대한 생각이 우리 삶의 경험과 일상적인 현실을 개념화하는 거의 모든 면에서 사용되고 확장되면서 특히 중요해졌다.

마리로르 라이언Marie-Laure Ryan(2005)은 전통주의적 관점에서, 내러티브는 다른 모든 유형의 담론과 구별되는 "변치 않는 의미의 핵심"이며 시간과 문화 그리고 미디어를 넘어 이동하거나 전달될 수 있다고 주장한다. 하지만 이러한 이론들은 서사성을 **텍스트**에 내재된 특성으로만 인식하는 경향이 있다. 이와는 달리 우리가 독자로서 텍스트를 내러티브로 활성화하기 위해 무엇을 하는지의 문제에 더 집중하는 이론들도 있다. 예를 들어, 모니카 플루더니크Monika Fludernik(1996)는 우리가 독자로서 하는 일은 사건을 내러티브의 일부로 이해하는 방법을 찾는 것이며, 따라서 내러티브화narrativisation는 텍스트의 형식적 문제라기보다는 사람들이 텍스트를 읽어 내는 전략이라고 주장한다. 그뿐만 아니라 플루더니크가 정의한 서사성은 플롯보다는 체험성에 중점을 두며, 내러티브가 불러일으키는 감정 및 감각을 공유하는 의식적이고 구체적인 자아의 존재를 기반으로 한다.

마리로르 라이언의 정의에 따르면, 내러티브는 "시간이 지남에 따라 진화하는 구체적인 세계의 이미지"를 생산하는, 미디어에 구속되지 않는 "인지 구성체cognitive construct" 개념이다. 이러한 관점에서 내러티브가 의지하는 것은 독자가 지닌 "다음에 일어날 일에 관한 관심, 등장인물에 대한 감정적 애착"(Ryan, 2005), 무엇인가 스토리가 취할 수 있는 모든 다양한 구현물에 걸쳐 변함없이 유지되는 안정적이며 확실한 것이다. 이러한 관점에서, 라이언은 모든 종류의 내러티브 표면 구조의 기저에는 일종의 심층 구조나 핵 같은 것이 있어서 내러티브와 내러티브가 아닌 것을 구별할 수 있게 한다는 다른 이론가들의 견해에 동의한다. 그런데도 라이언(1992)은 서사성을 정도의 문제로 간주하는 다른 서사 학자들(예를 들어 Prince, 1982)과 같이 간단한 것에서부터 복잡한 것에 이르기까지 다양한 형태의 서사성을 수용한다. 서사성은 또한 시각성, 회화성, 음악성이라는 용어가 서사성과 조화를 이루거나 상반되는 방식으로 사용될 수도 있는 시각적 내러티브나 음악에 관한 한 달리 이해될 수 있다.

서사성narrativity/narrativehood은 인간성의 한 측면 혹은 그 조건으로 이해할 수도 있다. 바르트와 그의 동료 이론가들에게 인간이 내러티브 없이 존재할 수 있다는 것은 생각할 수 없는 일이다. 바르트에게 내러티브는 '초역사적이고 초문화적인' 것으로, 전 세계 모든 인류 문화에서 그리고 인류 사회에 대한 모든 역사적이고 고고학적인 기록에서 발견된다. 여기서 내러티브는 인간으로서 우리는 누구인가를 생각할 때 고려하는 기본이며, 우리가 시간을 어떻게 다루는지, 우리의 기억은 어떻게 작동하는지 그리고 우리는 우리의 정체성을 어떻게 생각하게 되는지 설명하는 기본이다. 내러티브는 또한 우리가 일상에서 무작위적으로 맞닥뜨리는 일과 경험을 이해하고 그것에 형태와 의미를 부여하는 데 도움을 준다.

내러티브를 이른바 구성주의 관점에서 보면, 이야기는 그냥 발생하는 것이 아니다. 이야기는 만들어지는 것이며(Bruner, 2004[1987]: 692), 우리가 접할 수 있는 이야기는 우리가 사는 특정 문화나 사회에 의해 형성되는 것이다. 이러한 관점에 따르면, 내러티브는 삶을 모방하지만 삶 또한 내러티브를 모방한다. 따라서 우리가 사는 세계에 대한 우리 감각과 우리 자신에 대한 생각은 이러한 내러티브 과정에 의해 형성된다.

내러티브와 마음

좀 더 최근에는 소설과 같은 내러티브 형식이 타인의 마음을 읽고 그에 공감하며 그들의 처지가 되어 우리 자신을 상상할 수 있는 능력을 훈련하는 데 도움을 준다고 말한다. **인지 서사학** cognitive narratology은 인지과학 및 심리학 연구를 활용하여 소설 및 기타 서사 형식이 복잡한 심리 상태 및 심지어 병리에 대한 통찰을 제공할 수 있다고 주장한다. 그간의 주장에 따르면, 이야기는 우리 모두가 인간으로서 공유하는 경험을 탐색하고 이해하는 데 도움이 되는 대본을 제공한다. 이는 거의 '두뇌 훈련'이긴 하지만 우리의 즉각적이고 개인적인 요구와 욕구를 넘어서는 감정과 사고 능력을 포함하는 것이다.

내러티브와 비내러티브의 종말

그러나 내러티브 이론의 아이디어들이 빠르게 확장되고 그 끝이 없는 것처럼 보이지만, 서사성은 우리 일상에서 불가피한 것이라는 개념에 대한 비판도 나온다. 예를 들어, 갈렌 스트로슨Galen Strawson(2004: 429)은 내러티브가 우리 삶의 불가피한 일부라는 개념뿐만 아니라 '서사성은 행복한 삶에 필수적'이라는 개념에 이의를 제기한다. 스트로슨은 "아주 비내러티브적 삶을 사는 훌륭한 길이 있으며" 서사성에 대한 집착은 자기 삶이 내러티브 모델에 어울리지 않는다고 느끼는 사람들에게 잠재적으로 위험하거나 파괴적일 수 있다고 주장한다.

예를 들어 의례, 노래, 시, 춤 등 다른 방식으로 경험을 보여 주거나 기록하거나 주관을 드러내는 것이 중요하다고 여기는 사람들은 "모든 것이 내러티브인 것은 아니다"(Schiff, 2007)라고 주장하기도 한다. 지금은 통상적으로 영화와 텔레비전을 떠올리며 내러티브 형식을 이야기하는데, 브라이언 리처드슨Brian Richardson(2007: 143)이 상기시키듯, 사건을 연기하는 것과 이야기하는 것의 구별이 유지되면서 "연극은 뒤처졌다." 8장에서 논의하겠지만, 새로운 테크놀로지는 특히 실제와 허구가 거의 구분이 안 되거나 사건을 인과 관계적으로 생각하는 것이 거의 불가능한 경우, 내러티브와 그 한계에 대한 우리의 이해를 넓히고 도전하는 길이 될 수도 있다.

한편, 서사론에서 "서술할 수 없는unnarratable"(Prince, 1987)이라는 말은 너무 부수적이거나 사소해서 서술할 필요조차 없는 사건이나 금기시하는 것, 따라서 서술될 수 없거나 되어서도 안 되는 일(예를 들어 등장인물이 화장실에 가는 일)에 대해 사용한다. 제럴드 프린스Gerald Prince(1988)는 일어나지 않는 것, 예컨대 결코 그 결실을 볼 수 없는 등장인물의 희망이나 꿈 또는 등장인물이 가보지 않은 길과 같은 것을 가리키는 개념으로, "서술에 반反하는 disnarrated"이라는 용어를 만들었다.

최근 많은 논객은 9·11이라는 끔찍한 사건 이후 사람들이 무슨 일이 일어났는지 이해하기 위해 더 '진지하거나' 사실에 근거한 방법을 찾을 것이며, 그래서 특히 액션 어드벤처나 판타지와 관련된 이야기를 즐기려는 욕구가 줄어들 것이라고 주장했다. 한동안 블록버스터 재난 영화는 인기 없는 저속한 취향의 영화로 여겨지는 듯했지만, 영화 제작자들은 재빠르게 9·11 사건에 대한 내러티브로 이야기를 만들기 시작했다(〈플라이트 93*United 93*〉, 〈트윈 타워*The Twin Towers*〉). 물론 신문과 TV 화면은 목격자들의 증언, 재구성 등을 통해 그날 이야기를 계속해서 다시 들려주었다.

미디어와 문화를 가로지르는 내러티브

유비쿼터스 및 웨어러블 컴퓨팅 시대에 우리는 끊임없이 이야기에 둘러싸여 있다는 생각은 논쟁의 여지가 없어 보인다. 소셜 네트워크 사이트가 자신의 일상생활 이야기를 공유하거나 유명인의 가십에 관한 토론을 일삼는 사람들로 붐비는 동안, 비디오 게임과 가상 현실은 우리가 스토리 세계로 들어가 사건을 관장할 수 있다는 몰입형 경험을 제공한다. 테크놀로지는 새롭고 미래 지향적인 것처럼 보일 수 있다. 그러나 여러모로 이런 활동은 인간은 언제나 이야기를 찾아 나서며 이야기하기를 바랄 것이라는 생각, 그리고 이 또한 아주 예전부터 스토리텔러들이 답습해온 패턴, 구조, 캐릭터 유형을 활용하는 익숙한 방식으로 하리라는 생각을 강화할 뿐이다. 동시에 (8장에서 보게 되겠지만) 새로운 테크놀로지는 스토리텔링을 위한 새로운 어포던스affordances[1]를 제공하여, 독자와 사용자가 내러티브와 상호 작용을 하고 심지어는 그것을 제어할 수 있게 하거나 우리에게 데이터베이스나 알고리즘과 같이 내러티브에 대한 새로운 이해를 제공할 수도 있다 (Manovich, 2001). 하지만 이러한 변화를 받아들일 때, 영화, 비디오게임 등 각 미디어 특유의 특징을 무시하면서 모든 미디어를 언어 기반의 내러티브 모델에 맞추려는 "전략적 오류"(Ryan, 2010: 25)를 경계해야 한다.

비록 초기 내러티브 이론가들이 거의 배타적으로 문학 텍스트에 초점을 두기는 했으나, 매우 다양한 분야(인류학, 언어학, 철학 및 문학 비평 포함)를 연결하는 노력도 했다. 내러티브 이론을 다양한 내러티브 형식과 미디어에 두루 잘 적응하고 적용할 수 있게 한 것은 크게 보면 간학제성interdisciplinarity의 가능성 때문이었다. '동일한' 이야기가 TV 화면, 스마트폰, 인쇄물 및 온라인을 통해서

1 어떤 행동을 유도한다는 의미에서 행동유도성이라고도 한다. 이 용어를 처음 소개한 심리학자 제임스 깁슨James Gibson에 따르면, 이는 행위자가 환경과 관계에서 일어날 수 있는 것을 가리키기도 한다. 예를 들어, 사과의 빨간색은 사과를 따 먹게끔 우리의 행동을 유도하고, 동그란 문손잡이는 우리에게 그것을 돌리게끔 행위를 유도한다. — 옮긴이

우리에게 전달되는 미디어 **융합**convergence 시대에 내러티브 이론은 특히 유용하고 적절하다. 동시에 최근 이론은 **포스트고전 서사학**postclassical narratology의 부상과 더불어 다양한 내러티브 형식과 미디어 관련 문제, 권력과 소외 문제에 대한 개입의 필요성 그리고 내러티브에 대한 새로운 사고방식 문제 등을 언급하며 과거의 경직된 형식주의에 이의를 제기해 왔다. 게다가 내러티브 이론은 주로 유럽과 미국의 관심사로 시작되었으나, 오늘날 중국과 오스트랄라시아Australasia[2] 학자들은 이 분야를 재정의하고 영미 내러티브에 초점을 맞추는 경향에 도전하고 있다.

책의 구성

이 책은 내러티브의 작동 방식에 대한 바르트의 열정적인 관심, 그리고 일상에서 우리를 둘러싼 내러티브에 대한 이해야말로 현대 사회가 어떻게 기능하고 누구를 위해 작동하는지 이해하고 도전하는 데 필수적이라는 그의 신념을 공유한다. 우리가 탐구하려는 동화, 인기 있는 TV 프로그램 또는 트위터를 통해 전해 듣는 이야기와 같은 내러티브는 일견 아주 기본적이며 해가 없는 것처럼 보인다. 하지만 우리는 이들이 제한적인 방식으로 우리

2 호주, 뉴질랜드, 서남 태평양 제도를 포함하는 지역을 말한다. — 옮긴이

현실을 구성하고 규정하며, 현실에서 벌어지는 사건들에 대해 특정한 관점의 설명만을 제시하는 반면에 많은 사람(예컨대, 여성, 노인 또는 소수 민족 집단)의 경험을 배제한다는 것을 발견할 것이다. 마찬가지로, 이야기는 기업 및 상업적 맥락에서뿐만 아니라 정치 영역에서도 설득 수단으로 활용될 수 있으며, 우리 자신을 특정 사회 구조와 관련하여 생각하는 방식에 영향을 줄 수도 있다.

이 책은 누가 이야기를 하고 우리가 공유하게 되는 관점은 누구의 것인지(3장) 등 내러티브를 구성하는 일부 기본 요소에 대하여 설명하고, 기본적인 내러티브의 구조를 규정하고 이해하는 데 도움이 되는 몇몇 핵심 이론(1장과 2장)을 살펴보는 방식으로 구성되었다. 이를 위해 이 책은 다양한 현대 미디어에서 발견할 수 있는 사례를 참고로 제시한다. 이는 이러한 내러티브 관련 이론과 견해를 독자가 즐길 만한 다양한 종류의 이야기에 적용하는 데 도움이 될 것이다. 이어지는 장(4장과 5장)에서는 내러티브가 어떻게 사건을 형성하거나 왜곡할 수 있는지, 그리고 이러한 것이 정치와 권력과 관련해서 갖는 함의는 무엇인지 살펴본다. 또한 남성/여성 수용자에게 어필할 뿐만 아니라 현대 사회에서 '남성적' 또는 '여성적'이라는 것은 무엇인지, 그리고 그 의미를 형성하고 규정하는 데 내러티브가 어떻게 젠더화되는지 탐구한다. 그다음으로, 특정 장르(7장)에 더욱 집중해서 범죄물 내러티브나 실화 이야기가 구조화되는 방식과 그것이 독자나 시청자인 우리에게 어떤 종류의 다양한 즐거움을 줄 것인지에 대해 더 깊이 탐구할 것이다. 6장에서는 독자와 시청자의 역할에 대해서 심도 있게 논의한다. 전통적으로 내러티브 이론가들은 스토리를 이야기하는 행위에 초점을 맞추었지만, 수용자와 독자가 스토리를 구성하고 다시 이야기하는 과정에 참여하는 일이 빈번해지면서 그들의 기여는 점점 더 중요한 고려 사항이 되고 있다. 디지털 테크놀로지가 가져온 엄청난 영향에 대해서는 8장에서 논의한다. 결론은 이 분야의 최근 발전 상황과 관련하여 최신 정보를 제공하는 한편 훗날 내러티브와 내러티브 연구에서 우리가 마주하게 될 방향에 대해 가늠해 본다.

내러티브 이론(특히 바르트와 그 동시대 사람들)에 대한 비판 중 하나는 사용하는 용어가 불필요하게 복잡하다는 것이다. 이 책은 가능한 한 그러한 전문 용어를 피하려고 노력하였다. 하지만 주요 용어에 대한 기본 정의는 주요 용어 편에 정리하였다. 내러티브 이론을 이해하는 최선의 방법은 그것을 실천에 옮겨 습득한 도구를 가장 잘 알고 있는 이야기 사례에 적용하면서 지나치게 경직되어 있거나 융통성 없어 보이는 이론에 도전하고 질문을 던지는 것이다. 이 책은 가능한 한 세계적 관심거리가 될 만한 내러티브를 참고하면서 요점을 설명한다. 이것이 힘들 경우는 포괄적인 사례(더 폭넓게 다큐멘터리나 일인칭 슈팅 게임을 참고하는 것과 같이)를 제시하거나 독자가 사례를 찾아 이해하는 데 도움을 줄 수 있는 맥락을 제공할 것이다.

이 책의 목적은 내러티브 연구의 전체 역사를 전반적으로 살펴보려는 것도, 새로운 모델을 제안하려는 것도 아니다. 특히, 이 책은 내러티브의 언어학 및 사회과학적 모델에 관여하지 않는다.

또한 동료들에게는 미안하지만 이 책은 만화와 그래픽 노블에 대한 논의를 많이 포함하지 않았다. 그 대신 내러티브 이론가들이 개발한 용어와 이론의 다양한 적용을 보여 주는 데 초점을 두고, 다양한 형식과 미디어, 작가와 독자, 심지어 허구와 현실 사이의 경계가 점점 더 모호해지는 시대에 내러티브가 끊임없이 우리를 사로잡고 감동시키며 뒤흔드는 구체적인 방법을 탐구하는 데 집중하였다.

다음은 지금까지 논의한 내용을 바탕으로 정리한 일부 주요 용어에 대한 정의다. 책 뒷부분에 있는 '용어 해설'에 있는 용어는 대부분 처음 나올 때 굵은 글씨체로 표시되어 있다. 추가로 읽을 만한 글도 책 뒷부분에 소개했다.

주요 용어

내러티브를 공부할 때 가장 혼란스러운 것은 우리가 일상 대화에서 스토리와 스토리텔링에 대해 이야기할 때 사용하는 용어가 다르게 사용되거나 더 전문적인 의미로 사용될 수 있다는 사실이다.

스토리

스토리는 내러티브 이론에서 내러티브의 기초가 되는 연대기적 사건 순서sequence를 가리키는 개념으로 사용된다. 나는 이것을 스토리의 '뼈대,' 즉 우리가 누군가에게 내러티브란 무엇인지에 대한 맛을 보이고자 할 때 고려했을 법한 사건the events으로 정의하곤

한다. 이것이 흔히 내러티브 이론가들이 스토리에 대해 언급하는 방식이다. 그래서 우리는 자신이 이야기를 들은 내러티브에 대해 분석하고, 그렇게 이야기를 전달하는 방식에 선택된 것들은 무엇이며, 이들이 어떻게 작용했는지 보다 잘 이해할 수 있게 된다. 이러한 맥락에서 스토리는 '추상abstraction,'[3] 말하자면 끝나버린 이야기로부터 인위적으로 추출된 것과 같다.

플롯

플롯은 보통 스토리(사건들의 연대기적 순서)를 사건들 사이의 인과관계를 보여 주는 논리적 구조로 구성하는 것을 말한다. 이는 우리가 어떻게 내러티브의 즐거움과 서스펜스를 극대화할 것인가(예컨대, 교활한 플롯 뒤틀기)라는 문제에 관한 것이다. 이것은 또한 우리가 사건들을 [특별한 방식으로] 연결하고, 어떻게 연결했는지 보여 줌으로써 스토리 사건들에 대한 의미를 부여하는 아주 중요한 작업이다. 소설가 E. M. 포스터E. M. Forster(1963[1927]: 93)는 스토리와 플롯의 차이에 대해 다음과 같은 유명한 예를 남겼다. 많은 사람이 이 구분이 실제로 유효한지에 대해 이의를 제기했지만, 여전히 그것은 그 차이점을 기억하게 하는 간단하면서도 유용한 방법으로 알려져 있다.

3 여러 사물이나 개념에 공통으로 있는 특성이나 속성 등을 추출하여 파악하는 작용이다. — 옮긴이

스토리: "왕이 죽고 왕비가 죽었다."

플롯: "왕이 죽자 왕비가 그 슬픔으로 죽었다."

여기서 플롯이 제공하는 것은 사건에 대한 일종의 추론이나 동기이며, 그것은 스토리를 넘어 한 단계 더 나아가 상술한 사건에 구체적인 모양과 의미를 부여한다.

지금까지의 내러티브 이론은 플롯에 초점을 맞추어 이를 이야기하는 전달 행위(또는 내레이션)에서 분리함으로써 내러티브의 기저 구조와 내러티브를 진전시키는 사건들을 식별하는 방법으로 활용하는 데 주력하였다.

등장인물/캐릭터

등장인물은 내러티브가 묘사한 세계의 참여자다. 내러티브에 관한 많은 설명을 보면 등장인물은 행위에 대해 부차적인 것이며, 행위를 유도하는 데 도움이 되는 한에서만 흥미롭다. 때로는 '행위자actants'라고 불리는 이들에 대해서는 성격이나 심리라는 측면에서 그들은 누구인가보다는 그들은 무엇을 하는가의 문제가 초점이 되었다. 그러나 등장인물에 대한 이러한 관점은 내러티브의 체험성에 초점을 두는 이론가들(Fludernik, 1996), 그리고 허구적 인물의 마음이 독자에게 어떻게 구성되고 해석되는지에 관심 있는 인지 서사학자들의 도전을 받아왔다.

등장인물도 화자가 될 수 있으며, 다른 등장인물에게 이야기를 해 주는 **삽입된 내러티브**embedded narratives와 같이 등장인물이 자신이 스토리 세계 안의 참여자인 사건을 이야기하기도 하고, '나I' 자신이 참여자가 되는 사건 스토리를 이야기하는 **일인칭 화자**의 경우 흔히 그렇듯이 스토리 세계를 형성하고 창조하는 책임이 있는 주 내러티브 보이스narrarive voice로 사건을 이야기하기도 한다.

내레이션

내레이션narration은 스토리를 이야기하는 것을 말한다. 하지만 내러티브 이론에서는 이렇게 이야기를 하는 실체를 언급해야 하는지 아닌지에 대해 논란이 많다. 많은 이론가는 화자를 개별적인 개인의 문제로 고려하여, 화자가 독자에게 스토리 사건을 생생하게 전달하기 위해 취하는 다양한 선택 과정에서 어떤 역할을 하는지 이야기한다. 이것은 이러한 선택원을 특정하는 일이 더 복잡할 수 있는 영화 내러티브의 경우(이는 각본가, 프로듀서, 감독, 아니면 편집자 혹은 '작가'인가?) 특히 문제가 된다. 인터랙티브 내러티브와 디지털 내러티브의 경우에도 내러티브의 생산자와 소비자의 구별이 문제가 될 수 있다.

스토리 세계

스토리 세계라는 용어는 내러티브의 액션이 발생하는 실제 혹은 상상의 환경을 가리키는 개념으로 허구 세계, 담론 세계, **디에게시스**diegesis(내러티브 세계) 등으로 교체되어 사용될 수 있다. 현대의 많은 프랜차이즈에서, 이런 스토리 세계의 세세한 세부 사항은 생산자와 창작자뿐만 아니라 팬이 연루되는 **세계 설정** worldbuilding[4]의 과정을 통해, 다수의 에피소드와 다양한 미디어에 걸쳐 계획될 수 있다. 스토리 세계라는 용어는 또한 독자와 수용자가 내러티브를 이해하고 해석하는 노력을 기울이며 사건의 정황이나 명백히 혹은 충분히 서술되지 않은 등장인물의 삶의 양상을 창의적으로 재구성하면서 만들어 내는 정신적 모델을 가리키는 데 사용될 수도 있다(Herman, 2005).

서사학

내러티브라는 용어는 일반적으로 보편적으로 적용될 수 있는 체계적 내러티브 모델을 제공하려는 이론을 위한 것이다(1~3장의 예시를 보라). 최근 들어 '고전' 선도자들에 대한 비판적이고 성찰적인 반응으로 등장한 포스트고전 서사학은 보편성과 유사 과학적 접근으로부터 벗어나 더욱 맥락에 집중하고 새로운 관점을 받아들인다(Herman, 1999). 이렇듯 새롭게 부상하는 분야에는 페미니즘 서사학, 인지 서사학, 언어학, 문화와 미디어 연구 및 수사학을 이용하는 접근 방식이 포함된다. 포스트고전 서사학은 동시대 이론의 세 가지 '포스트,' 즉 **포스트모더니즘**, 포스트구조주의,[5] 포

4 세계 설정은 상상의 세계를 만드는 과정으로, 종종 세계관과 연관된다. 게임 디자인 관점에서 세계 설정의 목적은 이야기의 맥락을 만드는 것이며, 세계가 이야기 속 행동의 기반을 제공하므로 일관성은 중요한 요소다. — 옮긴이

5 탈구조주의 또는 후기 구조주의라고도 한다. — 옮긴이

스트식민주의[6]와 대화를 나누며, 예컨대 많은 핵심 개념의 서구적 편향성을 인식하고 바로잡으려 한다. 포스트고전 서사학의 또 다른 변화는 순전히 텍스트의 형식적 속성에 초점을 두는 것에서 벗어나, 사람들이 자신의 '내러티브 능력narrartive competence'의 일부로 습득한 기술을 토대로 내러티브 구조를 추정하고 비판하며 스토리로서의 스토리에 반응하는 방식을 탐구하는 것이다 (Herman, 1999). 동시에, 연구의 목적도 문학 텍스트에 역점을 두는 전통적인 경향에서 벗어나, 미디어, 뉴 미디어 내러티브, 디지털화 그리고 독자/수용자의 역할에 대한 논의를 포함하는 방향으로 전환하였다. 이후 이어지는 논의들은 이러한 새로운 접근 방식에 대해 많이 언급하면서도 '전통적인' 이론들을 부분적으로 약술한다.

6 탈식민주의 또는 포스트콜로니얼리즘이라고도 한다. — 옮긴이

1 기본으로 돌아가기
: 민담과 동화

"신화, 민담, 동화 — 이들은 모든 내러티브의 원형이다." (Scholes, 1974: 60)

우리는 대부분 아주 어린 시절부터 내러티브를 접한다. 이야기는 아이들이 지식을 배우고 암기하는 데 도움이 된다. 심리학자들은 이러한 이야기에 관심을 보이는데, 그것은 이야기가 아이들에게 삶의 교훈을 제공하여 그들이 성인이 될 때와 그들이 직면하게 될 신체적, 정서적 격변에 대비하도록 준비시키는 것처럼 보이기 때문이다. 브루노 베텔하임Bruno Bettelheim은 저서 《옛이야기의 매력*The Uses of Enchantment*》(1991)에서 지그문트 프로이트Sigmund Freud의 이론을 빌어 "빨간 망토Little Red Riding Hood"나 "헨젤과 그레텔Hansel and Gretel"과 같은 친숙한 민담이 아주 어두우면서 종종 성적인 주제를 탐색했다는 것을 보여 준다. 역사가와 문화 이론가는 또한 민담이 다양한 사회의 정치에 대해 무엇을 말하는지, 예를 들어 다양한 사회 집단이나 개인이 어떻게 악마화되는지(예컨대 사악한 계모) 또는 빈곤과 죽음이 어떻게 가족 관계에 영향을 미치는지("신데렐라Cindedrella," "잭과 콩나무Jack in the Beanstalk," "백설공주Snow White"처럼) 등의 문제에 관심을 보인다. 문학사가와 민속학자는 이러한 이야기들이 현재의 불안과 두려움을 어떻게 반영하는지 탐구하기 위해 종종 여러 형태의 통속적인 이야기들을 추적한다. 예를 들어, "빨간 망토"에 대한 잭 자이프Jack Zipe(1993)의 연구는 어떻게 이 이야기가 특정 사회에서 소녀와 젊은 여성에게 성sexuality의 위험성을 경고하는 데 사용되었는지 보여 준다.

내러티브 이론가들은 이러한 이야기들의 기저 구조나 문법, 그리고 이들이 문화와 시대에 따라 반복되는 방식에 더 많은 관심을 보인다. 예를 들어, 다양한 문화권에서 신데렐라 이야기의 변형된 버전을 발견할 수 있는데, 현대 리얼리티 프로그램이나 빈민가 소녀가 파티(또는 고등학교 무도회)에 참석해서 '왕자'를 만나게 된다는 '칙 플릭chick flicks'[7]에서도 볼 수 있다. 또한 미운 오리 새끼 이야기를 토대로 오리 새끼를 아름다운 백조로 변신시켜 주겠다고 약속하는 현대 화장품 광고 사례도 있다. 민담과 동화는 전 세계와 역사를 통틀어 전해지는 이야기들이 공유하는 내러티브의 근본적인 구조를 발견하려는 이론가들에게 초심으로 돌아갈 것을, 즉 내러티브를 가장 기본 요소로 환원시키는 방법

7 젊은 여성을 뜻하는 chick과 영화를 뜻하는 flick을 조합한 용어로, 주로 20~30대 여성의 사랑과 삶을 다룬 영화를 통칭한다. 〈브리짓 존스의 일기*Bridget Jones's Diary*〉(2001), 〈악마는 프라다를 입는다*The Devil Wears Prada*〉(2006), 〈섹스 앤 더 시티〉(2008), 〈어바웃 타임*About Time*〉(2013) 등이 이런 유형의 작품이다. — 옮긴이

을 제안한다. 예를 들어, 움베르토 에코Umberto Eco는 《거짓말하기 전략*Strategies of Lying*》(1985)에서 곤경에 처한 미국의 리처드 닉슨Richard Nixon 대통령이 1973년 한 텔레비전 연설[8]에서 사용한 전략을 살펴보기 위해 "빨간 망토"에 대한 구조적 분석을 이용한다. [이 연설을 통해] 닉슨 대통령은 언론이 만들어 낸 악당 이미지에서 경솔한 행동을 한 죄로 불행에 빠졌다가 미국적 삶의 수호자로 재기하는 영웅 이미지로 탈바꿈한 바 있다.

프로프의 《민담 형태론》

내러티브에 대한 이러한 접근 방식을 채택한 선구자는 러시아 형식주의자 블라디미르 프로프Vladimir Propp다. 프로프가 쓴 《민담 형태론*Morphology of the Folk Tale*》(1928년 러시아어로 처음 출판되었다)은 이야기의 내용보다는 형식에 초점을 두고, 상당수의 러시아 민담을

8 1973년 4월 30일 당시 미국의 닉슨 대통령은 자신은 '워터게이트 사건Watergate scandal'과는 관련이 없음을 텔레비전 연설을 통해 역설하였다. 하지만 이후 이 연설은 '거짓말의 전형적인 사례'로 언급되곤 한다. 그는 자신의 결백을 강변했으나, 특검을 통해 모두 거짓임이 드러났고 이듬해 결국 대통령직에서 물러났다. 워터게이트 사건은 1972년부터 1974년까지 2년 동안 닉슨 행정부가 베트남전에 반대하는 민주당을 저지하기 위해 당시 민주당 선거 운동 지휘 본부가 있었던 워싱턴 D.C. 워터게이트 호텔에 불법 침입하고 도청한 사건 그리고 이를 부정하고 은폐하려는 미국 행정부의 조직적 움직임 등을 지칭한다. — 옮긴이

대상으로 그러한 부류의 이야기에서 식별할 수 있는 단일 구조를 추출하는 과학적 접근 방식(따라서 책 제목을 '형태학'이라 하였다)을 따르려 했다. 프로프가 분석한 이야기 개수를 비롯해(누구는 100개, 누구는 200개에 가깝다고 함) 형태론이 이야기 전체 혹은 일부만을 대상으로 한 것인지에 대해서는 논란이 있었다. 하지만 그의 접근 방식은 내러티브를 어떻게 이해할 것인가에 대한 급진적 변화를 가져왔고 이후 내러티브 이론에도 지대한 영향을 미쳤다.

프로프가 우리에게 남긴 것은 내러티브를 31개 기능으로 분류하는 일종의 틀이다. 이러한 기능은 이야기의 주요 행위를 구성하는 요소이며, 각 기능은 전체 시퀀스 내에서 정확하게 동일한 위치에서 발생한다. 이 모든 기능이 모든 이야기에서 발견되는 것은 아니다. 하지만 프로프는 이 기능들이 발생할 때 이들이 나타나는 순서는 변하지 않는다고 주장한다. 이 기능들은 내러티브에서 반복되는 유형의 사건을 식별해 내고 또한 이들이 어떻게 내러티브를 진전시키며 추진력과 긴장감을 구축하는 데 기여하는지 밝히는 데 도움이 된다. 주목해야 할 것은 산발적으로 흩어져 있는 각각의 행위나 사건이 아니라, 행위에 수반되는 결과들로써 이들이 모여 시퀀스를 구성한다는 사실이다.

존 피스크John Fiske(1987: 136~137)는 프로프의 31개 기능을 다음과 같이 6개 시퀀스 내지 국면으로 요약한다.

준비

1. 가족 중 한 명이 집을 떠난다.

2. 주인공/영웅에게 금지 명령이나 규칙이 부과된다.

3. 이 금지/규칙이 깨진다.

4. 악당이 정찰을 시도한다.

5. 악당이 희생자에 대해 무언가를 알게 된다.

6. 악당이 희생자를 속여 그 또는 그녀의 소유물을 취한다.

7. 희생자가 악당에게 속거나 영향을 받아 의식하지 못한 채 악당을 돕는다.

뒤얽힘

8. 악당이 가족 중 한 명을 해친다.

8a. 가족 중 한 사람이 무언가 결핍되어 있거나 무언가를 욕망한다.

9. 이 결핍이나 불행이 알려진다. 주인공이 요청이나 명령을 받고, 임무/추구에 나서거나 이를 떠맡게 된다.

10. 수색자(흔히 주인공)는 악당을 물리칠 계획을 세운다.

전이

11. 주인공이 집을 떠난다.

12. 주인공이 시험당하고 공격당하고 심문받는다. 그 결과 주인공은 마법적 도구나 조력자를 얻는다.

13. 주인공이 미래 증여자의 행동에 반응한다.

14. 주인공이 마법적 도구를 사용한다.

15. 주인공이 자신의 임무/추구의 대상이 있는 위치로 옮겨진다.

투쟁

16. 주인공과 악당이 직접 싸운다.

17. 주인공이 낙인찍힌다.

18. 주인공이 패배한다.

19. 처음의 불행이나 결핍이 바로잡힌다.

귀환

20. 주인공이 돌아온다.

21. 주인공이 추적당한다.

22. 주인공이 추적에서 구출된다.

23. 주인공이 집이나 다른 곳에 도착하지만 그를 알아보지 못한다.

24. 가짜 주인공이 거짓 주장을 내세운다.

25. 어려운 임무가 주인공에게 부과된다.

26. 임무를 완수한다.

인정

27. 주인공을 알아본다.

28. 가짜 주인공/악당의 정체가 드러난다.

29. 가짜 주인공이 변신한다.

30. 악당이 처벌받는다.

31. 주인공이 결혼하고 왕위에 오른다.

프로프는 이렇듯 반복되는 기능을 추출하고 분석한 후 이를 토대로 네 가지 관찰 결과를 체계화하였다.

1. 등장인물의 기능은 이야기의 안정적이고 지속적인 요소로 작용한다. 누가 어떻게 기능을 수행하든 관계없다. 기능은 이야기의 기본적 구성 요소를 이룬다.
2. 동화를 구성하는 기능의 수는 한정되어 있다.
3. 기능의 순서는 언제나 변함이 없다.
4. 모든 동화는 그 구조에 관한 한 한 가지 유형이다.

(Propp, 2003[1968]: 21~23)

요컨대 형태론은 내러티브의 아이디어를 추구quest로 제시한다. 이야기의 시작 부분에서 주인공은 그/그녀의 부모에 의해 혼자 남겨지게 되면서(기능 1, 부재) 경고 또는 일종의 명령을 받게 된다(기능 2, 금지). 예를 들어, 빨간 망토는 길에서 벗어나지 말라는 경고를 받으나 이 명령을 따를 수 없게 되면서 늑대의 길로 들어서게 되고, 늑대는 그녀를 향한 악행을 계획한다(기능 4의 시작, 정찰). 이 경우 문제는 주인공에게 영향을 주는 뭔가 새로운 것이다. 하지만 프로프는 그러한 문제나 '결핍'이 있었던 이야기 유형을 발견한다. 많은 민담에서 주인공은 추구 임무의 여정을 떠나기도 하고(파견된다), 가족을 위해 무언가 습득하거나, 결핍(종종 빈곤)을 해소하기 위해 길을 떠날 결심을 한다.

이 두 종류의 이야기에서 주인공은 시련당하고(기능 12), 보통 악당과의 싸움으로 끝나게 되어(기능 16), 주인공이 집을 떠나고 새로운 도전에 직면하는 것은 주인공의 추구에서 중요한 일면이 된다. 주인공은 여러 사람의 도움을 받기도 하고, "잭과 콩나무"의 마법의 콩 또는 "아서왕King Arthur" 이야기의 엑스칼리버 검과 같은 마법적 도구(기능 14)를 넘겨받아 도움받는다. 또 하나의 이야기 요소로 추적(기능 21, 추적)을 들 수 있는데, 여기서 주인공은 변장하기도 하고 어떤 동물이나 사물과 같은 것으로 변신하기도 한다. 이야기는 여기서 끝날 수도 있다. 하지만 어떤 주인공은 종국적으로 악당을 물리치고(기능 30) 보상(기능 31, 주인공이 결혼하고 왕위에 오른다)을 받기 전에 더 많은 불행과 시련에 직면하기도 한다.

우리는 프로프의 형태론이 특히 대부분의 내러티브에서 찾을 수 있는 여러 인물 유형(가장 명백한 것은 주인공과 악당의 경우)을 다룬다는 것을 알 수 있다. 그러나 프로프가 캐릭터에 관해 이야기할 때 그의 관심을 끄는 것은 캐릭터의 개인적 성격이나 도덕적 가치(예를 들어 주인공이 '좋은 사람'인가 아닌가의 문제)가 아니다. 그보다는 캐릭터가 자신의 행동을 통해 수행하는 역할이다. 프로프는 이들을 캐릭터 대신 극 중 인물dramatis personae[9] 또는 '행위 영역spheres of action'이라고 부른다. 따라서 이들이 주인공인가 악당인가에 관한 판단은 그들이 누구인가의 문제보다는 그들은 무엇을 *하는가*에 달려 있다. 동일한 캐릭터는 실제 한 가지 이상의 행위 영역을 수행할 수도 있다(예를 들어, 동일한 인물이 파견자가 될 수도 있고 증여자가 될 수도 있다). 반면 하나의 내러티브에 다수의 악당 및 증여자, 심지어는 다수의 주인공이 등장할 수도 있다. 따라서 프로프의 이론을 적용할 때는 우리가 누구를 좋아한다거나 누가 영화나 TV 프로그램의 '스타'라고 생각한다거나 해서 임의로 역할을 배정할 수 없다는 점을 기억해야 한다. 우리는 그들이 수행하는 행위와 그 역할이 내러티브에 등장하는 다른 인물의 역할과 어울리는지 살펴봐야 한다. 행위 영역은 흔히 다음과 같은 방식으로 표현되거나 나열된다.

9 드라마 작품에서 역할을 수행하는 주요 인물을 가리키며, 프로프가 《민담 형태론》에서 일곱 가지 등장인물의 역할을 가리키는 개념으로 사용하였다. — 옮긴이

주인공/영웅 Hero　프로프는 내러티브의 '축axis'으로 설명한다. 주인공의 유형은 둘 중 하나일 것이다. 추적자 주인공seeker hero(예컨대 실종자를 찾아 길을 떠나는 사람) 또는 희생자 주인공victimized hero(잡혀가거나 추방되어 악당에게 직접 희생되는 인물).

악당Villain　주인공이나 주인공 가족에게 해를 입히거나 다치게 하는 인물.

증여자/제공자 Donor/provider　일련의 시험과 질문 후에 주인공에게 마법적 도구를 제공하는 사람.

조력자Helper　주인공을 지원하는 다양한 행동을 수행하는 마법 도우미.

파견자dispatcher　보통 주인공에게 추구 임무를 주어 떠나보내는 부모나 권위가 있는 인물.

가짜 주인공　주인공이 되려고 거짓 주장을 펼치는 사람.

공주와 그녀의 아버지　프로프가 이와 같이 구별하지는 않으나, 흔히 추구의 목표이자 주인공의 보상이 되는 소녀나 구하려는 사람 또는 사물.

프로프 이론의 적용

프로프의 형태론은 민담뿐만 아니라 다양한 형태의 현대 내러티브에서 찾아볼 수 있는 내러티브 구조를 분류해 냈다. 그중에서 가장 눈에 띄는 것은 주인공이 곤경을 면하게 되는 어린이 영화와 액션 어드벤처 영화 내러티브다. 예를 들어, 프로프의 모델은 [제임스] 본드 시리즈에도 적용된다. 본드 시리즈에는 바로 알아볼 수 있는 악당(골드핑거, 스카라망가)과 마법적 도구들(증여자 인물인 Q가 본드에게 제공하는 다양한 도구들)이 나온다. 또한 본드 영화에는 확고히 자리 잡은 공식이 있다. 본드는 파견자 M이 부여한 임무 수행을 위해 파견되어, 다양한 악당들에게 쫓기게 되면서 그들과 싸움을 벌이게 된다. 마침내 그는 싸움에서 승리를 거둔 후 호화로운 요트 또는 유사한 부와 성취의 상징에서 '공주'와 함께 잠자리에 들게 된다. 〈닥터 후*Doctor Who*〉, 〈스타워즈*Star Wars*〉, 〈스타트렉*Star Trek*〉과 같은 텔레비전 및 영화 프랜차이즈 모두 프로프의 형태론을 사용해 분석한 바 있다. 이 작업은 이러한 유형의 내러티브 구조가 현대 수용자에게도 여전히 인기 있으며, 현대 미디어와 민담이 어떻게 "각 수용자들에게 유사한 기능을 수행하는지" 보여 주었다(Turner, 2006: 102).

그레임 터너(2006: 102)는 프로프의 행위 영역을 사용해 〈스타워즈〉(1977)의 주요 등장인물을 분석한다.

악당	다스 베이더
증여자	오비완 케노비
조력자	한 솔로
공주	레아 공주
파견자	R2-D2
주인공	루크 스카이워커
가짜 주인공	다스 베이더

프로프의 형태론을 적용한 일부 연구는 기능의 의미에 대하여 문자 외적인 해석에 의존한다. 예를 들어, 닉 레이시Nick

Lacey(2000)는 데이비드 핀처David Fincher가 연출한 복잡하고 어두운 스릴러 〈세븐*Se7en*〉(1995)을 분석한다. 이를 통해 그는 '가족'은 주인공이 그 일부이기도 한 경찰 공동체로 해석할 수 있다고 주장한다. 마찬가지로 '악당'도 사람이 아니라 주인공이 목표를 달성하지 못하도록 방해하는 어떤 상황으로 해석될 수도 있다. 구하려는 사람 또한 실제 사람이 아니라 주인공이 추구하는 목표나 구하려 애쓰는 것(예를 들어 명성, 인기)이 될 수 있다. 그리고 마법적 도구도 물리적 사물이 아니라 특별한 선물(주인공의 범죄 해결에 도움이 되는 지식이나 정보)과 같은 것이 될 수도 있다.

예를 들어 무언가(아름다움이나 명성) 결핍된 주인공이 다양한 '전문가'가 제공하는 도움을 받고 마법적 도구를 전수하여 프로그램 끝에서 변신과 더불어 상징적 '왕위에 오르게 되는' 라이프스타일 TV[10]나 리얼리티 TV처럼 어쩌면 좀 더 불분명한 맥락에서 이러한 구조가 반복되는 것을 발견할 수 있다. "슈퍼 마리오 브라더스Super Mario Brothers"(1985~)와 "툼 레이더Tomb Raider"(1996~)와 같은 비디오 게임의 내러티브도 이러한 방식으로 분석할 수 있다(Newman, 2004). 물론 일종의 마법적 도구로 우리를 변신시켜 모든 고민을 해결해 주겠다는 수많은 제품 광고는

10 다양한 가사나 여가 활동, 예를 들어 음식, 패션, 정원, 주택 개량, 건강, 웰빙, 여행, 레저, 미용, 쇼핑 등을 소재로 하는 텔레비전 프로그램으로, 1990년대 이후 등장하였다. 이러한 프로그램이 시청자의 관심을 끌기 위해 활용하는 핵심 전략은 일반인이 전문가의 도움을 받아 일상적인 것을 비범한 것으로 변화시키는 놀라운 반전의 순간을 보여 주는 것이다. — 옮긴이

멀리서 찾을 필요도 없다. 하지만 몇몇 이론가들(예를 들어 Bordwell, 1988)은 이러한 것이 프로프의 형태론을 너무 확장하거나 심지어 왜곡한다고 보며, 프로프의 형태론은 느슨하거나 올바르지 않게 적용되는 경우에만 현대 내러티브에서 작동할 수 있다고 주장하기도 한다.

프로프에 대한 비판 및 재평가

프로프는 여전히 논쟁적인 인물이다. 많은 이들은 그의 연구가 방법론적인 결함을 갖고 있고, 진술 또한 과장되어 있다고 폄하한다. 예를 들어, "모든 동화는 그 구조에 관한 한 한 가지 유형"이라는 프로프의 주장은 지나치게 환원적일 수 있으며, 이는 내러티브는 창의성과 혁신성에 관한 것이어야 한다는 생각에 대한 공격으로 보일 수 있다는 것이다. 프로프는 러시아의 신기한 이야기와 그 형태만을 중요시하였고 결코 그 너머를 바라보지는 않았기 때문에, 그에 대한 많은 공격은 아마도 그가 쓴 형태론과 더 관련이 있을 것이다. 그래서 프로프가 이야기의 문화적 맥락을 보지 않았거나 다른 문화의 이야기를 보지 않았다고 비난하는 것은 그가 의도한 것이 아닌 이상 불공평하다고 할 수 있다.

형태론은 의심의 여지 없이 우리에게 성공에 대한 구조, 물질적 이득을 위한 노력과 장애물 극복에 대한 구조를 제공하지만 옳든 그르든 그것은 오늘날까지 할리우드 영화, 비디오 게임,

광고 및 소설 전반에 걸쳐 반복되고 있다. 데이비드 보드웰David Bordwell은 프로프의 이론이 오용되는 몇 가지 방식에 대해 맹렬히 비판하면서도, 자신의 고전 할리우드 영화에 대한 분석에서 "인과적 행위자로서의 개별 인물"(Bordwell & Thompson, 2008: 94)에 초점을 맞추는 지배적 양식과 흔히 중심인물의 욕망과 그에 따른 행동의 직접적인 결과로 획기적인 변화가 일어나는 내러티브를 식별해 낸다. 게다가 그러한 내러티브는 대개 관객에게 권선징악의 느낌을 남기며 이야기를 마무리한다. 따라서 우리가 고전 민담과 주류 영화에서 보는 스토리 세계에는 영웅다움과 사악함이 등장인물의 특정한 행위를 유발하는 심리적, 사회적 또는 경제적 요인보다는 단순히 그들의 행위에 의해 규정된다는 근본적인 도덕 관념이 있는 것이다.

대조적으로, 많은 현대 내러티브는 악당이 이기는 것을 보여 주기도 하고 누가 영웅(주인공)이고 악당인지 분간을 어렵게 하기도 한다. 영화 〈파이트 클럽*Fight Club*〉(1999)과 〈페이스 오프*Face/Off*〉(1997)는 모두 영웅과 악당이 상호 교체 가능함을 보여 준다. 미국의 인기 있는 한 TV 프로그램은 한 시즌에서 프로그램 타이틀에 '영웅'으로 부각되는 인물에게 악당의 면모를 보여 주기도 한다. 영화 〈테이큰*Taken*〉(2008)의 경우, 주인공은 일종의 공익을 위해 불법 또는 도덕적으로 미심쩍은 행위를 수행해야만 하는 복잡한 도덕적 선택에 직면한다.

프로프의 이론은 종종 연속물이나 장편 내러티브epic narratives에 적용하는 것이 까다로울 수 있다. 왜냐하면 그러한 경우 다수의 주인공과 악당이 등장하고, 개인 역할에 변화가 생기고 등장인물 간의 관계가 재정립되면서 내러티브의 분량도 늘어나기 때문이다. 프로프의 이론은 단일 플롯의 아이디어와 관계되며, 따라서 내러티브가 복잡하게 얽힌 스토리라인을 제공하는 경우 다른 가닥을 식별하고 풀어내는 일이 어려울 수 있다. 어느 정도는 프로프의 이론이 '맞지' *않는* 곳에 가장 유용하다고 말할 수도 있는데, 이는 주어진 내러티브가 왜 규범에서 벗어나는지 문제를 제기하게 도와주기 때문이다. 결국, 우리가 프로프의 형태론을 적용할 때 단지 체크박스에 표시하는 식이라면 어리석고도 의미 없는 작업이었을 것이다. 현대의 내러티브는 종종 내러티브적이고 일반적인 관습을 가지고 논다. 예를 들어, '색다른' 로맨스 〈500일의 섬머*500 Days of Summer*〉(2009)는 전통적 해피엔딩을 따르지 않는다. 심지어 에로틱 스릴러 〈와일드 씽*Wild Things*〉(1998)은 관객에게 다양한 대안적 결말을 제공하여 내러티브가 크레딧 시퀀스로 스며 나오는 현대 영화 경향을 선도적으로 선보이기도 했다.

프로프가 관심을 가졌던 주제와 그의 저술 시기가 지금과는 일정 부분 차이가 있어 그가 사용하는 언어는 다소 구식으로 보일 수 있다. 따라서 금지, 정찰, 대응 등과 같은 그의 용어는 어쩌면 현대적 형식에 잘 어울리지 않을 것이다. 게다가, 그의 형태론은 종종 엉뚱한 방향으로 흘러가서 각 기능이 다양한 변형과 가능성으로 분기되는 지점을 파악하기 어렵게 한다. 하지만 프로프의 형태론 원본을 보면 독자가 세세한 부분까지 탐색하는 데 도움이 되도록 이론의 핵심 요소로 구성된 이정표를 만들어 놓은 것을 발견할 수 있다. 또한 우리는 그의 형태론이 기존 이야기를 분석하는 것뿐만 아니라 새로운 이야기를 만드는 데 활용될 수 있다는 프로프의 제안도 볼 수 있다. 이 점이 그의 주요 의도는 아닐 것이다. 하지만 이는 왜 프로프의 형태론이 그렇게 자주 작가와 각본가에 의해 인용되는지, 그리고 그의 형태론이 왜 신화적 구조를 기반으로 하는 작가들(특히 조지프 캠벨Joseph Campbell의 《천의 얼굴을 가진 영웅*The Hero with a Thousand Faces*》[1973]과 크리스토퍼 보글러 Christopher Vogler의 《신화, 영웅 그리고 시나리오 쓰기*The Writer's Journey*》[1998])의 작업을 위한 모델과 수단의 개발로 이어지는지에 대한 설명이 된다.

다음 장에서 살펴보겠지만, 프로프의 연구 결과는 많은 고전 구조주의 연구자들에게 영향을 주었다. 예를 들어, A. J. 그레마스A. J. Greimas(1983[1966])는 자신의 고유한 내러티브 문법을 만들려고 시도하면서, 프로프의 극 중 인물에 대해 '행위자'라는 용어를 채택하여 이들을 여섯 가지 유형(주체, 대상, 발신자, 수신자, 조력자 및 반대자)으로 단순화시키며 이들을 보다 구체화된 '배우들 actors'(즉 내러티브에 나오는 실제 등장인물)로부터 구별하였다. 그레마스(1983[1966])와 클로드 브레몽Claude Bremond(1980)과 같은 구조주의 학자들은 프로프를 따라 보편적 문법이나 내러티브의 심층 구조('랑그,' 2장 참조)를 찾아내고, 과학적 공식과 같은 것에 더욱 가까워진 모델과 도식적 표현을 만들어 냈다.

최근 새롭게 떠오르는 디지털 인문학 분야의 인지도와 영향력이 높아짐에 따라 프로프의 저작에 관한 관심이 되살아나고 있다. 민담을 수량화하고 그로부터 다양한 내러티브 데이터에 적용할 수 있는 형태론적 구조를 추출한 프로프의 연구 관심과 성과는 컴퓨터를 사용해서 거대한 데이터 세트[11]를 분석하고 탐구하는 접근 방식에 중요한 모델이 된다. 오늘날 우리는 프로프의 이론을 형태론보다는 차라리 내러티브 구성을 위한 일종의 DNA를 제공하는(Lendvai et al., 2010) 것으로 이야기할 수 있다. 그의 논의는 또한 자연어 내러티브에 잠재된 데이터 구조를 탐색하는 데 사용되는 스콧 말렉Scott Malec(online, n.d)의 PftML(Proppian Fairy Tale Markup Language) 개발과 같은 특수한 디지털 도구가 진화하는 데 영감을 주기도 했다.

분석

프로프 이론을 응용한 많은 연구는 불행히도 특정 등장인물에 행위 영역을 할당하는 수준에서 멈춘다. 이것은 복잡해질 수 있는 문제를 피할 수 있게 하고, 결국 스토리를 다시 이야기하는 꼴이 되거나 억지로 형태론을 스토리 사건과 연관시키는 우를 범하지 않게 한다. 하지만 우리가 기억해야 할 중요한 점은 프로프가 관심을 갖는 것은 등장인물보다는 행위이며, 그는 분명히 심리적

11 컴퓨터상의 데이터 처리에서 한 개의 단위로 취급하는 데이터의 집합을 말한다. — 옮긴이

존재로서의 등장인물에 관심이 없다는 것이다. 이는 현대 내러티브를 연구하고 평가하는 일에 반反하는 것이지만, 이것이야말로 전적으로 프로프가 선택한 연구 주제와 부합하는 것이다. 작가 필립 풀먼Philip Pullman(Henley, 2013에서 인용)의 말처럼 "동화는 심리적 문제에 깊이 관여하는 것이 아니라, 꼬리에 꼬리를 물고 이어지는 별난 사건들에 관심을 두는" 것이며 따라서 그것은 그러한 맥락에서 평가되어야 한다. 따라서 프로프를 응용하는 경우 주 초점은 플롯에 두어야 하며, '극 중 인물'은 내러티브를 (구동시키는 행위를) 실행하는 데 도움이 되는 한에 있어서만 실제 고려 대상이 된다.

물론 어떤 유형의 내러티브는 '플롯'에 대한 감각을 재구조화하기 위해 공을 많이 들여야 하는데, 이는 아마도 스토리가 선형적 순서대로 이야기되지 않거나 독자나 시청자의 상상을 자극하기 위해 일종의 편법을 쓰기 때문일 것이다. 특히 우리가 동일시할 만한 등장인물이 없거나 아무 일도 일어나지 않는 것처럼 보이는 광고가 그렇다. 그런데도 우리는 여전히 광고를 프로프 형태론이 제시한 친숙한 추구 구조quest structure를 따르며 그 중심에는 어떤 기본적 갈등이 있는 내러티브라는 방식으로 읽어 낼 수 있다.

롤랑 바르트는 현대 프랑스 문화에 관한 연구인 《신화론 *Mythologies*》(1957)(4장에서 더 논의한다)에서 한 장 전체를 할애하여 '가루비누와 세제' 광고에서 끊임없이 이어지는 신화에 대하여 논의했다. 이 글은 다른 문화 텍스트처럼 광고도 진지하게 읽고 분석할 수 있음을 보여 주었다. 바르트의 분석은 광고가 특정 이데올로기나 세계관을 제시하기 위해 기호 체계에 의존하는 방식에 초점을 맞추었다. 하지만 바르트는 광고가 신화에 의존하면서 소비자에게 다양한 딜레마와 도덕적 선택을 제시한다고 보는데, 이는 광고 또한 프로프가 그의 형태론에서 개괄한 것과 정확히 동일한 내러티브 순서를 따르는 것을 의미한다.

바르트가 확인했듯이, 청소 제품과 관련된 많은 광고는 더러움에 내재된 '악evil'에 초점을 맞추고 이 악을 제거하는 행위야말로 영웅적임을 암시한다. 이러한 광고에서 영웅(주인공)의 역할은 종종 소비자나 시청자에게 주어지며, 이들이 보이는 '결핍'이나 '부실함'은 프로프의 용어로 말하자면 더러운 집이나 의복 등과 연관된다. 이러한 결핍은 전통적 핵가족이든 셰어하우스에 사는 젊은이든 모두에게 영향을 주고, 이에 대한 해결책(문제의 제품에 마법적 도구가 작용함)은 종종 증여자나 조력자로서 역할을 하는 친절한 이웃/친구/전문가/과학자에 의해 소비자/영웅에게 권해진다. 마법적 도구를 사용해 결핍이 해소되고 나면, 광고는 통상 우리에게 보상의 이미지, 즉 상징적인 왕관을 제시한다. 예를 들어, 소비자/영웅은 마법적 도구가 마법을 수행한 덕택에 얻은 집/옷의 청결함/순결함/신선함에서 오는 즐거움과 기쁨을 누리고 그/그녀의 가족 구성원으로부터 사랑과 감사를 받게 된다.

청소 제품에 대한 현대 광고는 과거 광고가 보여 주었던 강매 느낌을 피할 수 있을지도 모른다. 그런데도 우리는 친숙하고 반복적인 패턴을 어렵지 않게 발견할 수 있으며, 이러한 광고가 사실 다양한 미디어 및 장르의 이야기와 어떤 특징을 공유한다는 것을 알 수 있다. 예를 들어, 우리는 '악'의 특징에 집중하는 광고에서 재난 영화의 요소를 찾아볼 수 있는데, 여기서 제품 자체 그리고 그 제품을 사용하는 극 중 인물은 초영웅적 능력을 부여받곤 한다. 누군가 광고가 예컨대 윤기 없고 생기 없는 머릿결이나 결점이 있는 얼굴 피부처럼 어떤 결핍이나 결점에 대한 허구적이거나 과장된 느낌을 만들어 내는 작업에 기댄다고 말할 것이다. 하지만 광고는 흔히 소비자가 스스로 중심이 되어 자신이 추구하는 보상을 얻기 위해 싸워야 하는 내용의 내러티브에 의존한다.

*

우리가 이 장에서 보았듯이, 가장 복잡해 보이는 현대 내러티브조차도 종종 민담, 신화, 동화 등과 마찬가지로 기본 내러티브 구조를 공유한다. 이와 비슷하게, 인지과학이나 컴퓨터 접근 방식을 활용하는 포스트고전 서사학은 내러티브 전반에 걸쳐 반복적이고 친숙한 패턴을 발굴하고 이야기하려는 욕구와 관련된 인간의 기본적 욕망이 어떤 것인지 이해하려는 프로프와 같은 초기 이론가들의 시도와 많은 것을 공유한다. 여러 면에서 프로프의 형태론은 그의 뒤를 잇거나 그의 모델을 개선하려고 노력한 사람들보다 시대의 변화라는 시련을 잘 견디어 냈다. 누구든 미디어, 문학, 역사 또는 철학 등의 분야에서 내러티브를 연구하는 경우 가장 먼저 접하게 되는 이름이 프로프라는 사실은 이를 반증한다. 한편, 스토리텔링에 관한 연구에 과학적 접근법을 적용하려는 시도는 최첨단 기술로 진보된 연구에서조차 계속된다.

2 내러티브 구조

"우리는 세계를 그 자체로 알 수 없으며, 우리 문화의 개념적이고 언어적인 구조를 통해서만 알 수 있다." (Fiske, 1990: 115)

이 장은 내러티브를 이해하는 데 구조주의가 기여한 바에 초점을 둔다. 이러한 맥락에서 내러티브 구조라는 제목은 두 가지 관심사와 관련이 있다. 우선 여러 시대, 문화, 미디어 등에 걸친 내러티브에서 찾을 수 있는 근본 구조를 밝혀내는 것이고, 다음은 내러티브가 어떻게 우리를 에워싼 세계에 대한 관점을 적극적으로 구조화하고 형성하는지 살펴보는 것이다.

'고전' 구조주의

구조주의structuralism는 내러티브 연구가 여러 인문학 주제뿐만 아니라 사회과학 분야에서도 흔히 발견된다는 사실에 책임이 크다.

구조주의는 내러티브 연구에 대한 체계적 접근 방식을 채택하고 특히 언어학과 문학 비평과 같이 확고히 자리를 잡은 학문을 기반으로 하면서 신뢰를 얻었다. 1960년대와 1970년대에 '고전 구조주의'와 관련된 주요 저자 중에는 프랑스인이 많다. 여기에 롤랑 바르트, 클로드 레비스트로스Claude Lévi-Strauss, 제라르 주네트Gérard Genette가 포함된다. 이들의 영향력은 특히 영국과 미국의 대학에서 문학을 가르치는 방식에 엄청난 변화를 가져왔다. 아마도 1980년대 이전에는 그다지 확산되지 않았는데, 이전의 문학 연구는 텍스트와 작가의 삶 및 작품과 직접 관련되는 맥락을 거의 넘어서는 일 없이 특정 시대 문학 연구에 집중하였기 때문이다. 반면, 구조주의는 이론과 모델 중심의 연구로 전환하면서 다른 학문 분야 및 지적 전통, 특히 마르크스주의와 철학 분야에 관심을 보였다. 하지만 구조주의는 그것이 유행을 탄 만큼이나 빠르게 포스트구조주의, 그리고 구조주의의 보편화 추세 및 실증주의에 도전한 페미니즘, 포스트식민주의 및 퀴어 이론의 등장으로 대체되어 곧 인기를 잃었다. 그러나 구조주의 연구자들이 도입한 일부 용어와 모델은 특히 미디어 전반에 걸쳐 내러티브를 분석하고 '신구新舊' 내러티브의 공통성과 연속성을 찾아내는 데 오래도록 사용될 수 있음을 보여 주었다.

구조주의는 구조주의 언어학과 20세기 초반 스위스 언어학자 페르디낭 드 소쉬르Ferdinand de Saussure의 강의를 바탕으로 출판한 저서로부터 시작되었다. 소쉬르는 기호 체계로서 언어 연구에 중점을 두었고, 우리가 주변 세계의 대상에 대해 사용하는 단어들이 추상적인 생각과 감정에 관해 이야기할 때 사용하는 단어만큼이나 자의적임을 보여 주었다. 이들(기호)은 단지 한 체계의 일부로서 그 체계 내에서 다른 기호들과 구별할 수 있으므로 의미를 갖는다(그래서 우리가 '개'를 네 발 달린 털이 많은 동물로 이해하는 것은 개를 가리키는 언어 기호가 '고양이,' '토끼' 등에 대한 기호와 구별되기 때문이다). 이로 인해 언어에 따라 '같은' 사물에 대해 다른 기호가 사용될 뿐만 아니라, 언어에 따라 주변 세계를 구분하는 방법도 달라질 수 있다는 것을 알게 되었다. 예를 들어, 여러 언어에서 색을 가리키는 다양한 단어를 비교해 보면, 이들이 색 스펙트럼에 맞춰 정리되지 않음을 알 수 있다. 예컨대, 내가 사용하는 웨일스어에서 푸른색을 뜻하는 단어('glas')는 영어로는 녹색이나 회색이라고 부를 만한 음영과 색조를 가지고 있다(Hjelmslev, 1969: 53).

구조주의 연구자들은 소쉬르의 이론을 문화연구 영역으로 확장하여 특정 사회의 관습과 의식(신화와 이야기 포함)을 언어처럼 접근했다. 또한 소쉬르가 제시한 '랑그langue'(체계로서 언어)와 '파롤parole'(화자가 사용하는 언어)의 구별을 이용해 내러티브 문법을 만들어 내려고 했다. 프로프와 더불어 가장 널리 인용되는 이론가는 아마 불가리아의 구조주의자 츠베탕 토도로프Tzvetan Todorov일 것이다.

토도로프(1971: 39)가 제시한 내러티브의 기본 다섯 단계

1. 초기의 균형 상태
2. 어떤 행위에 의한 균형의 파괴
3. 파괴의 발생에 대한 인정
4. 파괴의 복구 시도
5. 초기 균형의 회복

토도로프의 모델이 많은 관심을 끌며 미디어 전반에 걸쳐 쉽게 적용되는 것은 바로 그 단순함 때문이다. 예를 들어, 영화 〈스크림*Scream*〉(1996), 〈에일리언 3*Alien 3*〉(1992), 〈조스*Jaws*〉(1975)에 대한 분석(2006)에서 터너는 각 영화는 아주 일찍 균형 상태가 파괴되는 장면을 보여 주고, 이어서 장기간에 걸쳐 복구하려는 시도가 있었음을 제시한 후, 결국 불안정하게나마 ("물에 다시 들어가는 것이 안전하리라고 생각하는 바로 그 순간……") 질서가 회복되는 장면을 보여 준다고 한다.

기호와 신화

내러티브 기능에 대한 바르트(1977)의 구조 분석처럼, 많은 구조주의 연구자는 프로프의 용어를 빌려 민담이나 **신화**myths처럼 기본적이거나 '원시적인' 것으로 보이는 내러티브에 주목한 그의 시도를 따라 했다. 특히, 레비스트로스와 그의 인류학적 구조주

그림 1 오이디푸스 신화의 구조 분석

카드모스가 제우스에게 유괴된 누이동생 에우로페를 찾는다.			
		카드모스가 용을 죽인다.	
	스파르토이가 서로 죽인다.		
			랍다코스(라이오스의 아버지) = 절름발이(?)
	오이디푸스가 아버지 라이오스를 죽인다.		라이오스(오디디푸스의 아버지) = 왼손잡이(?)
		오이디푸스가 스핑크스를 죽인다.	
			오이디푸스 = 부은 발(?)
오이디푸스가 어머니 이오카스테와 결혼한다.			
	에테오클레스가 형제 폴리네이케스를 죽인다.		
안티고네가 금기를 깨고 오빠 폴리네이케스를 매장한다.			

의 추종자들은 원시적 사고 구조에 대한 통찰력을 제공할 만한 기호 체계로서 의식, 금기, 신화에 집중했다. 프로프의 접근 방식을 따르면서도 동시에 비판적인 입장을 견지하는 레비스트로스(1955, 1996)는 고대의 오이디푸스 신화를 포함하여 신화들에 대한 구조적 분석을 내놓았다(그림 1 참조). 그러나 프로프와 달리, 레비스트로스는 이러한 신화와 이야기가 인류 문화에 대해 무엇을 말하는지, 그리고 그러한 문화에 의해 생성되고 공유되는 신화가 그 세계관을 특징짓고 형성하는 불안감과 모순을 어떻게 다루는지 이해하는 데 더 많은 관심을 가졌다. 이러한 점에서 레비스트로스의 이론은 롤랑 바르트의 작업과 더불어, 스토리가 이데올로기와는 어떤 관계이며 문화와 그 문화 안에서 살고 있는 사람들을 규정하고 형성하는 신념 체계와는 어떻게 관계되는지 등에 대한 이해를 도모하는 내러티브 연구의 시작이 되었다.

프로프가 내러티브의 순차적(통합체적) 분석에 초점을 맞추었지만, 레비스트로스는 기호들이 연관성(계열체적 분석)을 바탕으로 어떻게 선택되는지도 분석했다. 이 또한 소쉬르의 언어 이론을 사용하였다. 이에 따르면 의미상 관련이 있는 단어 모음(음식, 옷 등과 관련된 단어)에서 선택된 단어들이 통합체적으로 결합하여 문장을 형성한다. 이를 현대 패션에 대한 분석으로 확장해서 보면, 개별적으로 착용한 옷과 액세서리들(찢어진 청바지, 옷핀, 타탄 무늬)이 조화를 이루어 자신이 펑크족임을 드러내는 것이다.

레비스트로스는 사건들이 내러티브를 진전시키는 방식뿐만 아니라 주제적 연관성에 의해 생성된 연결들 또는 내러티브 요소들 사이에 존재하는 관계 '다발들'을 탐구하는 데 초점을 두었다. 이러한 분석은 레비스트로스(2000[1967]: 76)가 오이디푸스 신화에 대한 도식적 분석에서 분명하게 보여 주었듯이, 흔히 횡적으로뿐만 아니라 종적으로도 이루어진다. 레비스트로스에 따르면, 이러한 배열은 신화를 *이야기하기*(세로 열을 무시함)와 *이해하기*를 구별하기 위한 설계이며, 이때 세로 열은 공통된 특징(3열에서는 괴물 죽이기)을 보여 주는 단위로 간주한다. 이러한 종류의 계열체적 분석은 '추론적speculative'이며 따라서 복제가 어렵다는 비판을 받았지만(예컨대 Dundes, 2003[1968]), 그 취지는 내러티브의 '깊은' 층에 도달해서 개별적인 이야기와 신화를 특정 문화의 세계관에 연결하려는 것이다.

이항 대립

레비스트로스는 언어의 작동 방식에 대해 소쉬르의 논의에서 제시된 차이差異의 중요성을 이용해서, 인간은 주변 세계를 **이항 대립**binary oppositions의 집합, 즉 어둠과 밝음, 위와 아래, 옷을 입은 것과 벗은 것 등의 상호 배타적 범주로 구분한다고 주장했다.

레비스트로스의 이론은 왜 많은 내러티브가 대립적 힘들 사이의 중요한 갈등을 일으키는지 설명하는 데 도움을 주었다. 그는 또한 어떻게 선과 악, 나이 듦과 젊음, 삶과 죽음과 같은 근본적 대립이 다양한 문화에 걸쳐 발견되는지, 하지만 그 대립들이 어떻게 문화에 따라 특정한 방법으로 현실화되거나 구체화되는지 보여 주었다. 영화와 텔레비전 내러티브 연구들이 특히 레비스트로스의 이항 대립 개념에 기대어 수행되었다. 예를 들어, 그레임 터너(2006)는 전통 서부극을 다양한 의미화 체계에 걸쳐 전개되는 문화와 자연 사이의 근본적 대립이라는 관점에서 분석했다. 이 경우 정착민과 인디언은 다음과 같은 방식으로 대립된다.

정착민	인디언
흰색	빨간색
기독교인	이교도
길들여진	야만적인
무력한	위험한
약한	강한
옷을 입은	옷을 벗은

(Turner, 2006: 106)

좀비 신화도 이런 방식으로 분석되었다. 여러 문화권에서 발견되는 이러한 신화는 아마 삶과 죽음 사이의 경계를 탐구하려는 인간적 욕구와 육체적 실체에 대한 우리의 불안에 대한 것이라 하겠다. 그러나 1970년대와 1980년대 좀비 영화, 특히 조지 로메로George Romero의 〈살아있는 시체들의 밤*Night of the Living Dead*〉(1968)에서 좀비는 과도한 소비문화의 최악의 상징이 된다. 더 최근에는 〈돌아온 사람들*The Ruturned/Les Revenants*〉(영국 채널4, 2013)이나

〈인 더 플레시*In the Flesh*〉(영국 BBC3, 2013) 같은 좀비 내러티브에서 좀비의 모습은 모든 외부인, 특히 자신의 섹슈얼리티나 민족성 문제로 인해 배제된 사람들을 표현한다.

시간이 지남에 따라 이항 대립은 우리에게 자연스럽거나 자명한 것으로 보이게 되고, 이들에 부여된 의미들이 자의적이라는 사실을 상기시키기 위해서는 새로운 접근 방식이 요구된다. 예를 들어, 〈용서받지 못한 자*Unforgiven*〉(1992)와 〈늑대와 함께 춤을*Dances with Wolves*〉(1990) 같은 영화는 서부극 장르 신화에 내재하는 많은 불편한 측면에 대해 탐색한다. 특히 이들 작품은 정착민이나 카우보이가 문명과 문화를 대변한다거나 그들이 점유한 자연 환경에 미친 영향은 이로운 것이었다는 생각에 이의를 제기하였다. 〈디스트릭트 9*District 9*〉(2009)도 외계인과 인간의 대립에 대해 유사한 문제를 제기하면서, 이러한 것이 인종 차별 정책을 펼친 정권의 잔혹함과 역사적으로 유사하다는 것을 강력하게 묘사한다. 또한 이 영화는 인간 그리고 인간적인 사람에 대한 지나치게 단순한 인식이 지닌 문제를 드러내며 우리 시대의 인종차별주의와 외국인 혐오증을 비난한다. 10대 영화 〈스크림〉은 호러 장르가 매번 순결을 잃은 소녀들을 벌하는 방식(숫처녀/매춘부의 대립을 다룸)을 좀 더 장난스러운 방식으로 조롱한다. 그뿐만 아니라 배경(실내/실외)이나 분위기(밝음/어두움)와 관련된 요소들 사이의 대립이 어떤 도덕적이거나 감정적인 상태(안전/위험, 선/악)를 전달하도록 조작될 수 있다는 사실도 비판한다.

리얼리티 프로그램은 일반적으로 사람들 집단 또는 유형 사이의 대립 설정에 의존한다. 영국의 TV 프로그램 〈슈퍼사이즈 대 슈퍼스키니*Supersize vs Superskinny*〉(채널4, 2008~2014)[12]와 〈성자와 사기꾼*Saints and Scroungers*〉(BBC1, 2009~2015)[13]을 그 예로 들 수 있다. 광고도 보통 한쪽 편이 분명히 선호되는 듯 보이는 근본적 대립(깨끗한/더러운, 활기 없는/빛나는, 자연적/인공적) 설정에 의존하기 때문에, 소비자는 '좋은' 또는 '올바른' 선택을 해야 하는 도덕적 의무를 지게 된다. 구조주의 연구는 이러한 것은 그 어느 것도 자연스럽거나 불가피한 것이 아니라 문화와 이데올로기의 산물이라는 점을 보여 준다. 중요한 일은 이를 인식하고 그러한 문화적 내러티브가 우리에게 영향을 주는 방식을 경계하는 것이다.

구조주의가 제안한 일부 모델은 너무 복잡하고 추상적이어서 거의 적용되는 일이 없고, 만일 적용되더라도 보통 느슨하게 또는 부분적으로나 적용이 된다. 하지만 일부 핵심 용어와 개념은 특히 미디어 연구와 문화연구 분야에서 계속 사용되는데, 이는 이 분야들이 전통적으로 문학 연구에 대해 그리고 그 분야가 전적으로 텍스트 분석에만 초점을 두는 경향에 회의적이기 때문일 것이다. 체계성을 밝히려는 구조주의의 시도와 기호 체계로서 문화에 초점을 두었다는 것은 특히 **기호학**Semiotics이 하위문화와

12 과체중 사람과 저체중 사람의 다이어트와 극단적인 식습관을 다룬 프로그램이다. — 옮긴이

13 도움이 필요한 취약한 사람들과 그들을 돕는 사람들을 다룬 프로그램이다. — 옮긴이

팬덤뿐만 아니라 광범위한 주류 문화의 실천과 양식(영화, 사진, 패션 등)에 대한 연구의 초석이 되었음을 의미한다.

스토리와 담론

내러티브 문법에 대한 구조주의의 관심이 주목을 받으면서 데이비드 로지David Lodge(1980)는 자신이 "소설의 시학"이라고 하는 두 번째 프로젝트를 제시한다. 이 프로젝트의 초점은 화자의 역할 그리고 스토리 사건과 그 사건이 이야기되는 방식 간의 관계를 이해하는 데 있다.

서론에서는 스토리와 플롯의 주요 차이점을 소개했다. 구조주의 연구자들은 *무엇*what이 이야기되는가와 *어떻게*how 이야기되는가를 구별하기 위해 그들만의 용어를 개발했다. 이 중 스토리story(프랑스어 histoire)와 담론discourse(프랑스어 discours)이 가장 널리 사용된다. 시모어 채트먼Seymour Chatman(1978)에 따르면, 스토리는 내용 차원에 해당하고, 담론은 내러티브의 표현 차원에 해당한다. 형식주의 연구자들은 이를 구별하여 파불라fabula와 슈제트sjuzhet, 또는 (슬로미스 리먼케넌Shlomith Rimmon-Kenan이 선호하는) 스토리와 텍스트(Rimmon-Kenan, 1983)라 하기도 한다. 앞서 말했던 바와 같이 구조주의 연구자들이 '스토리'라는 용어를 이해하는 구체적인 방법에 혼란이 있을 수 있지만, 이와 같은 구별은 스토리를 이야기하는 데 선택하는 다양한 이야기 수단을 드러내는 기본이

된다. 그 구별은 우리에게 '같은' 이야기일지라도 이야기하는 사람이 어디에서 이야기를 시작하는지, 스토리 사건에 얼마나 많은 시간을 소비하는지 등에 따라 달리 이야기될 수 있음을 탐구할 수 있게 한다.

제라르 주네트는 《내러티브 담론*Narrative Discourse*》(1980)에서 마르셀 프루스트Marcel Proust가 《잃어버린 시간을 찾아서*À la Recherche du Temps Perdu*》(1913)에서 제시한 시간, 기억, 정체성 문제에 대한 복잡한 탐구를 바탕으로 이후 큰 영향을 미친 내러티브 이론을 개발했다. 한편 그의 이론은 다른 미디어, 즉 영화뿐만 아니라 텔레비전, 만화책, 뉴 미디어 등의 내러티브에도 적용되었다. 주네트는 특히 시간 문제와 관련하여, 스토리와 담론 사이의 관계가 특별히 중요한 내러티브의 세 가지 측면에 초점을 두었다. 첫 번째는 담론의 '**순서**order' 및 그것이 스토리의 연대기적 순서에서 어떻게 벗어날 수 있는가에 관한 것이다. 예를 들어, 내러티브는 **플래시백**flashback(오슨 웰스Orson Welles의 고전 영화 〈시민 케인*Citizen Kane*〉[1941]처럼)으로 중심인물의 삶을 이야기하기에 앞서 그/그녀의 죽음으로 이야기를 시작할 수 있다. 또는 지구상의 모든 사람이 기이하게 몇 초 동안 기절하는 상황을 연출하는 미국 TV 드라마 〈플래시포워드*FlashForward*〉(ABC, 2009~2010)의 내러티브는 **플래시포워드**flashforward를 통해 그들의 미래 운명을 들여다볼 수 있는 순간적인 통찰을 주고, 그들이 그것을 받아들이거나 바꾸려고 노력해야 하는 미래의 사건을 미리 보여 준다. 오늘날 많은 TV 드라마는 등장인물에게 닥칠 절정의 순간이나 전환점을 예고하는 '티저'로 드라마를 시작한다. 예를 들어, TV 드라마 〈사우스랜드*Southlannd*〉(2009~2013)[14]의 에피소드는 대부분 특정 사건으로 이어지는 사건으로 전환하기 전에 보통 주요 등장인물 한 사람이 포함되는 어떤 총싸움이나 폭력 사건으로 시작한다.

내러티브에서 사건을 배열하는 방식은 우리가 그 사건을 얼마나 중요하게 생각하는지, 이들을 어떻게 연결할 것인지 등의 문제와 관련해 중요한 의미가 있다. 그래서 사건들이 연대기적 순서에서 벗어나 제시되기도 하고, 우리는 왜 그러한지 이유를 밝히려 하기도 한다. 오늘날 문화에서 수용자의 관심을 끌겠다는 욕구는 이야기하는 순서와 관련하여 많은 실험으로 이어졌다. 마틴 에이미스Martin Amis의 소설 《시간의 화살*Time's Arrow*》(1991)에서는 나치 전범의 이야기가 거꾸로 진행되는 반면, 크리스토퍼 놀란Christopher Nolan의 영화 〈메멘토*Memento*〉(2000)에서는 주인공이 자신의 정신 상태 그리고 자신의 기억과 정체성을 종합하는 문제를 반영하기 위해 스토리 순서를 혼란스럽게 구성한다. 포터 애벗(2008)이 말했듯이, 스토리가 뒤로 갈 수는 없다. 스토리는 모든 행동과 마찬가지로 시간상 앞으로 나아갈 수밖에 없다. 그러나 스토리텔링은 창작자가 선택하는 어떤 방향으로든 나아갈 수 있다. 그래서 홀로코스트에 들어차 있는 '악의 평범함'을 강력하게 전달하는 에이미스의 소설에서처럼 새로운 방법으로 독자와

14 미국 범죄 드라마 시리즈로 2010~2013년 5시즌으로 방영했다. 범죄 사건을 담당하는 로스앤젤레스 경찰들의 삶을 그린다. — 옮긴이

관객을 끌어들일 수 있는 것이다.

주네트가 집중한 두 번째 사안은 관심을 끄는 사건의 **'지속 시간duration'**이다. 소설을 영화에 적용할 때 시나리오 작가는 일반적으로 사건 전체를 잘라내거나 사건의 속도를 더 빠르게 진행해야 한다(주네트의 '요약summary' 또는 '생략ellipsis'). 따라서 책에서는 한 장章 전체가 등장인물의 첫 출근일에 할애될 수 있지만, 영화에서는 이것이 대화를 통해 간단히 언급되거나 완전히 생략될 수 있다. 반대로, 현실에서 1초밖에 걸리지 않는 사건, 예컨대 싸움에서 주먹으로 한 대 치는 것과 같은 사건이 영화의 슬로 모션 기법을 사용하면 다른 각도로 확장되어 보일 수도 있다. 그러면 그 사건을 이야기하는 데 더 많은 시간이 소요될 것이다. 하지만 새 직장 첫 출근일을 예로 들면, 이 경우 실제로는 몇 시간 또는 몇 년이 걸렸을 수 있는 일에 대한 보고가 짧은 시간에 이루어질 수 있다. 마지막으로 사건이 실제로 걸리는 시간과 사건을 서술하는 데 걸리는 시간(주네트의 '장면scene')이 완전히 일치하는 경우도 있을 것이다. 예를 들어, 텔레비전 솝 오페라의 플롯은 종종 화면상에서의 사건의 시간과 시청자의 '실제 시간'이 완전히 일치하면서 시간이 지남에 따라 서서히 전개되기도 한다. 솝 오페라는 여타 내러티브 장르에 비해 더 대화에 의존하고, 이는 시청자가 '같은' 사건을 다른 관점에서 바라보는 것뿐만 아니라 등장인물과 함께 사건을 경험하면서 살아가는 효과를 가져온다.

마지막으로 주네트는 스토리와 담론의 관계를 내러티브가 발생한 사건에 대해 얼마나 자주 이야기하는가의 문제와 관련하여 '**빈도**frequency'의 관점에서 고려했다. 가장 일반적인 것은 한 번 일어난 일을 한 번만 말하는 '단수형' 사례다. 우리가 같은 사건에 대해 '반복하여' 듣는다면 이는 그 사건이 특히 주목할 만한 것임을 암시한다.(솝 오페라에서의 예와 같이) 한 사건이 다른 등장인물에 의해 다시 이야기될 수도 있고, 같은 등장인물이 과거에 자신이 겪은 동일한 사건을 다시 찾아볼 수도 있다. 이것은 필시 어떤 대단히 충격적이거나 미스터리한 사건에 대한 답을 찾으려는 시도일 것이다. 영화 〈사랑의 블랙홀*Groundhog Day*〉(1993)에서는 필(빌 머레이)이 한 작은 마을 축제인 그라운드호그 데이 때 타임루프에 빠져 그 축제를 계속 반복해서 살게 되지만 끝내 긍정적 삶의 여정으로 마감하면서 영화의 코믹성이 확인된다. 미래주의적 영화 〈소스 코드*Source Code*〉(2011)의 주인공은 동일한 8분짜리 기차 여행을 반복해서 살아야 한다. 결과적으로는 자신이 의식의 변경과 평행 현실parallel realities[15] 상태에 연루되는 과학 실험의 중심에 있음을 발견하게 되어 복잡한 도덕적 선택에 직면하는 것으로 끝난다.

이와는 다른 극단적인 경우에는 화자가 두 번 이상 발생한 어떤 일에 대해 단 한 번만 이야기하기도 한다(주네트의 '반복iterative' 기법). 예를 들어, 성장 드라마에서 한 소녀와 소년이 한여

15 양자역학 개념으로 우리가 사는 세계가 아닌 평행 선상에 존재하는 다른 세계를 말한다. 말하자면 서로 고립된 채 무한히 존재하는 미지의 세계들이라 할 수 있다. — 옮긴이

름 내내 동네 카페에서 방과 후 매일 만났다는 이야기를 생각해 보자. 이 경우 강조되는 것은 두 사람 사이에 어떤 사건들이 발생했는지 그리고 두 사람의 관계에 영향을 준 변화와 변경 사항은 무엇인지의 문제가 아니라, 발생한 사건들 전체 그리고 이들이 이 에피소드에서 두 인물의 삶과 관련하여 말하려 하는 것이 무엇인가의 문제다.

내러티브 시간에 대한 주네트의 연구 작업은 미디어 전반에 걸쳐 영향을 주었으며, 비선형성nonlinearity과 메타픽션metafiction을 사용한 포스트모던 실험의 분석과 영화의 플래시포워드 및 플래시백 연구에 매우 귀중한 자료로 입증되었다. 근래 들어, 텔레비전에서의 시간에 대해 연구한 폴 부스Paul Booth(2012: 4)는 '시간적 이동temporal displacement'을 특징으로 하는 프로그램들이 '쇄도'하는 현상을 설명하기 위해 주네트의 작업을 이용하면서, 이러한 미학적 변화는 지금 일어나는 더 큰 문화적 변화, 특히 소셜 미디어와 온라인 환경에서 얻은 시간 경험을 반영한다고 주장한다. 특히 부스는 플래시포워드, 플래시백, 시간 여행 및 주인공의 기억 변화 등을 사용하는 일이 늘어나고 있음을 강조한다. 여기서 시간적 이동은 "수용자에게 더욱 내러티브에 개입해서 플롯의 여러 측면을 결합할 수 있게 하고" 심지어는 그들에게 "시간을 통제하는 듯한 느낌"을 주기도 한다고 주장한다(2012: 5).

주네트의 이론은 스토리와 담론의 구분이라는 뼈대에 살을 붙이고 (다음 장에서 볼 수 있듯이) 그에게 내러티브에서 말하는 자는 누구인지, 또한 보고, 듣는 자는 누구인지(초점자) 등에 대해 더욱 깊이 탐구할 수 있게 했다. 그러나 비록 스토리/담론 구분이 서사학을 구성하는 기본 토대이고 비교적 간단히 있는 그대로 이해하고 적용할 수 있는 것이긴 하지만 이에 대한 논쟁이 없었던 것은 아니다. 또한 서사학자들은 저마다 핵심 개념을 계속 다시 정의하고 명명하는 경향을 피해 가지도 못했다. 특히 논란이 되었던 것은 '스토리'가 담론으로부터 얼마나 독립적인가에 관한 것으로서 [이것은 한편으로] 추상적 관념의 문제 또는 완전히 '인위적'(Phelan, 1989)이기에 특정 작가의 스타일이나 관련 미디어와는 무관한 별개의 문제였다. 스토리와 담론의 구분은 또한 예를 들어, 안정적이거나 고정된 현실 개념을 파괴하는 포스트모던 내러티브나 실험 소설처럼 '무슨 일이 일어났는지' 알아내는 일이 거의 불가능한 내러티브에는 적용되지 않는다.

포스트구조주의

그러한 비판은 고전 구조주의에 대한 포스트구조주의적 수정의 기반이 된다. 이는 아이러니하게도 고전 구조주의의 몇몇 핵심 학자들에 의해 시작되었고, 그들 중 가장 주목할 사람은 롤랑 바르트다. 포스트구조주의는 문학 이론에 막대한 영향을 주었지만, 또한 종종 불가해한 것처럼 보이는 용어 사용 그리고 많은 주요 옹호자들이 자신들이 논의하는 내러티브나 텍스트에 대한 이야기 대신 자신들의 활동에 더 많은 관심을 보인다는 부정적인 평가로 인해 시달림을 받는다. 모든 해석은 불가피하게 주관적이라는 점을 강조한다면, 이러한 논의는 한 가지 생각에만 매달리는 편협한 관점이라는 비난, 그리고 반복 가능하며 비교적 쉽게 적용될 수 있다는 구조주의적 모델의 특징과 대비되는 부정적인 평가로 이어질 수 있다.

1960년대 후반 〈텔켈*Tel Quel*〉[16](‘있는 그대로’)이라는 문학 잡지와 관련된 바르트 및 다른 이론가들은 보편적인 내러티브 구조의 가능성에 의문을 제기하기 시작했다. 그들은 또한 내러티브 텍스트를 안정적이고 고정된 실체로 보는 개념을 비판하는 대신 텍스트 간의 의미 관계 또는 이른바 **상호텍스트성**intertextuality에 주목하였다. 상호텍스트성 개념은 바르트와 줄리아 크리스테바Julia Kristeva에 의해 이론화되었으며, 특히 포스트모던 및 디지털 내러티브 형식에 대한 논의에서 영향력을 행사하게 되었다(이에 대한 자세한 내용은 8장을 참조하라). 근본적인 변화는 고전 구조주의 연구자들이 체계적이고 명쾌한 자신들의 접근 방식에 집착하는 것으로 보이는 것과는 대조적으로, 포스트구조주의 연구자들은 불확정성, 유동성, 다의성을 미덕으로 삼았다는 점이다. 바르트는 내러티브의 기본에 대한 재검토 작업의 일환으로 전혀 새로운 용어를

16 1960년 프랑스에서 창간된 아방가르드 문학 잡지로, 포스트구조주의 사상을 널리 알리는 데 이바지했다. 〈텔켈〉과 관련을 맺고 문학 및 학계에서 활동한 일단의 프랑스 지식인을 가리켜 ‘텔켈 그룹’이라 부르며, 여기에는 롤랑 바르트, 줄리아 크리스테바, 자크 데리다, 필리프 솔레르Philippe Sollers 등이 속한다. — 옮긴이

제안했다. 즉 '저자author'를 대신하는 '필사자scriptor' 개념인데, 이는 신과 같은 전지적 창조자라는 전통적 개념에서 벗어나기 위한 것이다. 또한 그는 기존의 의미를 수동적으로 해독하지 않는 능동적 독자를 요구하며, 열린 결말을 기반으로 하는 '텍스트의 즐거움pleasures of the text'에 초점을 맞춘다(5장 참조). '저자의 죽음death of the author'이라는 바르트의 악명 높은 선언과 독자의 역할에 대한 그의 후속 이론 작업은 특히 이야기의 생산이 협업으로 이루어지고 끝없이 커스터마이즈되며 재작업되는 근래의 뉴 미디어 내러티브 맥락에서 큰 영향력을 발휘한다(8장 참조).

포스트구조주의는 구조주의와 마찬가지로 언어가 우리 자신과 우리 주변 세계에 대한 이해를 어떻게 형성하는가에 대해 관심을 두지만, 더 나아가 언어와 우리 현실 사이의 관계는 자의적인 것이며 모순과 틈새로 가득 차 있다고 생각한다. 예를 들어, 자크 데리다Jacques Derrida의 글에서 우리는 구조주의 연구자들이 당연하게 여기는 것처럼 보이는 언어에 대한 많은 개념에 대해 제기되는 근본적인 비판을 발견한다. 그 대신에 언어는 믿을 수 없는 것이며, 의미는 불안정하고 결코 존재하지 않는 것으로서 항상 유예되는 것으로 생각된다. 데리다는 텍스트의 모순 그리고 호도되거나 은폐된 틈새와 불일치를 폭로하고 조롱하는 전략인 해체 개념을 부상시키는 데 핵심 역할을 했다. 특히, 그는 결말을 추구하는 대신, 도발과 장난 작업을 통해 텍스트가 우리에게 일관성과 안정성을 제시하는 것처럼 보이게 하는 교묘한 속임수와 책략을 드러내 보인다.

포스트구조주의는 또한 권력 담론에 대한 미셸 푸코Michel Foucault의 작업(1991)이나 가부장제 헤게모니에 도전하는 프랑스 페미니스트(6장 참조)의 예와 같이 더욱 공개적으로 이데올로기에 관심을 보인다. 고전 구조주의는 세계를 양자택일의 이분법적 논리를 암시하는 이항 대립으로 깔끔하게 정리될 수 있는 것으로 제시하였다. 반면에 포스트구조주의 연구자들은 이러한 이항 대립이 종종 얼마나 편파적이며 불안정한지 보여 주었다. 예를 들어, 엘렌 식수Hélène Cixous의 분석(1981)은 문화가 남성과 여성을 서로 대립하는 방식으로 위치시키고, 남성 용어는 모두 긍정적으로, 여성의 경우에는 부정적으로 가중치를 부여한다는 것을 보여 주었다. 또한, 위계 관계를 고정시키고 안정적인 것으로 굳히려는 이항 대립의 사용은 포스트식민주의 이론, 특히 서구 제국의 중심부 밖에 있는 모든 이들의 삶과 문화를 열등하고 불결하며 또는 더 나쁜 것으로 보이게 하는 중심 대 주변 대립에 대한 도전에 많은 아이디어를 제공한다.

많은 포스트구조주의자들은 정신분석학, 특히 자크 라캉Jacques Lacan의 연구에서 영향을 받아 쾌락, 욕망, 섹슈얼리티와 관련한 개념을 포함하는 내러티브에 대한 토론의 장을 열었다. 텍스트와 신체의 연결에 대한 논의가 제기되고, 언어는 단지 배타적으로 텍스트적인 것만이 아니라 우리의 육체적인, 물질적인 존재와 연관되어 있고, 아주 깊숙이 묻혀 있거나 억압되어 있는 욕망과 본능에 의해 작동되고 형성되는 것으로 보인다. 이러한 점에서 또한 포스트구조주의는 자아와 물리적인 신체 사이의 모든 관계가 문제가 된 사이버 문화 연구뿐만 아니라 현대 젠더와 퀴어 이론에도 큰 영향을 미쳤다(6장과 8장 참조).

*

구조주의와 포스트구조주의 주요 관심은 모두 언어와 텍스트성textuality, 그리고 종종 자의식적으로 언어와 의미 생성sense-making 개념을 실험하는 문학 내러티브에 있지만, 이 이론들은 또한 당대의 다양한 실천과 담론이 의미하는 방식을 탐색하는 데 영향을 미쳤다. 특히, 영화 이론은 라캉과 정신분석학에 크게 의존하는 한편, 푸코의 작업은 당대에 특히 현대 미디어 담론이 어떻게 끊임없이 권력을 행사하고 유지하며 수용자를 통제하려 하는지, 또한 수용자가 어떻게 종종 자신이나 타인의 행위를 이렇듯 빈틈없이 감시하는 일에 공모하게 되는지 이해하는 데 영향을 미쳤다.

3 내러티브 보이스와 시점

"우리가 거의 인식하지 못할 수도 있겠지만,
우리는 모두 화자다." (Abbott, 2008: xii)

"그들에게 말하는 방식이야."
– 영국 코미디언 프랭크 카슨Frank Carson
(1926~2012)

2장에서 우리는 내러티브 이론의 기본 구성 요소인 스토리와 담론의 차이점을 살펴보았다. 일단 스토리를 기술하는 데 어떤 수단이 선택되었는지 식별할 수 있게 된다면, 이는 내러티브 보이스의 측면과 내러티브가 제공하는 사건에 대한 관점 측면에서 스토리가 어떻게 전달되는지 분석하기 시작하는 길로 들어서는 것이다. 흔히 양파나 나이테 구조는 이러한 내러티브의 다층적 특징을 비유적으로 설명할 때 사용되곤 한다. 이는 스토리들이 서로 내재되어 있거나 '동일한' 사건에 대해 갈수록 더 많은 관점이 제공되기 때문이다. 이론가들은 또한 스토리가 다양한 관점에 의해 걸러지거나 편향적으로 기우는 것을 언급하며, 아무리 재현이 투명하거나 포괄적인 것처럼 보일지라도 그것은 항상 불가피하게 사건을 특정한 방식으로 보이게 하거나 경험하도록 한다는 사실에 주목한다.

양파 바깥층에는 스토리를 이야기하는 내레이션이 있다. 이야기의 화자가 특정 개인이거나 알려진 사람이면 그 인물을 특정하는 것은 어려운 일이 아니다. 이 경우 화자는 아마 어떤 행위에 개입되어 있거나 행위보다 '높은' 위치에서 벌어지는 모든 것을 알고 모든 것을 보는 전지적 인물일 것이다. 하지만 서론에서 언급했듯이, 모든 내러티브에 이러한 의미의 화자가 존재하는지에 대한 질문은 이 용어를 영화 같은 예술 형식에 적용하면서 적지 않은 논란을 초래했다. 왜냐하면, 영화의 경우 심지어 한 사람만을 창작자로 특정한다거나 보여 주기와 말하기를 구분하는 일이 더 어려울 수 있기 때문이다.

시모어 채트먼(Chatman, 1978)은 소설과 영화의 내러티브 구조에 대한 분석으로 큰 영향을 미친 자신의 글에서 "비非내레이션non-narration"이라는 영화학적 용어를 제안하였다. 이는 누군지 알 수 있는 사람에 의해 이야기되기보다는, 관객 스스로 사건에 관한 이야기를 엿듣는 데서 영화의 효과가 있다는 사실과 관련된다. 나아가서 채트먼은 더 적절한 용어로 "최소한의 내레이션minimal narration"을 제시하며, 우리가 이야기를 하는 사람이나 "정보를 전하는 사람transmitting source"(1978: 146)을 볼 때 화자의 '가청성'과 '존재감'을 토대로 다양한 가능성을 고려해야 한다고 제안한다. 또 다른 글에서, 채트먼(1990)은 다양한 기호 채널을 아우를 수 있는 범위와 영향력을 갖춘 구성 원리나 주체를 가리키는 개념으로 '영화적 화자cinematic narrator'라는 용어를 사용한다. 채트먼에 이어 데이비드 치코리코David Ciccoricco(2014: 51~52)는 "시간에 따른 기호학적 수단의 조직화"를 설명하는 '사이버네틱 내레이션cybernetic narration'이라는 용어를 제안한다. 디지털 소설에서 사이버네틱 내레이션에 의해 "기술과 문학의 의미 있는 연결 관계"가 확보된다는 것이다.

"**부자연스러운 내레이션**unnatural narration"(Richardson, 2006)은 최근 내러티브 이론에서, 특히 포스트모던 및 실험적 내러티브 현상을 설명하는 데 사용된다. 이 경우 내레이션의 기본 전제나 각본은 어떤 면에서 논리나 물리학의 법칙을 거스른다. 그 예로 동물이나 죽은 사람 또는 아직 태어나지도 않은 사람이 이야기하는 스토리를 들 수 있다. 어떤 예들은 일반적인 내러티브 형식에서도 찾아볼 수 있다. 예를 들자면 살해된 주인공이 내레이션하는 영화 〈러블리 본즈*The Lovely Bones*〉(2002)나 죽음이라는 추상적 실체가 내레이션하는 영화 〈책도둑*The Book Thief*〉(2005) 같은 경우다.

우리가 확실한 내러티브 보이스나 실체를 분명히 식별할 수 있는 경우에도, 양파의 내부 층들은 다른 보이스와 관점이 그 바깥층 내에 포함될 수 있는 다양한 방식을 보이면서, 독자나 수용자에게 서로 충돌하고 모순될 수 있는 복수의 시점을 제공한다. 서사학은 이러한 층들을 끄집어내어 이들이 서로 관계하는 방식을 이해하는 데 필요한 어휘를 제공한다. 하지만 이것은 매우 복잡한 과정이고 개별적인 해석의 문제일 수 있다.

화자

라이브 스토리텔링 상황에서 이야기하는 사람은 물리적으로 존재한다. 그리고 그/그녀의 개인적인 카리스마, 태도, 기술 등은 수용자의 즉각적인, 정서적 반응을 일으킬 수 있다. 월터 옹Walter Ong(1982)은 텔레비전과 같은 현대 미디어는 수용자에게 '이차적 구술성secondary orality'을 제공하여 부족한 물리적 근접성을 보충하고, 직접 발화direct address나 클로즈업과 같은 장치를 통해 사회적 공간의 공유를 보완한다고 주장했다. 옹의 용어를 적용해 보면, 뉴 미디어 테크놀로지(예를 들어 Thomas, 2014) 및 이인칭 대명사와 현재 시제를 사용하는 인터랙티브 소설과 같은 디지털 스토리텔링 형식은 사용자가 마치 지금 눈앞에 벌어지고 있는 일에 대한 자신의 반응이 실제로 다음에 일어날 일에 영향을 주고 지시하는 것처럼 느끼게 한다(8장 참조).

내러티브와 수용자에 따라 어떤 내러티브 보이스를 선택할 것인가의 문제는 매우 중요하다. 영화를 예로 들어 보자. 사건에 대한 보이스오버의 주체가 특정 캐릭터인가 아니면 주변의 목격자인가에 따라 우리는 안심하기도 하고 전율을 느끼거나 오싹해하기도 한다. 특정 상품에 적합한 목소리를 선택하는 문제는 광고 분야에서 아주 중요하다. 그래서 광고를 종종 보이스오버 배우가 출연하는 TV 프로그램에 편성해서 시청자에게 자신들이 즐기고 있는 오락물과 광고가 전달하려는 메시지가 끊어짐 없이 매끄럽게 연결되도록 하기도 한다. 비단결같이 부드러운 내레이션으로 이름난 배우 모건 프리먼Morgan Freeman은 그가 원하는 대로 우리의 생각을 유도할 수 있는 화자의 대명사가 되었다. 이는 아이러니하게도 영국의 '모어댄More Than'[17] 보험 광고에서 조롱거리가 되기도 한다. 이 광고에서 우리가 듣는 목소리는 모건 프리먼이라는 대배우의 목소리가 아니라, 광고 회사가 마치 그의 목소리인 양 착각하게 하려는 목적으로 고용한 성대 모사자의 목소리다.

마찬가지로, 〈빅 브라더*Big Brother*〉[18]와 같은 리얼리티 프로그램은 보이스오버 내레이션을 사용해서 시청자를 안내하고 그들이 시청 중인 사건에 어떻게 반응할 것인가에 영향을 준다. 영국 버전에서는 [배우이자 성우인] 마커스 벤틀리Marcus Bentley의 조르디인 사투리[19]가 프로그램 브랜딩화 작업의 일부가 되었지만 끊임없이 조롱거리가 되기도 했다. 경쟁자들이 상대방 집을 방문해서

17 2001년 설립된 자동차, 주택, 애완동물 및 여행 보험을 취급하는 영국의 보험 회사다. 2011년 미국의 성대 모사 연예인 조시 로버트 톰슨을 기용해 모건 프리먼이 영화 〈쇼생크 탈출*The Shawshank Redemption*〉(1994) 등에서 들려준 소탈한 목소리를 흉내 낸 TV 광고를 했다. 이 광고는 '모어 댄 프리먼More Than Freeman'이라는 용어를 사용하며 많은 관심을 모았다. — 옮긴이

18 네덜란드의 리얼리티 TV 프랜차이즈로, 1999년 네덜란드에서 처음 방송한 이후 여러 나라에서 같은 포맷으로 제작되었다. 참가자들이 외부 세계와 격리된 특수하게 지어진 집에서 함께 사는 동안 라이브 TV 카메라와 개인 오디오 마이크를 통해 지속적으로 모니터링된다. 동거인들인 매주 탈락자를 투표하는 방식으로 진행된다. 제목에서 알 수 있듯이 조지 오웰의 《1984》에서 영감을 받은 프로그램이다. — 옮긴이

19 잉글랜드 북동부 타인사이드의 방언을 말한다. — 옮긴이

경쟁자가 만든 요리를 시식하는 설정의 리얼리티 프로그램 〈나와 함께 식사해요*Come Dine with Me*〉(영국 채널4, 2005~)[20]에서는 보이스오버를 담당한 [성우] 데이브 램Dave Lamb이 빈정거리는 투로 말하는 해설로 악명이 높았다. 그는 지금 벌어지는 일을 설명하는 것에 만족하지 않고, 경쟁자 및 그들의 집과 관련된 모든 것을 지적하기 때문에 컬트적 명사의 지위를 갖게 되었다. 또 다른 프로그램에서는 텔레비전 프로그램 진행자들이 내러티브 중간에 끼어들어 변화 '전'과 '후'를 연결하거나 프로그램 참가자들이 내린 결정에 대해 평가를 하기도 한다. 예를 들어 영국의 라이프스타일 TV 프로그램 〈홈즈 언더 더 해머*Homes Under the Hammer*〉(BBC1, 2003~)에는 남녀 두 진행자가 등장하는데, 이들은 모두 '미운 오리 새끼' 같은 소유물을 아주 매력적인 주택이나 수익성 있는 투자 물건으로 변신시키는 전문가들이다. 이 프로그램은 이들의 전문적 해설에 더해 배경 음악을 사용하여 시청자의 반응을 이끌어 낸다. 예를 들어 한 에피소드에서는 "박스에서 살기Living in a Box"와 "기적을 믿어요I Believe in Miracles"라는 두 곡의 노래를 삽입함으로써 당시 문제의 집과 성공적인 개조 가능성에 대한 아이러니한 해설을 제공한다.

내러티브가 한 미디어에서 다른 미디어로, 특히 인쇄 미디어

20 같은 마을이나 지역에 사는 5명의 아마추어 셰프가 등장하는데, 이들은 각자 자신의 집에 다른 참가자들을 위해 디너 파티를 연다. 그런 다음 참가자들은 집으로 택시를 타고 가는 동안 파티 음식 등을 평가한다. — 옮긴이

에서 영상 미디어로 각색될 때 텍스트 특유의 내러티브 보이스를 상실하는 일은 매우 민감한 사안이 될 수 있다. 초기 소설 이래 계속 친근하고 신뢰하는 동료로서 화자라는 존재는 아주 강력해서 그(녀)의 친숙한 목소리 없이 그 소설의 세계를 상상한다는 것은 거의 불가능하다. 화자 개념은 독자들이 역사적인 실제 존재인 소설 작가와 이야기의 전개 과정에서 우리에게 사건을 형성해 주는 텍스트적 실체 및 내러티브 입장을 구별하도록 도움을 주었다. 이 개념이 소설 형식의 발전뿐만 아니라 그 비평에 얼마나 많은 영향을 주었을지 가늠하는 것조차 쉬운 일이 아니다.

물론 화자들은 **신뢰할 수 없기도** 하고 그들의 부족한 지식이나 의도적인 기만이 서스펜스를 유지하는 중요한 요인이 될 수도 있다. 애거사 크리스티Agatha Christie는 《애크로이드 살인 사건*The Murder of Roger Ackroyd*》(1926)에서 독자가 내러티브 보이스를 신뢰하는 경향을 적절히 이용한 것으로 유명하다. 〈유주얼 서스펙트*The Usual Suspects*〉(1995)나 〈셔터 아일랜드*Shutter Island*〉(2010) 같은 영화에서는 화자가 사건을 설명하는 그럴듯한 안내자로 등장하면서 관객에게 정보를 알려주는 동시에 그만큼 숨기기도 한다.

화자는 자신이 묘사하는 사건과 관련하여 아이러니한 방법으로 독자나 관객이 어떤 확실한 입장이나 의견을 갖기 어렵게 할 수도 있다. 따라서 우리는 화자가 뭔가를 숨기거나 실수를 유도하는 경우 그것은 틀림없이 의도적이라고 생각하는 경향이 있다. 하지만 한 가지 흥미로운 문제는 화자의 역할이 자신도 모르게 독자에게 도움이 되지 않는다거나, 화자도 이야기가 진행되는 과정에서 수용자만큼이나 놀라는 경우가 있을 수 있다는 것이다.

또한 어떤 내러티브에는 화자가 한 명 이상이다. 진 리스Jean Rhys가 샬럿 브론테Charlotte Brontë의 《제인 에어*Jane Eyre*》에 대한 속편 격으로 쓴 《광막한 사르가소 바다*Wide Sargasso Sea*》(1966)에서 앙투아네트(버사 메이슨을 토대로 함)와 남편(로체스터를 토대로 함)의 목소리가 같이 포함되는 경우를 예로 들 수 있다. 여기서 남편의 내러티브는 아내의 내러티브 틈으로 들어와 그녀의 서인도제도에서 보낸 어린 시절과 이후 영국에서의 삶에 대해 이야기한다. 이 내레이션은 사건에 대해 자신의 의지를 강요하려는 남편의 노력을 좌절시키고 두 인물이 지닌 기억과 감정이 불안정함을 보여주는 효과를 낸다. 이러한 기법은 또한 영화에서도 사용된다. 예를 들어 〈아메리칸 허슬*American Hustle*〉(2013)의 경우, 중심인물들이 간헐적으로 보이스오버 내레이션을 공유함으로써 플롯에 우여곡절이 더해지고 관객은 등장인물의 진짜 동기가 무엇인지 추측을 계속하게 된다.

내러티브 보이스 기법에서 주목하는 것은 우리가 내레이션의 독특한 리듬과 억양 그리고 사투리에 귀를 기울이며 내러티브를 읽거나 보는 동안 그 기법이 표현적이고 대인 관계적인 면에서 발휘할 수 있는 잠재력이다. 이는 허구적 인물의 발언을 전면에 내세우는, 특히 등장인물들이 사용하는 억양과 사투리가 화자와 뚜렷이 다른 소설에서 극명하게 드러날 수 있다. 어빈 웰시Irvine Welsh는 《트레인스포팅*Trainspotting*》(1993)에서 소설 관습에 파격적인 도전을 시도한다. 스코틀랜드 지방어가 대세인 이 소설에서 표준 영어를 사용하는 화자는 오히려 '이상한 목소리'를 구사하는 것으로 보인다.

내레이션의 유형

주네트(1980)의 이름난 화자 유형론은 화자가 소설 속의 허구 세계나 디에게시스에 대해 갖는 관계를 출발점으로 삼는다. 그에 따르면, 내러티브의 사건 밖에 위치하는 화자는 **이종 디에게시스 화자**heterodiegetic narrator이고, 화자가 내러티브의 사건 내 관련자로 등장한다면 **동종 디에게시스 화자**homodiegetic narrator다. 스토리 세계 내의 내레이션을 극화된dramatised 내레이션 또는 등장인물 내레이션character narration이라 부르기를 선호하는 이론가들도 있다. 주네트는 더 나아가 연극적 비유를 통해 "화자는 그의 내러티브에서 평범한 단역이 될 수 없다. 그는 오직 스타 아니면 그저 단순한 방관자가 될 수 있을 뿐"(1980: 245)이라고 주장하며 스타로서 화자를 자가 디에게시스적autodiegetic[21]이라고 표현한다.

주네트는 또한 스토리에 대한 화자의 위치에 따라 내레이션의 유형을 구분한다. 즉 내레이션이 후속적인가(고전적인 과거 시제 내레이션), 선행적인가(미래나 현재 시제에 일어날 일을 예측함), 동시적인가

21 화자이면서 동시에 주인공을 맡는 경우다. — 옮긴이

(중계방송 같은 경우), 삽입적/간헐적인가(액션 순간들 사이에 삽입됨)에 따라 유형을 분류한다.

또한 주네트는 여러 다른 수준의 관점에서 내레이션을 논의하며 공간적 이미지를 사용해 내레이션 행위들 간의 상대적인 높낮이를 규정한다. 가장 '높은' 수준은 **디에게시스 외적 내레이션** extradiegetic narration이며, 이는 전지적 내레이션처럼 액션 바깥이나 그 위에서 들리는 경우다. 다음으로 **디에게시스 내적 내레이션** intradiegetic narration(스토리 세계 내부로부터 들림)이 있고, 세 번째 수준은 메타디에게시스적metadiegetic(한 명 이상의 등장인물이 스토리를 이야기함) 내레이션이다. 이 용어들은 또 한번 문제가 되고 논란이 되었다. 이에 대한 개선안이 제시되었지만 그것은 오히려 혼란을 가중시키고 종종 주네트가 확고히 다지려는 수준level[22]과 인물 사이의 관계를 불안하게 만들었다. **메털렙시스**metalepsis[23] 개념은 또한

22 화자와 스토리 세계 사이의 위치 관계를 가리키는 개념이다. 예를 들어, 화자의 위치는 스토리 세계의 외부나 내부일 수도 있고 스토리 속의 스토리 내부일 수도 있다. — 옮긴이

23 메털렙시스는 비유적인 말의 단어나 구를 새로운 맥락에서 사용하는 것을 가리키는 수사학적 용어다. 서사학과 관련해서는 특히 제라르 주네트의 논의가 유명하다 그에 따르면 이것은 내러티브 수준 또는 논리적으로 구별되는 세계 간의 경계를 역설적으로 위반하는 것을 가리킨다. 내러티브에서 가장 흔히 볼 수 있는 사례로는 화자가 자신이 내레이션하는 다른 세계에 침범하는 것이다. 일반적으로 내러티브 메털렙시스는 전지적이거나 외부의 화자가 서술되는 사건과 직접 상호 작용하기 시작할 때 가장 흔히 발생한다. 즉 화자가 스스로 창작한 세계에 등장한다거나 스토리 세계 내의 등장인물이 서술 수준에 틈입하는 경우다. 특히 화자가 이러한 사건과 시공간적으로 분리된 경우에 그렇다. — 옮긴이

예컨대 디에게시스 외적 화자에게 디에게시스에 무단으로 끼어들게 하거나 내러티브의 '프레임을 깨서' 주어진 수준을 위반하고, 스토리 세계와 내레이션 사이의 경계를 (항상 그런 것은 아니지만) 종종 코믹한 방식으로 무너뜨리며 상황을 복잡하게 만든다.

특히 포스트모던 내러티브와 관련해서 대체로 가장 주목해야 할 부분은 스토리텔링이라고 할 수 있다. 이것은 독자와 수용자를 끌어들여 실제와 허구의 경계가 희미해지는 놀이에 말려들게 하고, 그들이 보고 있다고 생각하는 것이 끝없이 굴절되고 심지어 왜곡되기도 하는 거울의 방a hall of mirrors 효과를 만들어 낸다. 많은 현대 영화와 TV 프로그램은 우리가 내레이션의 권위와 객관성에 대한 신뢰를 잃을 정도로 수용자와 게임을 하기도 한다. 예를 들어, 〈크래시*Crash*〉(2004)와 〈바벨*Babel*〉(2006)과 같은 영화는 '동일한' 사건을 여러 번 다시 이야기하는 방식으로 구성되었고, 〈로스트*Lost*〉(2004~2010)[24]나 〈브레이킹 배드*Breaking Bad*〉(2008~2013)[25] 같은 미국 TV 드라마 시리즈는 플래시백과 플래시

24 미국 ABC에서 2004~2010년 6시즌으로 방영한 SF 드라마 시리즈다. 시드니에서 이륙하여 로스앤젤레스로 향하던 비행기가 남태평양 미지의 섬에 추락한 이후 생존자들의 이야기를 다루었다. 에피소드는 일반적으로 섬에 설정된 기본 스토리라인을 특징으로 하며, 관련된 캐릭터에 대한 추가 통찰력을 제공하는 플래시백이나 플래시포워드 시퀀스로 보강되었다. — 옮긴이

25 미국의 범죄 드라마 시리즈로, 2008~2013년 5시즌으로 방영했다. 고등학교 화학 교사인 주인공이 폐암 말기 진단을 받고, 뇌성마비에 걸린 아들과 임신한 아내를 위해 마약 제조에 손을 댄다는 이야기다. — 옮긴이

포워드 같은 기술을 사용해서 우리가 이전 에피소드에서 '들었거나' '보았다고' 생각하는 것에 대해 의문을 제기한다. 〈트루 디텍티브*True Detective*〉(미국, 2014)는 두 명의 주인공이 경찰에게 심문받는 장면과 이들이 과거에 한 어린 소녀가 잔인하게 살해된 사건을 해결하기 위해 함께 일하던 장면으로 교차하는 기법을 사용한다. 점차 매슈 매커너히가 역을 맡은 인물이 부정행위로 조사받는 것이 드러나고, 두 사람이 제시한 사건의 경위와 그들이 성공적으로 범죄를 해결하는 듯한 상황에 의혹이 제기된다.

청자narratee는 '내러티브 상황의 요소'를 실제 독자로부터 분리하기 위해 화자와 유사한 방식으로 사용된다. 어떤 내러티브에서 청자는 스토리 세계의 일부로서 인식되는 제대로 된 인물이다. 하지만 주네트(1980: 260)는 내러티브가 특히 누군가를 특정하여 말하는 것으로 보이지 않더라도 그것은 '언제나 속으로는 수신자에게 호소하는 내용을 담고 있다'고 주장한다.

내러티브 프레이밍과 끼워 넣기

프레이밍framing은 시각 예술에서 허구 세계와 '실제' 세계의 분리를 말하려고 사용하는 은유적 표현이다. 따라서 '프레임 깨기'는 커트 보니것Kurt Vonnegut의 소설 《제5도살장*Slaughterhouse Five*》(1987[1969])처럼 그러한 경계가 흐려지는 경우를 가리킨다(Thomas, 2011). 여기에서 작가는 "추억을 되새기며 폴몰 담배를 태우는 고

루한 늙은이"로 가장하고 이야기에 끼어들어 직접 독자에게 말을 건다(1969: 9). 프레이밍은 또한 내러티브를 텍스트에 어떻게 끼워 넣을지 설명하는 데 사용된다. 조지프 콘래드Joseph Conrad의 소설 《암흑의 핵심*Heart of Darkness*》(1899)을 읽으면서 많은 이들이 말로를 화자로 생각한다. 그것은 사실 보트에 탄 익명의 한 남자가 내러티브를 시작하고 마감하면서 설명하는 사건이 바로 말로의 버전이기 때문이다. 영화에서 보이스오버는 프레이밍 장치로 사용되어 주요 사건의 진행을 마감하고 관객을 사건으로부터 거리를 두게 할 수 있다. 화자의 프레이밍 작업은 그/그녀가 장면을 설정한 후 뒤로 빠지는 경우 눈에 띄지 않을 수도 있다. 하지만 프레이밍을 위한 언급이 전혀 해롭지 않은 것처럼 보일지라도, 그것은 뒤이어 일어나는 액션에 대해 우리가 어떻게 대응할지 지도하고 안내한다.

화자의 프레이밍 작업에 더해, 내러티브 텍스트가 파라텍스트 자료로 프레임될 수도 있다. 소설의 경우 서문이나 작가의 전기가 그 예가 된다. 영화에서는 예고편이나 포스터 또는 다른 홍보물이 그런 자료가 될 수 있다. 8장에서 논의하는 바와 같이, 최근 연구는 그러한 자료를 주변적이거나 '주' 내러티브에 부수적인 것이 아니라 오히려 독자나 관객이 텍스트를 이해하고 그로부터 즐거움을 얻는 데 크게 기여하는 것으로 볼 수 있음을 제안한다.

내러티브의 다중적 끼워 넣기가 일어날 때는, '중국 상자'나 '러시아 인형'을 사용하는 은유적 표현이 스토리 안에 스토리를 끼워 넣는 아이디어를 전하는 데 도움이 된다. 프레임 개념은 은

유적으로 일종의 고정감이나 안정감 같은 의미를 가리킨다. 반면에 포스트모던 작품에서의 다중적 끼워 넣기는 독자나 관객을 불안하게 하고 다양한 진술이 어떻게 결합할 수 있는지에 대한 불확실성을 만들어 냄으로써 혼란을 일으킬 수 있다. 하이퍼텍스트나 비선형 내러티브의 경우 독자는 매번 읽을 때마다 내러티브 층이 서로 어떻게 관련되는지에 대한 다른 느낌을 받기 때문에 일반적 프레임 은유를 완전히 포기해야 할 수도 있다. 이러한 이유로, 마리로르 라이언(1990)은 프레임에 대한 은유를 컴퓨터 프로그래밍 언어에서 파생된 스택stack[26]의 은유로 대체해야 한다고 제안한다. 이러한 개념에서 보면 서로 위에 쌓인 그릇처럼 어떤 한 요소의 움직임은 애초부터 정적이거나 고정된 것이 아니라 오히려 역동적 방식으로 다른 요소에 영향을 준다.

초점화

소설가가 마음대로 사용할 수 있는 다양한 표현 기법에 대해 논의하는 '법Mood'에 관한 장에서 주네트는 관점perspective에 주목한다. 주네트는 법과 태voice, 보는 자와 말하는 자를 구분하면서 지금까지 내러티브 이론의 특징적 이슈로 생각되어 온 시점point

26 일시적으로 보존하고 싶은 데이터를 차례로 겹쳐 쌓듯이 축적해 나가는 기억 장치를 가리키는 컴퓨터 프로그래밍 용어다. — 옮긴이

of view과 내레이션 간의 혼동 문제를 바로잡기 위한 일환으로 **초점화**focalization라는 용어를 도입했다. 초점화는 시점이 가진 시각적 함의에서 벗어나려는 의도에서 고안되어 내러티브 연구에서 선호하는 용어가 되었다. 이와 관련해서 많은 논쟁과 변화가 있었으며 지금도 이에 대한 여러 논의가 진행 중이다. 시모어 채트먼(1978: 151)이 언급하듯이 시점은 여전히 "가장 골치 아픈 비판적 용어 중 하나"인데, 이는 부분적으로 우리가 흔히 '보다'라고 표현하는 'view'와 'see'를 은유적으로 사용하기 때문이다.

맨프레드 얀Manfred Jahn(2005)에 따르면, 초점화 개념은 **모더니즘** 문학 그리고 리얼리즘 소설의 일부 전통으로부터의 파격적인 단절에 많은 빚을 지고 있다. 특히 모더니즘 소설은 종종 우리에게 사건에 대한 다양한 관점을 제공하고, 현실은 우리에게 투명하게 있는 그대로 제시되거나 재현될 수 있다는 아이디어에 도전함으로써, 우리가 안다고 생각하거나 심지어는 본다고 생각하는 것을 의심해 보도록 초대한다. 모더니즘 문학은 독자에게 사건 일부만 또는 제한적인 정보만 제공하는 것을 미덕으로 삼는 듯한데, 이는 초점화된 인물focalized characters에게 주어진 제한 때문이거나 우리에게 '스토리 전체'를 제시하지 않으려는 내러티브의 선택 때문이다.

화자는 스토리를 이야기하고 '말하는' 사람이다. 하지만 내러티브 사건은 스토리 세계 내의 다른 개인이나 집단의 관점에서 재현되어, 그들의 느낌이나 감정, 신념을 독자나 관객이 등장인물과 함께 또는 그들을 통해 경험한 방식으로 전달한다. 줄리언 머페Julian Murphet가 말했듯이(2005: 89), "초점화가 문제가 되는 것은 우리가 디에게시스 세계로 들어가서 내러티브 담론을 유인하고 지휘하는 등장인물에 의해 형성된 인식과 생각을 갖기 시작할 때다"(89). 초점화는 아마 내러티브 중에서도 특히 소설 작품의 주요 특징을 설명하며, 이로 인해 독자는 우리가 허구의 인물과 함께 순간을 살고, 그/그녀가 듣는 것을 듣고, 그/그녀의 고통을 느낀다는 인상을 갖게 된다. 이를 가장 생생하게 보여 주는 예로 등장인물이 익사하는 장면으로 시작하는 윌리엄 골딩William Golding의 《핀처 마틴*Pincher Martin*》(1956: 7)을 들 수 있다.

> 비명과 함께 공기가 사라지자, 물이 그 자리를 채웠다 — 타는 듯한 물, 돌처럼 딱딱한 목구멍과 입안이 아프다. 그는 공기가 있던 곳을 향해 몸을 움츠렸으나, 이제 공기는 사라지고 어두운, 숨이 막히는 혼란만이 남아 있었다.

이야기를 하거나 들려주는 사람은 물에 빠진 소년이 아니다. 하지만 이 구절의 언어는 독자에게 숨이 가쁜 경험을 생생하게 되살리며, 이를테면 우리가 소설의 대단히 극적인 오프닝에서 등장인물이 보여 주는 육체적이며 심리적인 반응에 빨려들게 한다. 독자나 관객에게 사건으로 이어지는 상황을 서서히 드러내고 그들의 경험에 대한 모종의 맥락을 제시하기 이전에 그들을 위험하거나 위협적인 상황에 몰아넣는 이런 기법은 영화와 비디오 게임에서도 친숙하다. 예를 들어, 일인칭 슈팅 장르에서 플레이어는 액션에 임하면서 게임 속 아바타와 아주 가까운 관점에서 스토리 세계를 경험한다. 이러한 게임에서 플레이어는 아바타의 움직임을 통제하기는 하지만 그것은 그 게임의 특정한 장면이나 수준의 각본 맥락 내에서 그/그녀가 할 수 있는 일로 제한된다.

시점과 이데올로기

내러티브에서 초점화를 분석한다는 것은 일반적으로 형식과 기법을 세세한 부분까지 검토하는 일을 의미한다. 수잔 랜서 Susan Lanser(1981)는 이것이 일종의 "유사 과학적 근시pseudoscientific myopia"를 초래할 수 있다고 경고하고, 서사학적인 접근이 사건이나 경험이 묘사되는 방식으로부터 발생하는 이데올로기 문제에 초점을 맞추는 것이 중요하다고 주장한다. 랜서는 또한 특정 시기나 운동에서 발견하는 시점의 재현에서 문화적 선호와 패턴을 인식할 수 있다고 주장한다. 예를 들어, 20세기 초반, 문학에서 모더니즘이 부상하는 시기에는 분명히 간접적이거나 우회적 기법이 선호되었다고 주장한다.

랜서의 접근 방식은 현실에 대한 여과되지 않은 혹은 완전히 객관적인 관점이 가능한지 의문을 제기한다. 한 개인의 관점을 중심으로 표현하는 것은 그 사람이 사건에 연루되면서 갖는 감정이나 반응에 의존하기 때문에 설득적일 수 있다. 예컨대, 자선단체나 정부 기관은 흔히 사람들에게 충격 진술에 기대어 특정한 위험에 대해 교육하거나 경고한다. '어티심Auti-Sim'[27](http://www.gamesforchange.org/play/auti-sim/) 게임처럼 자폐 아동이 처한 상황을 우리에게 경험하게 하거나, '어 우먼즈 데이 #스루글래스A woman's day #through-glass'[28](http://www.youtube.com/watch?v=MN4sMISyYgk) 프로젝트처럼 구글 글라스Google Glass[29]를 통해 볼 수 있는 가정 폭력 희생자의 시점을 우리에게 제공하기도 한다.

뉴스 스토리에서 다루는 사건이 우리에게 어떠한 관점에서 전달되는가의 문제는 우리의 비난이나 책임의 소재를 따지는 측면에서 중요할 수 있다. 예를 들어, 무인 항공기 드론의 공격으로 피해를 본 희생자 시점에서 제시된 증언은 광범위한 피해 상황을 강조할 것이다. 하지만 드론 조종사나 다른 군 요원의 증언이라면 아마도 아주 정확하고 정밀한 폭파력에 대해 설명할 것이다. 시각적인 면에서, 카메라 앵글은 우리의 반응에 영향을 주는 방식으로 사건과 관계하도록 우리의 위치를 설정하고자 할 것이다. 팔레스타인과 이스라엘의 갈등을 묘사하는 많은 언론에서 사용되는 이미지는 다윗과 골리앗 이미지를 사용하여, 팔레스타인 소년들이 이스라엘 탱크에 돌을 던지는 모습이 이스라엘 탱크를

27 자폐증을 뜻하는 'Autism'과 시뮬레이터Simulator를 조합한 용어로, 자폐증 환자의 입장을 체험해 보는 게임이다. — 옮긴이

28 가정 폭력 희생자로서 여성이 처한 상황에 대해 생각하게 만드는 것을 목표로 하는 온라인상의 프로젝트다. — 옮긴이

29 구글 글라스는 구글이 개발 중인 안경형 웨어러블 모바일 기기로, HMD(Head-mounted display)가 장착되어 있다. — 옮긴이

압박하는 것처럼 보이게 한다. 하지만 동일한 숏일지라도 카메라가 탱크 뒤의 위치에 있었다면 관점이 전혀 다를 수 있다. 예를 들어, 소년들은 화난 군중의 일부로 보이고, 희생자와 공격자의 역할도 뒤바뀌어 보일 것이다.

시각적 내러티브의 초점화

〈그래비티*Gravity*〉(2013)와 같은 영화는 관객에게 오락적이며 감각적인 즐거움을 주기 위해 특정한 물리적 상태를 재현하는 작업에 크게 의존한다. 따라서 이 영화의 경우 우리는 우주인이 우주여행에서 일상적으로 겪는 위험한 일과 희극적 상황 등을 직접 경험하는 것처럼 느끼게 된다. 이것은 특히 스토리텔러가 새롭거나 깊이 생각하게 하는 방식으로 감각을 자극할 때, 때로는 우리를 혼란스럽게 하지만 스릴을 느끼게 하는 등 강력한 수단이 될 수 있다. 예를 들어, 스티븐 스필버그Steven Spielberg의 영화 〈라이언 일병 구하기*Saving Private Ryan*〉(1998)에서 총알이 핑핑 날아가는 소리는 특히 관객을 전투의 한가운데로 끌어들여 지상 군인들이 경험하는 것과 같은 물리적 혼란을 느끼게 한다.

소설에서 우리는 등장인물의 내면으로 들어가 (앞서 언급한 바 있는 《핀처 마틴》의 경우처럼) 그 인물과 마찬가지의 감각을 경험한다. 시각적 내러티브에서는 이런 종류의 '내부자 시점'을 제공하는 메커니즘이 일반적으로 더 눈에 거슬리며 몰입도를 떨어뜨린다.

이에 대한 한 가지 대안은 등장인물이 다른 인물과의 대화나 보이스오버 방식을 빌려 그/그녀가 생각하는 것을 말하도록 하는 것이다. '시점 숏point-of-view shot'은 특정 인물의 지각 영역을 공유하는 기회를 제공하지만 그것은 대개 꿈 장면에서처럼 인식의 혼란이 일어나거나 인물이 환각을 일으키는 장면에서 사용된다. 미국 TV 드라마 〈트루 블러드*True Blood*〉(HBO, 2008~2014)에서 주인공 수키 스택하우스는 다른 사람의 생각을 들을 수 있는 능력의 소유자이며 우리도 간혹 그러한 일에 끼어들게 된다. 하지만 이는 어떤 일그러진 소리와 함께 발생하며, 그 소리는 모든 것이 수키의 텔레파시 능력 때문임을 상기시킨다. 이러한 기법은 종종 특히 범죄나 호러물에서 수용자의 긴장을 극대화하는 데 사용된다. 영화 〈양들의 침묵*The Silence of the Lambs*〉(1991)에서 클라리스가 마침내 연쇄살인범 버팔로 빌을 맞닥뜨리는 장면은 일부 어둠 속에서 야간 투시경을 쓰고 희생자를 보는 살인자의 관점에서 촬영된다. 관객에게 희생자가 아닌 살인자의 관점을 공유하게 한다는 아이디어는 영화 〈피핑 톰*Peeping Tom*〉(1960)에서 사용되면서 논란이 된 것으로 유명하다. 이 영화에서는 살인자가 희생자를 촬영하고 가학적 만족을 위해 자신이 촬영한 것을 틀어준다. 관객은 살인자의 카메라 렌즈를 통해 살인 행위를 목격하고, 이는 우리 자신이 처한 관음자의 위치를 되돌아보게 하며, 다른 사람의 고통을 오락거리로 삼고 심지어 그것을 즐기는 우리의 역할과 책임에 대해 문제를 제기한다.

관객을 그들이 보는 것과 관련해서 어떻게 위치시킬 것인지에 관한 윤리 문제와 그들이 보고 있는 것에 대해 어디까지 동일시할 것인가의 문제는, 영화적 내러티브와의 관계에서 그리고 절시증scopophilia, 관객성spectatorship, 관음증voyeurism 개념과 관련하여 더욱 많이 탐구되었다. 다음 장에서는 화자가 수용자에게 보여주는 것은 무엇이고 보여 주지 않기로 한 것은 무엇인지 관련하여 화자의 책임 문제, 그리고 이러한 스토리 통제를 통해 우리가 부분적이거나 불충분한 설명을 접하게 되는 정도에 관한 문제를 다시 살펴볼 것이다. 하지만 이러한 기법은 유머를 창출할 목적으로 사용될 수도 있다. 영국 시트콤 〈핍 쇼*Peep Show*〉(채널4, 2003~2015)[30]와 미국 코미디 〈스크럽스*Scrubs*〉(NBC/ABC, 2001~2010)[31]는 보이스오버와 시점 숏을 이러한 부류 코미디의 기본 '상황situation'을 제시하는 낯익은 일상과 배경에 실험적으로 활용해 시청자에게 등장인물의 속마음을 편치 않은 방식으로 들여다보게 했다.

시점 숏은 관객을 화면 속 등장인물 가운데 한 사람의 관점에 근접하게 함으로써 불편함을 초래할 수 있지만, 어떤 기법은 우리를 그들의 지각 영역 내부보다는 오히려 그 옆에 나란히 위치시킨다. 줄리언 머페(2005)는 "연상적 초점화associative focalization"라는 용어를 사용하여 "우리는 영화를 통해 인식한 것을 이어지

30 영국 채널4에서 2003~2015년 9시즌으로 방영한 코미디 시트콤 시리즈다. 대학 동창이자 룸메이트로 매우 다른 두 남자의 일상생활을 그린다.— 옮긴이

31 2001~2010년 9시즌으로 방영한 코미디 드라마 시리즈다. 가상의 교육 병원에서 근무하는 의료진 사이에서 일어나는 일을 그린다. — 옮긴이

는 숏에서 목격하는 얼굴과 관련지어 생각함으로써…… 하나의 복합적인 이미지를 마음속에 융합하여 형성한다"(91)고 말한다. 직접적인 초점화와 대조적으로 여기서 관객은 클로즈업으로 촬영한 한 등장인물의 표정을 통해 전달되는 감정과 반응을 화면 속 촬영 대상과 연관 지어 그 등장인물의 눈을 통해 바라보듯 생각한다. 클로즈업은 또한 관객에게 등장인물의 감정과 심리 상태를 '읽도록' 안내한다. 많은 솝 오페라가 등장인물에 대한 클로즈업으로 에피소드를 마무리하며, 시청자에게 그들이 사건에 반응하며 겪는 감정을 깊이 생각하도록 부추긴다.

시모어 채트먼(1978)은 〈시민 케인〉(1941)에서 사용된 일부 획기적 기법들을 언급하면서, "우리가 배우와의 유대감을 고조시킬 수 있도록 배우가 프레임 내에 배치되는" "지각적 공감 perceptual sympathy"의 예를 든다. 이러한 장면에서는 "우리가 등장인물과 별개로 물체를 본 것인지, 그와 함께 보았는지, 또는 그를 통해 보았는지의 문제가 항상 명확한 것은 아니다"(159). 영화와 TV 모두에서 사용되는 오버 더 숄더 숏over-the-shoulder-shot은 예를 들어, 고속 자동차 추격전 같은 경우 우리가 등장인물의 물리적인 이동 경로를 함께 따라가고 있다는 인상을 만들어 낸다. 스티븐 킹Stephen King의 소설을 각색한 스탠리 큐브릭Stanley Kubrick의 영화 〈샤이닝*The Shining*〉(1980)에서 우리는 마치 대니의 어깨에 올라탄 것처럼 오버룩 호텔의 여기저기를 돌아다닌다. 카메라는 좁고 긴 복도를 따라 자전거를 타는 대니를 쫓아간다. 어린 소년의 시선으로 촬영한 것처럼 호텔은 더욱 오싹하고 신비에 싸인

듯 보이며, 큐브릭이 사용하는 음악과 밀실 공포증을 느끼게 하는 세트 디자인은 섬뜩한 효과를 증폭시킨다.

초점화와 몰입

다른 사람의 삶 내부로 뚫고 들어가 보려는 유혹은 뭔가 점점 더 스토리를 이야기하고 듣고자 하는 우리의 충동 이면에 존재하는 주요 자극의 하나로 여겨진다. 특히 인지 서사학은 내러티브가 우리에게 다른 사람의 마음을 읽고 세상을 달리 경험하는 것이 어떤 것인지 이해하려는 기회를 제공한다고 주장한다. 이는 단순히 독자나 관객이 내러티브 내 액션 및 배우와의 관계 면에서 어떤 위치에 놓이게 되고 무엇을 지향하게 되는지 생각하는 것보다 훨씬 더 앞서 나가게 하는 것 같다. 예를 들어, 데이비드 허먼 David Herman(2002)은 가능세계론possible worlds theory[32]을 토대로 독자나 수용자 누구든 그것을 보려고 거기에 있었다면 볼 수 있었던 것을 고려해 보도록 초대받는 경우를 설명하는 개념으로 "가상적 초점화hypothetical focalization"라는 용어를 소개했다. 그러한 통찰력과 경험을 가능하게 하는 수단과 무관하게, 우리는 "지각이 있는 감정적인 존재" 나가서 생동감 있는 생명체나 비인간적

32 사물들이 현실과는 다른 방식으로 존재하는 가능성의 세계를 말한다. 문학의 경우 상상력의 산물인 SF 소설이 묘사하는 세계를 예로 들 수 있다. — 옮긴이

인 종 혹은 초자연적 존재의 "심리적 삶 안으로 들어가는 표현적 창구"(Murphet, 2005: 95)를 계속 추구하는 듯하다.

한편, 제이 데이비드 볼터Jay David Bolter와 리처드 그루신Richard Grusin(2000)에 따르면, 뉴 미디어 기술을 토대로 등장하는 내러티브는 가상 현실 헤드셋, 구글 글라스, 3D를 통해서 수용자에게 몰입형 경험을 제공하는 방향으로 더 멀리 나아가고 있다. 이 기구들은 우리가 스토리 세계로 발을 들여놓거나 특정한 상황이나 환경의 생명체와 소리 그리고 감각에 둘러싸여 있는듯한 환상을 제공한다.

주네트 이론의 변형과 수정

주네트는 내러티브의 초점화는 가변적이어서 등장인물들 사이를 오락가락하기도 하고, 다중적이어서 '동일한' 사건도 다른 등장인물의 시점으로 제시될 수 있음을 인정한다. 그는 또한 "어떠한 임의의 단일 초점화 공식도 언제까지나 작품 전체에 관련되는 것이 아니라, 오히려 아주 짧을 수도 있는 한정적인 내러티브 영역에 한해 관계되는 것"(1980: 191)이라고 믿는다. 따라서 버지니아 울프Virginia Woolf나 제임스 조이스James Joyce의 소설 같은 현대 소설의 경우 초점화는 단락 중간, 심지어는 문장 중간에도 등장인물 사이를 오갈 수 있다. 하지만 이런저런 관점에 들락날락하는 것을 가능하게 하고 다른 사람의 생각과 감정 그리고 신념에 대해 언급하고 목소리를 내는 것은 화자다. 울프는 단편 소설 《큐 국립식물원*Kew Gardens*》(1919)에서 어떻게 보면 시각 예술가나 영화 감독에 버금가는 관점을 활용하여, 스토리 사건 및 정원 방문객들 사이에 일어나는 대화를 마치 그들이 지나칠 때 화단에서 목격하거나 엿들은 것처럼 표현한다.

슬로미스 리먼케넌(1983)은 주네트의 용어를 다시 살펴보면서 지각적(초점자가 보고 듣는 것 등) 측면과, 심리적(자신이 생각하거나 느끼는 것) 측면, 이데올로기적(자신이 특정 세계관이나 가치관을 토대로 믿는 것) 측면을 포함하는 세 가지 관점에서 초점화를 논의한다. 이는 우리가 내러티브에서 스스로 보고 있는 것에 대한 도덕적 평가를 다른 등장인물(예컨대, 권위 있는 인물이나 성인)의 몫으로 남겨두면서도 한 등장인물(예컨대, 어린이)의 지각 영역을 공유할 수 있다는 것을 말한다. 이것은 여러 면에서 주네트의 이론을 확장시키는 환영할 만한 일이지만, 일부 이론가들(예컨대, 채트먼)이 보기에 그러한 사례는 우리를 초점화가 아닌 내레이션의 영역으로 이끌기 때문에 논란이 되기도 했다.

미에케 발Mieke Bal에 이어, 리먼케넌 또한 초점화에 대한 주네트의 설명에서 벗어나, 화자도 초첨자가 될 수 있고 초점화가 내레이션과 거의 같은 방식으로 삽입될 수 있다는 사실을 받아들인다. 발과 리먼케넌은 무초점화zero focalization 개념을 생략하고 대신 외적 초점화external focalization와 내적 초점화internal focalization를 구별한다. 내적 초점화는 우리가 한 등장인물의 시점을 공유할 때 일어나지만, 주네트(1980)는 우리가 등장인물의 모든 감각과 생각에 관계되는 것 같은 내부 독백을 제외하고는 "그것이 완전히 엄격하게 적용되는 경우는 거의 없다"(192)고 주장한다. 리먼케넌의 설명에서 외적 초점화는 스토리 세계 외부에 위치하며 내적 초점화보다 더 '객관적'이며 덜 제한적인 것으로 보인다.

주네트의 이론은 지각 수준에 국한되지 않고, 초점자의 지식 수준을 참작하면서 혹시 이것이 제한되더라도 독자는 여전히 행간을 읽을 수 있다는 사실을 수용한다. [그의 논의에 따르면] "내러티브는 언제나 알고 있는 것보다 덜 말하지만 종종 말하는 것 이상의 것을 알게 한다"(198). 주네트의 이론에 대한 많은 설명에서 이에 대한 언급은 없으며, 그의 용어를 적용하는 많은 경우 지나치게 도식적인 시도로 이어진다. 따라서 등장인물이 생각하거나 느끼는 것을 전달하는 데 있어서 많은 내러티브의 주관성, 실험성 같은 것은 상실되고, 주네트가 프루스트 소설 스타일의 결정적 특징으로 받아들이는 모호한, 역설적인, 이론적으로 양립할 수 없는 태도는 약화된다.

말과 생각 재현하기

내레이션에 대한 논의에서 리먼케넌은 말하거나 생각하는 것을 재현할 때 작가가 사용할 수 있는 다양한 기법을 고려한다. 이는 고대 그리스·로마 시대로 거슬러 올라가는 디에게시스와 미메시스mimesis의 구별과 관계되며, 전달하는 것에 대해 작가는 어디까지 책임을 질 것인가의 문제와 관련된다. 많은 이들에게 '말하기 telling' 대 '보여 주기showing'로 알려진 바와 같이, 미메시스는 스토리텔러가 마치 말의 내용을 *직접* 보여 주거나 알리는 것처럼 현장에서 물러나는 것을 가리킨다. 이와 정반대는 스토리텔러가 말의 내용에 대한 *간접*적인 설명만을 제공하는 것이다. 이런 의미에서 말과 생각의 재현은 스토리텔러가 부과하는 정도나 중재 또는 개입의 문제와 얽혀 있다.

언어 표현의 유형학에서(Rimmon-Kenan, 1983; Leech & Short, 1981) '자유롭다'거나 '직접적'이라는 용어는 소설의 경우 어떻게든 다른 사람의 말이나 생각에 대한 중재되지 않은 접근이 가능하다는 인상을 줄 수 있다. 따라서 어빈 웰시의 《트레인스포팅》(1995)과 같은 소설에서 등장인물의 말은 마치 거리에서 직접 가져온 것처럼 현실 그대로의 진솔한 것으로 보인다. 그러나 여기에서도 재현이 상당히 양식화될 수 있음을 목격할 수 있다. 즉 독자의 등장인물 식별에 도움을 주는 관용구와 구절이 자주 반복되고, 등장인물들은 점잖은 대화를 유지하기 위해 서로 방해하거나 잡담하지 않고 세세하게 예의를 지키는 것처럼 보인다. 말이 아주 '실제적인real' 것처럼 보일 때도 실제 우리가 접하는 것은 말의 모방일 뿐이다. 내포 작가implied author(4장을 참조하라)가 소설 속 인물의 말 뒤에서 우리에게 건네는 말을 만들고 프레이밍하는 것이다(Thomas, 2012).

앨런 파머Alan Palmer(2004)는 특히 말 범주speech category에 기반을 두는 제프리 리치Geoffrey Leech와 믹 쇼트Mick Short의 접근법

에 도전하면서, 그들의 논의는 지나치게 단순화되어 동일한 유형을 그냥 말에서 생각의 영역으로 옮겨 적용할 수 없다고 주장한다. 게다가 그는 작가가 행동과 구어적 상호 작용에 초점을 맞추는 경우, 그것은 독자가 관련자들이 생각하거나 느끼는 것에 관여할 수 없음을 가리킨다는 가정에 이의를 제기한다. 파머는 또한 어떤 소설(그는 조지 엘리엇George Eliot의 《미들마치*Middlemarch*》를 주요 사례로 제시한다)에서는 등장인물들의 앙상블, 사회적 분위기에 초점을 맞춤으로써 심지어 이야기 배경에서 작동하고 있는 '사회적 정신social mind'은 무엇인지 말할 수 있음을 보여 주었다.

비록 내레이션과 시점에 대한 대부분의 논의가 말과 생각의 재현에 대해서는 언급하지 않지만, 주네트가 주장하듯이, 그러한 기법에 대한 실험은 "현대 소설이 해방에 이르는 주요한 길 중 하나"(173)가 되었다. 모더니즘 이후 작가들은 구어적 상호 작용에서의 관용구와 뉘앙스, 내면적인 생각과 욕망의 도피성과 복잡한 특징들을 포착하는 방법을 실험했다. 서사학, 문체 및 문학 비평 분야에서 특히 흥미로운 것은 두 목소리의 결합이라고 말하는 **자유 간접 담론**free indirect discourse(예컨대 Leech & Short, 1981 참조)이다. 경우에 따라, 사건에 대한 한 등장인물의 진술이 다른 등장인물 하나 또는 둘의 관점에 의해 물이 들듯이 실제 둘 이상의 여러 목소리가 결합되기도 한다. 그러한 어법에서 누가 말하고 누가 보는가는 격렬한 논쟁과 토론의 문제가 될 수 있다. 어떤 경우, 말과 생각의 간접적인 또는 준準직접적인 재현은 소설의 특별한 특징이고 타고난 대화성이며(Bakhtin, 1981), 그래서 모든 목소리와 발화가 다른 사람들의 목소리 및 발화와 공명한다. 하지만 최근 연구에 따르면, 광고와 저널리즘과 같은 담론도 자유 간접 담론을 사용하여(예컨대 Jeffries, 2009) 매우 교묘히 눈에 거슬리지 않는 방식으로 우리를 관계자들의 내면세계로 끌어들이는 것으로 나타났다.

*

다른 사람의 목소리와 시점을 재현하는 작업은 모든 스토리에서 중요한 역할을 하며, 독자나 관객을 개입시키고 열광시키며 감동하게 하는 내러티브의 능력에 결정적 요소가 된다. 다음 장에서 보듯이 이러한 재현은 우리를 설득하고 우리의 반응을 형성하기 위해 조작될 수도 있다. 하지만 마찬가지로 그것은 내러티브에서 통제와 권력을 이양하는 방법이 될 수 있으며, 스토리텔링을 다양한 많은 가능성에 넘겨주고, 잠재적으로 상충하는 해석의 기회를 열어 줄 것이다. 말과 생각에 대한 내레이션, 초점화와 재현의 역할에 대한 분석은 다음 장에서 뉴스 스토리에 대한 이데올로기적 분석과 더불어 논의한다.

4 내러티브와 이데올로기

"내러티브는…… 일종의 정치 행위다."
(Toolan, 2001: 206)

이데올로기 = "구석구석 침투하는, 무의식적 세계관에 해당하는 사고나 편견 그리고 문화적이며 사회적인 가정에 기반을 두는 모든 가치 체계" (Wales, 2001: 196)

3장에서 우리는 이야기를 하기 또는 그 '관점'이 우리가 보고, 느끼고, 믿는 것을 걸러내고 만들어 내며 심지어 왜곡도 하는 몇 가지 방식에 대해 살펴보았다. 그 이전 논의에서는, 계속 되풀이되는 내러티브 패턴 그리고 문화 전반에 걸쳐 발견될 수 있고 우리의 초기 역사에서 오늘날 내러티브에 이르기까지 이어져 온 보편적인 내러티브 구조가 있을 수 있다는 아이디어에 대해 살펴보았다. 그 결과 내러티브가 잠재적인 강력한 힘이 될 수 있고, 스토리는 우리에게 특정한 가치와 신념을 규범으로 받아들이도록 설득하고 조정하는 데 사용될 수 있다는 것이 분명하다. 이는 내러티브를 단순히 신념과 생각의 전달로 생각하는 것이 아니라, 내러티브를 하나의 "사고방식"(Tambling, 1991: 109)으로 인식하는 것이다. 이러한 맥락에서 내러티브는 자의적이고 단절적인 개별 사건들의 집합이 아니라, 인과적 논리에 의해 사건들에 관계를 맺어주고 의미를 부여함으로써 우리가 경험을 개념화하는 방식을 형성한다.

내러티브는 또한 종종 세계관 형성[33] 그리고 사회 구조 및 실세계에 존재하는 것에 대한 비판의 역할을 할 수 있는 문화와 사회의 조직 방식과 관련된다. 내러티브와 이데올로기 사이의 관계에 초점을 둠으로써 우리는 텍스트를 넘어 문화적 재현이 계급, 인종, 젠더 등과 관련된 정치에 개입하는 방식을 따져 볼 수 있을 것이다.

이 장에서는 내러티브에 대한 마르크스주의적 접근과 내러티브가 지배 이데올로기를 영속화하고 심지어 어느 정도로 수용자를 속이거나 오도하는지 논의한다. 또한 스토리에 대한 통제와 책임 문제가 자주 중요하게 거론되는 내러티브 연구의 수사학적 접근 방법을 살펴본다. 하지만 이러한 접근 방법에 대한 반론도 살펴보며, 내러티브 형식이 실제로 우리에게 다양한 관점과 입장을 제시할 수 있는지, 이들 중 일부는 잠재적으로 수용자에게 힘을 실어 줌으로써 지배 **이데올로기**에 맞서고 도전하게 하는

33 소설, 특히 판타지와 SF 소설의 배경이 되는 허구 세계와 그 개념 등을 발전시키는 과정을 말한다. — 옮긴이

지 검토한다. 이는 능동적인 독자/수용자의 토론을 위한 시작점이 될 것이며, 이에 대해서는 5장에서 더 논의할 것이다.

마르크스주의적 접근과 내러티브

고전 마르크스주의에 따르면, 이데올로기는 지배 계급의 이해관계와 관련하여 작동한다. 이때 지배 계급이 생산 양식(영화사, 출판사, 방송국 등)을 소유한다는 것은 어떤 가치관과 신념에 대한 표현을 통제할 수 있음을 의미한다. 예를 들어 가장 극단적인 프랑크푸르트학파와 같은 경우, 문화적 텍스트는 억압 및 사회적 통제의 수단으로 간주된다. 사실 대중적 오락은 그들에 대한 억압으로부터 대중의 주의를 딴 데로 돌리고, 단기적인 물질적 이득으로 대중을 유혹하는 수단으로 여겨진다. 따라서 마르크스주의적 접근은 광고가 어떻게 부르주아적인 삶을 선동하는지 또는 퀴즈 쇼와 광고가 어떻게 걷잡을 수 없이 소비주의를 부추기는지 집중하여 탐구한다. 하지만 문화 평론가들은 점점 더 프랑크푸르트학파의 회의주의적 시각과 수용자를 사회적 통제 앞의 순종적이고 무기력한 존재로 간주하는 견해에 대해 이의를 제기해 왔다.

최근 들어 고전 마르크스주의적 접근에 대한 관심은 시들해지고, 대신 정체성 형성, 젠더 정치, 민족성 등에 주목하는 분석으로 관심이 대체되었다. 그런데도 특히 미디어 연구에서, 특정 내러티브 형식에 대한 분석은 흔히 구체적인 산업 및 정치적 맥락에 대한 논의 안에서 그리고 "이데올로기 바깥에서 이데올로기로부터 자유로운 언어로 이데올로기에 관해 이야기하는 것은 불가능하다"는 인식 아래 이루어진다(Turner, 2006: 198). 미디어 및 영화 연구도 단호히 평범한 사람들의 일상생활에 영향을 미치는 일종의 사회적 실천으로서의 재현 형식에 초점을 둔다.

오늘날 미디어 내러티브에 대한 연구 대부분이 논의하는 이데올로기 아이디어는 마르크스보다는 루이 알튀세르Louis Althusser와 안토니오 그람시Antonio Gramsci에 힘입은 바가 크다. 특히 이데올로기란 "개인들의 실제 삶의 조건에 대한 그들의 상상적 관계의 재현"이라는 알튀세르(1971: 152)의 정의는 재현 관련 문제 그리고 문화적 텍스트가 세계 및 그 안에서의 우리의 위치를 이해하는 데 도움을 주는 방식에 대한 문제로 초점을 바꾸게 하였다. 알튀세르의 이데올로기 개념은 복잡하면서도 모순적이다. 이에 따르면, 우리는 단순히 지배 이데올로기의 수동적인 추종자라기보다는, 강력한 사회적 힘이나 교회, 가정, 미디어 등을 포함하는 사회 내 '이데올로기적 국가 기구ideological state apparatuses'가 제공하는 주체의 위치를 떠맡는 존재다. 알튀세르에 따르면, 주체는 광고와 같은 문화 텍스트에 의해 지속적으로 호명되거나interpellated '부름을 받으며hailed by,' 우리는 자신을 이러한 텍스트가 제공하는 구체적인 주체의 위치에 따라 '가족,' '독신,' '전문직 여성' 등으로 인식하게 된다. 그래서 이데올로기는 개인에게 일관성과 소속감을 제공하고 그/그녀에 대한 체제의 억압이 지속되도록 공모하게 한다.

그람시의 협상적 헤게모니negotiated hegemony 이론은 저항의 가능성을 수용하는 것뿐만 아니라, 문화연구 이론가들에게 의미 협상의 가능성(5장에서 논의한다) 및 문화 텍스트가 보통 사람들 목소리의 해방 문제와 관련해서 억압만 아니라 해방의 수단도 될 수 있다는 가능성에 초점을 맞추는 길을 열어 주었다(Lewis, 2002: 99). 딕 헵디지Dick Hebdige(1979)의 청년 하위문화 연구나 존 피스크(Fiske, 1987)의 텔레비전 문화 및 능동적 수용자 연구는 매스 미디어의 지배 혹은 절망적인 수동적 소비자에 대한 마르크스주의 비난에서 벗어나, 사회 집단이 그들이 맞닥뜨리는 문화 텍스트에 어떻게 전복적이며 창의적인 방식으로 대응하는지 이해하려 한다.

존 피스크와 존 하틀리John Hartley(1978)는 1970년대 영국에서 인기를 끌었던 TV 프로그램 〈컴 댄싱*Come Dancing*〉[34]을 현대판 신데렐라 우화로 볼 수 있다고 주장한다. 그들에 따르면, 반짝이는 의상과 짙은 화장 그리고 일련의 안무는 관객에게 경연자들이 그들이 처한 사회적 계급을 벗어날 수 있다는 환상을 제공하는데, 사실 이것은 사회적 [계급] 이동의 신화를 전달할 뿐이다. 왜냐하면, 그들은 종국적으로 자정이 되면 현실로 돌아와 자신들의 본래 소속인 노동 계급 공동체로 돌아가기 때문이다.

〈스트릭틀리 컴 댄싱*Strictly Come Dancing*〉(BBC, 2004~)은 이전 포맷을 시대 감각에 맞게 만든 인기 프로그램으로, 이번에는 유

34 1949~1998년 BBC에서 방영한 영국 볼룸 댄스 대회 프로그램이다. 후속작인 〈스트릭틀리 컴 댄싱〉과 달리 참가자는 유명인이 아니었다. — 옮긴이

명인이 경연자로 참여한다. 이 프로그램은 여전히 성적인 관능미 아이디어를 과도하게 이용하지만, 이는 어쩌면 현대 계급보다는 유명인celebrity 이데올로기의 반영에 더 가깝다. 참가자 대부분은 자기 경력을 홍보하거나 되살려내기 위해 프로그램에 출연하는데, 이들 중 다수는 성공적인 경쟁을 보장해 줄 기존 팬층을 확보하고 있다. 반면 이 프로그램이 관심을 끄는 이유 중 하나는 유명인이 안전한 자기 영역에서 벗어나 의례적으로 심사위원들에게 굴욕당하는 모습을 보여 주기 때문이다. 업데이트된 포맷에서 방청객은 퍼포먼스에 대해 투표를 하고 심사위원들의 의견을 무효로 할 수 있으며, 때에 따라서는 실제로 프로그램을 전복시키고 심지어는 무산시킨다고도 할 수 있다. 2008년에 방청객은 한눈에 보아도 매력 없는 참가자인 정치부 특파원 존 서전트에게 연이어 표를 주면서 그를 살려냈다. 그런데 그는 자신이 종국적으로 프로그램에서 우승한다면 그것이 오히려 "지나친 조롱거리"가 될 수 있다는 생각에 자진해서 물러났다(http://news.bbc.co.u/1/hi/7737447.stm). 수용자는 공개적으로 전문가 패널의 판단을 반박하고 프로그램이 지향하는 기본 정신에 저항하며 성공은 노력과 결단을 기반으로 한다는 경쟁적 외양 이면의 환상을 조롱하는 것처럼 보였다. 그람시의 헤게모니 이론에 따르면, 지배 이데올로기에 대한 저항이 가능하다. 하지만 그 저항은 그 자체가 종국적으로 지배 계급에 의해 합병되면서 안전해진다. 따라서 프로그램의 성공을 위협하기는커녕, 승산 없는 참가자에 대한 수용자의 지지 자체가 논란거리가 되었고, 부추긴 것이라고 할 수는 없지만 진행자와 프로듀서는 이를 농담으로 돌려 버렸다. 이후 인기 의학 드라마 〈홀비 시티*Holby City*〉(BBC, 1999~)에 출연하는 배우가 끝내 '응당 자격이 있는' 승자가 되었고, 물러난 서전트는 자신의 본 모습을 회복하려는 준비를 시작했다.

텔레비전 내러티브는 특히 새로운 테크놀로지가 수용자에게 더 많은 발언권을 제공하는 듯 보이는 이 시대에 이데올로기와 저항 사이의 복잡한 상호 작용을 보여 주는 가장 설득력 있는 예가 된다. 이는 소외되고 권리를 박탈당한 집단이 토론이나 내러티브의 주제가 되곤 하는 토크 쇼와 리얼리티 텔레비전 연구의 주된 초점이었다. 새로운 발언과 새로운 이야기가 방송을 타게 되면서 이는 누군가에게는 힘이 실리는 기회가 될 수 있다. 하지만 어떤 이들은 이러한 쇼들이 부추길 수 있는 "프릭쇼freakshow"[35](Dovey, 2000) 사고방식에 대해 비판적이다. 이들의 관점에서 보면, 쇼 참가자들은 청중 앞에서 퍼레이드를 펼치는 동안 그들의 비웃음거리가 되고 청중은 참가자들에 대해 우월감을 느낄 수 있다. 2014년 영국 채널4에서 방영한 〈베니피트 스트리트*Benefits Street*〉[36] 시리즈

35 프릭쇼는 17~18세기 영국과 미국에서 인기 있었던 오락 장르로, 기형적인 사람들이 등장해 구경거리가 되거나 서커스에서처럼 곡예를 하기도 했다. — 옮긴이

36 영국의 채널4에서 2014~2015년 2시즌으로 방영한 다큐멘터리 시리즈로, 대부분 복지 수당에 의존하는 도시 빈민의 삶을 보여 준다. 예를 들어, 물건을 훔치는 방법 등 범죄를 저지르는 그들의 모습을 보여 주고 그들이 안정된 직업을 갖고자 하는 동기조차 없음을 묘사하기도 하면서 사회적 논란거리가 되었다. 채널4는 '빈곤 포르노'를 제작했다는 비난을 받았다. — 옮긴이

에 대한 사회적 논란이 일어나면서 '빈곤 포르노poverty porn'라는 용어가 언론에 널리 사용된 바 있다. 오늘날 영국에서 정부 보조금으로 살아가는 이들의 삶의 현실을 보여 준다는 제작진 측의 주장에도 불구하고, 많은 사람은 이 프로그램이 참가자들의 재현에 있어서 보조금에 의존해 사는 사람들이 게으름뱅이에 범죄자라는 고정관념을 이용한다고 비판했다.

문학 비평 분야에서 초기 마르크스주의 이론은 문학 소설에서의 사회 계급 재현 문제와 텍스트가 그것을 쓴 시대의 사회 현실을 얼마나 반영하는가의 문제에 초점을 두었다. 하지만 피에르 마슈레Pierre Macherey(1978)의 저작이 발표되면서, 이데올로기는 빈틈으로 가득 차 있다는 견해와 더불어 텍스트가 말하지 않는 것 혹은 텍스트가 억압하는 것은 텍스트가 제시하는 이데올로기적인 입장을 확인하는 것만큼이나 중요하다는 새로운 분석의 시각이 열렸다. 더욱 최근의 문화적 유물론cultural materialism과 신역사주의는 이데올로기가 사회는 물론 개별 주체의 형성에서도 적극적인 역할을 한다는 점에 주목한다. 문화적 유물론 접근은 자신의 정치적 헌신과 신념을 숨기지 않고 드러내면서 문학 텍스트 내에 재현되는 이데올로기뿐만 아니라 문학 연구를 지배해 온 독해reading의 실천과 양식에 도전하는 글쓰기를 특징으로 한다. 반면, 신역사주의는 문학 텍스트를 비문학 텍스트와 함께 고찰한다.

바르트의 신화론

롤랑 바르트의 현대 매스 미디어 신화 논의 또한 이데올로기와 재현 정치에 관한 새로운 관심을 끌었고 영향을 미쳤다. 1950년대 중반 바르트는 "프랑스의 일상생활에 대한 신화들을 꼼꼼히 살피며"(Preface, 1993[1957]: 11) 매월 에세이를 발표했다. 이러한 일에 동기를 부여한 것은 그가 당시 프랑스 언론에서 목격한 "*말할 나위도 없는*what-goes-without-saying, 이데올로기적인 남용"(원문: 11에서 강조)을 폭로하면서 갖게 된 좌절감이었다. 프랑스 언론은 이데올로기적인 현실관을 자연화하고, "기만적으로 명백한falsely obvious"(11) 현실을 유일한 현실인 양 제시했던 것이다. 바르트는 현대 광고, 영화, 스포츠, 요리 등을 대상으로 일상 신화를 분석함으로써 무해하며 악의가 없는 것처럼 보이는 문화적 기호와 실천이 실은 밀접한 관련이 있는 의미 체계나 부르주아 이데올로기 및 프랑스 제국주의의 임무를 수행한 신화에 기여하는 방식을 탈신비화demystify하였다.

바르트의 신화론은 서사학을 새로이 정치적 차원의 논의로 끌어들여, 공유된 요구와 공유된 현실을 반영한다는 전통적인 신화 개념에서 벗어나, '[그의] 시대의 모순'과 덧없고 산산이 해체된 도시 사회에서의 신화의 역할을 포착하여 다루었다. 그의 《신화론》은 기호학을 현대 미디어 텍스트 분석을 위한 핵심 개념이자 방법론적 틀로 자리 잡게 했다. 바르트의 신화 개념은 텔레비전 내러티브(Fiske & Hartley, 1978; Masterman, 1984)와 광고(Williamson, 1978)

에 널리 적용되었다. 바르트의 독창적인 에세이 출판 이후 50여 주년을 기념하여 2013년에 선보인 새로운 연구는 힉스 보손Higgs boson 입자[37]와 언론 자유에서 좀비 워크zombi walk[38]와 호주 팝스타 카일리 미노그Kylie Minogue에 이르는 현대 신화를 분석했다.

이러한 면에서 바르트가 집중한 연구의 초점은 분명히 이데올로기적이었다는 사실에도 불구하고, 많은 이들은 그의 서사학, 특히 구조주의적 서사학이 형식과 언어 그리고 구조에만 관심을 보이며 구조와 기호의 의미를 파생시키는 사회적 맥락을 무시했다고 비난했다. 하지만 서사학이 포스트구조주의, 페미니즘, 포스트식민주의와 같은 비판적 접근의 영향에 부응함에 따라, 맥락적 서사학contextual narratology이라는 용어가 등장하여 형식주의 서사학에 반대하며 '포스트고전' 국면으로 향하는 발전의 일환으로 부상했다.

수사학적 접근

독자나 수용자에게 영향을 주려는 의도가 있는 "목적론적 커뮤

37 현대 물리학이 우주를 설명하는 데 중요한 기본 입자로, 힉스 입자라고도 불린다. 오늘날 물리학에서 설명하는 우주론 자체가 얼마나 실제와 같은지를 가늠할 수 있는 기준이 된다. — 옮긴이

38 좀비 복장을 한 사람들이 공개적으로 도시 지역에 모여 산책을 하는 모임을 말한다. — 옮긴이

니케이션 행위"(Phelan, 2007: 203)라는 내러티브 개념은 내러티브가 우리에게 미치는 효과를 설명하려는 가장 초기의 시도로 거슬러 올라가 살펴보아야 한다. 내러티브에 대한 수사학적 접근의 기반은 아리스토텔레스의 《시학》, 특히 예술은 카타르시스적이라는 그의 개념에서 찾을 수 있다. 이 개념에 따르면, 예술은 감정을 정화하는 과정에서 수용자에게 연민과 두려움을 불러일으키고, 그 효과는 스토리의 영향으로 어떤 행동을 취하거나 책을 읽은 후 오랜 시간이 지나 나타난다. 내러티브에 대한 이러한 관점에 따르면, 스토리를 이야기하는 것과 내레이션 과정에서의 특정한 선택 행위들은 "수용자의 가치관을 설계하려는 것"(Phelan, 2007: 208)이며, 이러한 주장은 스토리텔러가 꼭 마르크스주의 이론가들이 주장할 수 있는 세뇌까지는 아니더라도, 자신의 수용자를 형성하고 그들에게 영향을 미치려 한다는 사실을 완전히 인식하는 것이다. 화자의 역할은 이러한 점에서 매우 중요하며, 종종 독자를 위한 도덕적 자석 역할을 하고 사건을 평가하며 도덕적 관점을 제공한다. 그러나 수사학적 접근은 작가와 화자, 그리고 작가와 "내포 작가"(Booth, 1961), 또는 작가가 내러티브에서 제시하는 그 또는 그녀 자신의 생각을 조심스럽게 구별한다. 그러므로 작가는 이야기 화자(들)의 관점을 얼마나 지지하거나 이탈할지 신호를 보내 액션에 대한 신뢰나 지침을 암시한다.

최근 펠란이 수사학적 접근을 옹호하면서 윤리 문제가 더욱 주목을 끌었다. 이는 내러티브에 대한 윤리적 가치의 중요성을 강조하면서, 내러티브를 권위의 출처(화자)로부터 수동적인 저장소(독자)로 이동하는 의미의 일방적인 흐름에 대한 것이라기보다는 어느 한 편에 책임을 수반하는 것으로 본다. 내러티브 이론의 "윤리적 전환ethical turn"을 지향하는 일부 주장(예컨대 Altes, 2005: 142)도 있었다. 이러한 주장은 내러티브가 우리에게 도덕적 판단과 더불어 윤리적 선택을 하게 하고, 미리 결정된 결론을 촉진하기보다는 해석과 담론 기술의 발전을 장려하는 기회를 제공하는 것으로 본다. 윤리적 읽기는 텍스트의 이데올로기적 입장에 무심코 동의하는 일을 의미하는 것이 아니라, "텍스트가 호소하는 바를 충분히 평가하고"(Herman & Vervaek, 2007: 219), 제공된 입장을 충분히 존중하는 것이다.

대화주의

러시아의 이론가 미하일 바흐친Mikhail Bakhtin은 자신의 유력한 소설 이론에서 내러티브는 모든 텍스트의 목소리가 작가의 목소리에 종속되는 독백적 입장보다는 논쟁적 입장과 목소리를 제공할 수 있다고 주장했다. 대화 텍스트에는 목소리들 사이의 지속적인 상호 작용, 즉 화자 자신의 담론이 단지 여러 담론 중 하나로 보일 수 있는 일종의 "언어적 주고받기"(1981: 314)가 있다. 바흐친에 따르면, 소설은 독자에게 "다른 사람의 신념 체계에서 자신의 신념 체계를 알 수 있는" 독특한 기회를 제공하기 때문에, 모든 입장이나 태도는 다른 관점 및 입장과 논쟁을 벌이고 대화를 시작할 수 있는 것으로 간주된다. 경쟁적 목소리들의 공존을 받아들이는 바흐친의 소설 개념은 우리에게 개방과 저항의 가능성을 수용하면서 권력의 과시를 위한 장으로서 내러티브에 관해 이야기할 수 있게 해 주며, 소설이나 문학 및 언어학적 비평 이론뿐만 아니라 영화, 미디어 및 문화연구 분야에도 크게 영향을 미쳤다. 여러 면에서 바흐친의 작업은 텍스트가 경쟁적 목소리들을 전면에 내세우고 이들을 일종의 지배적인 이데올로기에 포함하기를 거부함으로써 실제 능동적인 독자와 수용자를 고무하고 독려할 수 있다는 이론가들의 주장에 중추적인 기반이 될 수 있다. 다음 장의 논의는 독자의 역할에 관심을 두고, 특히 디지털 영역의 현대 내러티브가 수용자에게 더욱더 많은 발언을 할 수 있도록 기회를 제공하면서 스스로 내러티브를 만들고 영향을 주며 심지어 내러티브의 창조에 도움이 될 수 있음을 제시하는 최근의 연구들에 주목한다.

포스트모더니즘과 포스트이데올로기적인 것

포스트모더니즘Postmodernism은 종종 우리에게 어떤 종류든 절대 진리를 제공한다는 제도와 지배 담론에 대한 믿음이나 신념의 가능성을 거부하는 것으로 특징지어지고 풍자된다. 장프랑수아 리오타르Jean-François Lyotard는 《포스트모던 조건*The Postmodern Condition*》(1984)에서 특정 의미와 진실을 정당화하는 듯한 이른바

'메타내러티브metanarratives'를 노골적으로 공격한다. 이 **거대 또는 지배적 내러티브**grand or master narratives에는 종교적, 과학적, 역사적 지식 체계가 포함되는데, 이들은 한때 상당한 힘을 가졌으나 현대 사회에서는 보편적으로보다는 국지적으로 정당성을 추구하는 "작은 내러티브little narratives"에 의해 점점 더 많은 도전을 받는다(McHale, 1992: 20).

슬라보예 지젝Slavoj Žižek(1989)은 이렇듯 지식 제도와 체제에 대한 신념이나 믿음을 상실하는 경우 이는 이제 우리 사회가 '포스트이데올로기적인' 사회임을 말하는 것인지 탐구한다. 지젝에 따르면, 거짓 재현의 배후에 우리가 밝힐 진실이 존재하지 않는다면 허위의식과 같은 근본적인 마르크스주의 개념은 의미가 없다. 이는 마치 이데올로기를 일종의 환상이나 가면과 같은 것으로 생각하는 것은 아무도 자신이 이데올로기에 속아 넘어가는 바보라고 믿지 않는 한 의미가 없는 것과 마찬가지다. 지젝은 포스트모던 사회에서 우리는 "그들은 그것이 무엇인지 알지는 못하지만 그렇게 하고 있다"라는 마르크스주의 공식을 수정해서 그 대신에 "그들은 무엇을 하고 있는지 알면서 그렇게 하고 있다"라고 고쳐 쓸 필요가 있다고 제안한다(33).

이러한 문제를 검토하기 위한 지젝의 종종 재미있고 도발적인 접근 방식은 복잡하고 실망스러울 수 있다. 하지만 그는 정신분석학 이론이 지닌 정치적 의미에 관한 탐구와 더불어 마르크스주의의 일부 기본 원리를 재검토하며, 특히 영화 내러티브와 이들이 의존하는 이데올로기적 환상에 대해 흥미롭고 매력적인 통찰력을 보여 주었다.

분석

뉴스 스토리는 종종 정치적인 문제를 직접적으로 다룬다는 점에서, 또한 그것이 제공하는 특정한 사건에 대한 해석이 뉴스 기업 소유주의 이해관계와 성향에 따라 아주 명백하게 형성되고 규정된다는 이유로 이데올로기적 비판의 주요 초점이 되었다. 이러한 비판이 취하는 전략은 보통 '동일한' 스토리가 타블로이드 신문과 브로드시트 신문broadsheet newspapers[39] 또는 다른 정치적 이해관계를 드러내는 신문에서 어떻게 재현되는지 비교하는 것이다. 그러한 스토리에 대한 언어적 비판은 예를 들어 그들이 '시위자'인지 '폭도'인지, '반란군'인지 '테러리스트'인지와 같이 스토리에 얽힌 사람들에게 사용된 특정 용어에 초점을 맞춘다. 언어는 또한 어떻게 비난과 책임을 할당할 것인지, 예를 들어 개인과 조직 중 누가 사건에 대한 직접적인 책임이 있는 것으로 보이게 할 것인지에 대한 향방을 설정할 수 있다. 따라서 문장이 어떻게 구성되느냐에 따라 누가 누구에게 무엇을 했는지('경찰이 시위대를 현장에서 몰아냈다')에 대해 의심의 여지가 없게 될 수도 있고, 또는 수동

39 전통적인 보통 크기의 신문으로, 연예·오락 관련 기사를 주로 다루는 타블로이드 신문에 비해 진지한 이슈를 다루는 신문으로 여겨진다. — 옮긴이

적으로 문장이 구성된다면 모호함의 여지가 훨씬 더 커질 수도 있다('시위대가 새벽에 쫓겨났다').

뉴스 스토리에는 픽션물과 같은 의미의 화자는 없지만, 스토리가 어떻게 이야기되는지 그리고 누구의 목소리를 통해 이야기되는지에 대한 선택은 존재한다. 예를 들어, 어떤 뉴스 스토리는 부당한 대우에 대해 불평하는 시위대이든 자신들의 행위가 시위대의 도발에 대한 대응임을 설명하는 경찰이든 관계없이, 관련된 사람들의 반응을 전면에 내세울 수도 있다. 후 메이크스 더 뉴스Who Makes the News(WMTN: www.whomakesthenews.org)[40]와 같은 캠페인은 일부 목소리(이 경우에는 여성의 목소리)가 반복적으로 소외되거나 배제되는 방식을 강조한다.

뉴스 스토리의 구조는 또한 예컨대 우리 문화가 규정하는 뉴스 가치라는 측면에서 특정 이데올로기적 관점을 강화하는 데 도움이 될 수 있다. 뉴스 스토리는 전통적으로 가장 최근의 사건에서 시작해서 시간상 역순으로 진행한다. 따라서 독자는 범행, 폭행 또는 재난으로 이어지는 과정에 대해서보다는 방금 막 일어난 사건과 그 사건의 결과에 대해 관심을 둔다.

40 미디어와 성별 및 기타 영역에서의 차별에 대한 지식, 정보, 리소스에 대한 포털 사이트다. 뉴스 미디어 내에서 그리고 뉴스 미디어를 통해 양성 평등의 발전을 위해 운영되는 연구 및 옹호 이니셔티브인 글로벌 미디어 모니터링 프로젝트 GMMP(Gloval Media Monitoring Project)를 주관한다. — 옮긴이

MH370편 실종

2014년 봄 가장 큰 뉴스 스토리 중 하나는 200명이 넘는 승객이 탑승한 MH370 여객기의 불가해한 실종에 관한 것이었다. 뉴스들은 몇 주 동안 납치와 테러를 포함하여 가능성 있는 실종 원인에 대해 추측했지만, 비행기의 행방에 대한 터무니없는 이야기들이 트위터와 같은 소셜 미디어 플랫폼을 통해 자유로이 유포되었다. 이 뉴스 스토리가 미국의 인기 TV 드라마 〈로스트〉 플롯과 비슷하다는 점이 이러한 추측에 부채질한 것이다. 이 드라마는 비행기 한 대가 어떤 미지의 섬에 추락한 이후의 일을 다루는데, 사악한 기업, 신화 속 생명체, 복잡한 등장인물 뒷이야기들 모두 시청자들이 끝까지 사건을 추측하게 하면서 드라마가 전개된다. 이 스토리에 대한 관심은 대대적으로 보도되어 전 세계 신문과 텔레비전 뉴스원의 중요한 의제가 되었다. 말레이시아 당국은 매일 브리핑을 했고 실종자의 친척들이 더디게 진행되는 조사에 대해 우려와 좌절을 표명함에 따라 점점 더 면밀한 조사와 의혹을 받게 되었다. 2014년 3월 24일, 말레이시아 당국은 항공기가 사실상 행방불명이 되었으며 항공기 탑승객 모두 사망했다는 증거가 있다고 발표했다.

발표 다음 날 영국 신문 〈가디언*The Guardian*〉의 홈페이지에는 아래와 같은 보도가 나왔다. 브로드시트 일간지인 〈가디언〉은 국제 정치와 시사 문제를 심도 있게 보도하는 신문으로 평가받고 있으며, 정부 기관과 대기업에 관한 탐사 보도와 때로는 논란이 많은 조사를 서슴지 않는 것으로 유명하다.

> 말레이시아 항공 관계자들은 실종된 여객기가 멀리 떨어진 인도양에 추락하였으며 탑승자 239명 모두 사망한 것으로 당국이 결론 내렸다고 말한 후 MH370 탑승객 가족에게 '기도와 진심 어린 애도'의 뜻을 표했다.
> 비탄에 빠진 가족과 친지는 말레이시아 당국이 전달한 뉴스를 듣고 베이징에 있는 말레이시아 대사관을 향해 행진하며 시위했다.
> 말레이시아 항공 그룹 최고경영자 아흐마드 자우하리 야히아는 기자회견을 통해 "모든 가족이 겪는 상상할 수 없는 고통을 생각하면 비통한 마음을 금할 수 없다. 그 고통은 어떤 말로도 달랠 수 없을 것"이라고 했다.
> "모든 말레이시아 항공 가족은 이 어두운 날에 MH370에 탑승했던 239명의 영혼과 그들이 사랑하는 이들을 위해 기도합니다. 우리의 기도와 진심 어린 애도를 표합니다."
> 야히아는 자신의 사임 여부는 추후 고려할 "개인적인 문제"라고 덧붙였다.
> (http://www.theguardian.com/world/2014/mar/25/mh370-airline-prayers-condolences-all-hope-lost 2014. 3. 15 접속)

이 이야기가 전해지던 날, 언론사들은 피해자 가족에게 배려가 부족하다는 비난을 받았다. 또한 중국에서의 시위는 말레이시아 당국을 향해 "진실을 지연하고 왜곡하며 은폐하려"(http://

www.bbc.co.uk/news/world-asia-26728045) 한다고 비난했다는 보도가 쏟아져나왔다. 영국에서는 BBC와 〈데일리 메일*Daily Mail*〉 모두 항공기 추적을 돕는 영국 기업에 초점을 맞춘 기사를 보도했고, BBC와 〈가디언〉은 재난에 휘말린 호주 가족들 이야기를 기사로 다루었다. 이는 뉴스 가치라는 맥락에서 뉴스 스토리를 분석하고(Galtung & Ruge, 1965), 기사의 뉴스 가치가 문화적으로 가변적임을 이해하는 일이 얼마나 중요한지 일깨워 준다. 좋은 뉴스보다는 나쁜 뉴스, 독자/수용자에게 문화적 근접성을 지닌 스토리, 그리고 몇 주 내지 심지어 몇 달에 걸쳐 지속적으로 다루어지는 스토리가 더 많이 부각되는 것이 일반적이다. MH370편 항공기의 운명에 대한 보도의 경우를 보면, 이 사건은 분명 예상치 못한 중대한 일이었고, 스토리는 매일 업데이트되면서 생생함을 유지했다. 하지만 영국 수용자의 입장에서는 추측건대 영국의 기업과 호주 시민에 초점을 맞춤으로써 그들의 관심과 동일시감을 유지할 필요가 있다고 느꼈을 것이다. 이 사건에 대한 보도 대부분은 말레이시아 당국이 정보를 숨기고 있다는 의혹과 마침내 미스터리를 풀리게 한 것은 서방의 개입이라는 의혹을 내포했다.

발췌문에서 우리는 보도가 항공사 관계자의 감정적이고 지극히 개인적인 반응을 제시함으로써 어느 정도 개인화 경향을 보임을 알 수 있다. 감정을 표출하면서 종교적 색채('기도,' '영혼')를 띤 직원의 말은 반복적으로 제공되어 두드러지면서 직접 인용된다. 한편 '비통한 가족과 친구들'이 보인 반응은 우회적으로만 암시되어 우리로부터 어느 정도 거리를 유지한다. 재난과 관련된

불특정 '당국'의 진술도 마찬가지로 간접적으로 보도된다. 항공기가 추락한 것으로 보도되는 지역만큼이나 멀리 있는 당국과 독자인 우리 사이에 거리를 두는 방법이라고 볼 수 있다. 대신에 야히아가 재난에 대한 책임(비난이 아니라면)을 떠맡는 듯 보인다. 항공사를 '가족'으로 표현하는 아이디어는 고도로 이데올로기적이다. 이는 그들이 차갑고 무자비한 기업이 아니라 배려 및 보호를 지향하는 조직임을 시사한다. 그러나 사건에 대한 보도는 또한 매우 강한 어조의 표현("행진marched")를 사용함으로써 가족의 무기력함뿐만 아니라 그들이 느끼는 분노와 경악을 미묘하게 전달한다("말레이시아 당국이 전달한 뉴스"). 사실상 다른 뉴스 출처들(예를 들어 〈워싱턴 포스트*The Washington Post*〉)은 사건 관련 소식이 가족들에게 문자(SMS) 메시지로 전달됨으로써 많은 사람 사이에 관련 당국이 사태의 진상을 직시하는 것을 두려워했다는 느낌을 고조시켰다고 보도했다.

뉴스 스토리에 대한 면밀한 분석 결과, 개별 관련자들을 호명할 때 매우 사소한 선택으로 볼 수 있는 표현의 중요성이 강조되었다. 예를 들어, 말레이시아 항공 관계자의 성명full name은 직위와 마찬가지로 제공되지만, 나중에 스토리에서 그의 성을 사용하는 것은 그의 권위를 암시할 뿐이다(친밀함을 암시하는 그의 이름을 사용하는 것과는 상반된다). 이런 종류의 재난 보도 시 뉴스 조직의 입장에서 추측을 피하고 가장 정확한 정보를 제공할 공식 출처에 의존하는 것은 이해할 만하다. 그런데도 우리가 보았듯이, 언어와 구조 그리고 스타일에 있어서 미묘한 선택은 사건에 대한 독자의 해석 가능성을 제한하는 특정한 견해를 드러낸다.

*

뉴스 스토리는 사건을 객관적으로 보도하고, 특히 속보나 국제 뉴스의 경우 같은 출처(예를 들어 통신사의 보도, 보도 자료)를 사용하리라 기대된다. 그렇기는 하지만 이데올로기적 분석은 언어와 구조가 독자나 시청자의 반응을 형성하고 지시하는 데 어떻게 도움이 되는지, 또한 어떻게 말해지는 것뿐만 아니라 말해지지 않은 것을 강조할 수 있는지 탐구한다. 브로드시트 신문사 및 공영 방송사 등의 전통적인 뉴스 출처는 여전히 존경받고 권위 있는 것처럼 보이지만, 그렇다고 독자와 수용자가 사건 보도에 의문을 제기할 수 없는 것은 아니다. 신문에는 항상 더 다양한 의견을 제공하는 논평과 사설 그리고 특집이 있다. 인터넷 시대 '시민 저널리스트'는 블로그와 웹사이트를 통해 사건을 보도하면서 공식적인 뉴스 출처와 전통적인 게이트키퍼에 도전한다. 한편, 소셜 미디어와 댓글 섹션은 독자들이 보도된 내용에 반응하고 언론인 및 다른 독자와 상호 작용을 할 기회를 제공한다. 5장과 8장에서는 독자 및 수용자에 대한 인식의 변화와 그들에게 주어진 대응용 플랫폼에 대해 더 자세히 살펴본다.

5 독자의 역할

> "독자의 탄생은 저자의 죽음을 대가로 해야 한다." (Barthes, 1977: 148)

> "텍스트는 의미를 *담고* 있지는 않으나 독자/관객이 마주하게 되면 의미가 만들어진다." (Allen, 1992: 133)

독자는 흔히 서사학적 설명에서 제외되거나 추상적으로만 취급되지만, 수용자는 수년 동안 미디어, 영화, 문화연구 분야의 주된 초점이 되었으며, 웹2.0의 출현으로 온라인에서 독자의 견해와 반응을 포착하고 이에 관계하는 일은 어느 때보다도 쉬워졌다. 문학 비평에서 독자는 언제나 추상적인 존재이며, 페미니즘 연구자들은 특정 장르나 저자의 독자층이 주로 여성인 것으로 널리 알려진 경우에도 포괄적으로 '그'를 사용하는 경향에 대해 오랫동안 강하게 비판해 왔다. 문학 연구에서 파생된 독자 연구의 접근 방법은 독자의 행동과 정서적 반응이 중심이 되는 주목할 만한 경험적 접근법을 제외하고, 독자가 어떻게 텍스트의 단서로부터 (재)구성될 수 있는지에 초점을 맞추는 경향이 있다. 미디어 연구에서는, 1980년대 텔레비전 프로그램 가족 시청자를 대상으로 수행한 데이비드 몰리David Morley의 연구(1986)처럼, 민속지학적ethnograpic 접근법과 눈에 잘 띄지 않는 녹음 장치를 사용하는 방법 덕분에 더욱 자연스러운 맥락에서 수용자 행동을 포착할 수 있었다. 최근에는 소셜 미디어 및 웹사이트 트래픽(소통량)의 데이터 캡처 도구를 사용해 독자와 시청자의 습관과 성향에 대한 방대한 정보를 수집할 수 있게 되면서, 미디어 기업은 기록만 하는 것이 아니라 향후 엄청난 성공의 진원지가 어디가 될 것인지 예측할 수 있게 되었다. 이 장에서는 독자와 수용자를 대상으로 한 기본적인 연구들을 일부 살펴보고, 이들이 사용한 여러 용어와 모델이 어떻게 상상하는 것보다 훨씬 더 많은 실천과 기술을 분석하는 데 유용한지 보여 줄 것이다.

바르트와 독자의 역할

저자의 죽음

바르트(1977)는 그의 가장 유명한 에세이 중 하나에서 '저자의 죽음'을 선언해 논란을 불러왔는데, 그는 이것이 독자의 '탄생' 혹은 해방을 위한 필수 단계임을 주장했다. 늘 그렇듯이, 바르트의 표현은 매우 비유적이며 여기서는 혁명을 암시하는데, 그가 제시하는 것은 개인적 차원에서의 한 저자가 아니라 전 '제국'의 전복을

꾀하는 정치적 행위를 가리킨다. 바르트는 저자를 텍스트의 의미를 소유하는 전지전능한 인물이나 영감을 받은 천재라고 생각하는 것은 집단보다는 개인을 우선시하는 자본주의 이데올로기의 산물이라고 주장한다. 중세 시대에는 텍스트가 집단으로 생산되었으므로 다른 사람의 저작물을 베끼는 것이 도둑질이나 어떤 불법적인 행위로 인식되지 않았다. 마찬가지로 텍스트는 어떤 대상이나 상품이 아니라 뭔가 항상 진행 중인 것으로 이해되었다.

바르트는 텍스트, 즉 여러 "문화 저장소에서 가져온" "인용구들"(146) 사이에 텍스트 안에 존재하는 "필사자"라는 대안 용어를 제안한다. 마찬가지로 텍스트를 읽고 해석하는 일은 텍스트 *내*에 숨겨진 의미를 밝히는 과정이 아니다. 텍스트는 이제 '궁극적인' 의미나 '포획할 수' 있는 의미를 담고 있지 않으며, 오히려 열려 있는 것으로 보인다. 진정한 혁명으로 향하는 움직임이 전통적인 비평이 보인 무관심의 자리를 대체하면서, 이제 텍스트를 통합하는 것은 "텍스트의 출처origin가 아니라 그 목적지destination이며"(148) 여기서 중심 역할을 하는 것은 독자가 된다.

텍스트의 즐거움

바르트(1975a)는 또 다른 에세이에서 다양한 종류의 읽기의 즐거움을 말로 표현하기 위해 욕망의 언어와 에로틱한 언어를 사용한다. 바르트에 따르면, 우리는 한편으로 친숙하고 위협적이지 않은 안전하고 안심할 수 있는 경험인 '플레지르plaisir'를 가지고 있다. 그러나 텍스트는 또한 어떤 통제도 피하고 독자에게 일종의 황홀감이나 환희를 주는 더욱 불안하고 폭력적인 즐거움('주이상스jouissance')을 낳을 수 있다. 이처럼 주이상스는 질서나 통제에 위협이 될 수 있으며, (라캉이 이 용어를 사용함에 따라) 특히 페미니즘 비평가와 이론가는 이 용어를 지배적 의미를 전복하고 구체화된 활동으로서 읽기(그리고 글쓰기)를 되새기는 작업의 중요성을 표현하는 방편으로 활용해 왔다.

텍스트의 즐거움에 대한 바르트의 작업은 대중문화를 잠재적으로 강력한 적극적인 힘으로 이해하는 방법을 제공한다. 이러한 관점에서 볼 때, 지배 문화는 부정적으로 보이는 즐거움을 억누르려고 하겠지만, 대중의 욕망과 충동은 즐거움을 추구하며 그들을 억압하려는 세력을 전복하고 그에 저항한다. 존 피스크(1987)는 19세기 순회공연이 민중 사이에 음탕하고 음란한 행위를 조장한다고 지배 계급에 인식되어 우려 대상이 되었듯이, 20세기에 악마화된 것은 텔레비전이라고 주장했다. 특히 피스크는 솝 오페라가 압도적으로 많은 여성 시청자 집단에 제공하는 특정 즐거움이 통제와 절제에 저항하는 일종의 구체적이며 감정적인 반응을 만들어 낸다는 이유로 너무 쉽게 잊히고 폄하되는 방식에 관해 이야기한다. 보다 최근에 리얼리티 텔레비전(7장 참조)은 시청자에게 참가자들이 처한 삶의 감정적이고 육체적인 현실을 들여다보는 사려 깊은 통찰력을 제공하고, 도를 넘고 모든 종류의 사회적 예절과 금기를 파괴하는 것을 예찬하면서 이 문제를 새로운 수준으로 끌어올렸다.

작품에서 텍스트로

내러티브는 과정이라는 생각을 강조하기 위해 바르트는 작품work과 **텍스트**text를 구별한다. 그에 따르면, 내러티브는 어디에 담을 수 있는 것이 아니며 다원적인 것이다. 바르트는 텍스트는 일종의 직조라는 본래 의미를 이용하여, 텍스트의 의미는 하나의 원천이나 출처에서 찾을 수 있다는 신화에서 벗어나기 위해 상호텍스트성이라는 개념을 소개한다. 작품은 바르트가 말하는 '친자적 파생 신화myth of filiation'에 잡혀 있는 것이며, 여기서 저자는 아버지이자 작품의 소유자다. 바르트는 또한 비유적 표현을 사용해 텍스트를 일종의 유기체 혹은 네트워크라고 하는데, 이러한 관점에서 글쓰기와 읽기 사이의 거리는 점차 파괴되고, 독자는 텍스트를 게임이나 악기를 다루듯 가지고 논다.

바르트의 이론은 특히 내러티브를 제한적인 것으로 보는 생각을 문제 삼는 전자 문학electronic literature의 출현을 계획하는 데 영향을 주었다. 텍스트는 늘 진행 중이라는 바르트의 생각은 내러티브가 예컨대 웹 페이지에서 어떻게 작동하는지 이해하는 데 도움이 된다. 여기서 텍스트는 고정되어 있거나 심지어 안정된 것이 아니라 계속 '새로워지는' 것이다. 특히 **하이퍼텍스트 소설**이 등장하고 텍스트는 모든 개별적 읽기에 따라 달라지는 것이라는 생각이 부상하면서, 바르트(1975b)의 텍스트 개념과 '**렉시아**lexia'[41]

41 의미화 과정에서 큰 텍스트를 구성하는 작은 의미화 덩어리를 가리킨다. 이것은 때로는 한 단어나 어구 또는 한 문장일 수 있다. 용어 해설을 참조하라. — 옮긴이

라는 읽기 단위 개념은 매우 큰 영향을 미쳤다.

작가적 텍스트와 생산자적 텍스트

읽기에 대한 설명에서 바르트(1975b)는 '쓸 수 있는'(작가적writerly) 텍스트와 '읽을 수 있는'(독자적readerly) 텍스트를 구분한다. 전자는 전위적이고 실험적이며 자의식적인 문학 텍스트를 의미하고, 후자는 독자가 할 일이 거의 없는 듯한 텍스트를 가리킨다. 언뜻 보기에 이것은 다소 엘리트주의적인 태도같이 보이고, 그래서 우리가 베스트셀러 목록에서 찾을 수 있는, 소화하기 쉬운 부류의 소설을 무시하는 것 같다. 그러나 바르트가 더 큰 관심을 보이는 것은 텍스트에서 감지된 특색이나 문학적 장점이 아니라, 쓸 수 있는 텍스트가 독자에게 요청하고 그 텍스트성에 주의를 기울이는 방식이다. 바르트에 따르면, 읽을 수 있는 텍스트는 독자에 의해 사실상 쓸 수 있는 텍스트로 바뀔 수 있다.

존 피스크(1987)는 바르트의 이론을 유용하게 확장해 텔레비전 내러티브와 관련해서 그가 말하는 '생산자적producerly' 텍스트를 설명했다. 피스크는 혹독한 비난을 받는 솝 오페라 장르의 사례를 들어, 이 장르 팬들은 예컨대 플롯 전개에 대한 자신들의 의견을 작성해 제안함으로써 의미 창출에 적극적으로 참여한다고 주장한다. 시청자는 또한 여러 시즌에 걸쳐 다양한 에피소드로 자신들의 마음을 사로잡고 관심을 끌어온 사건과 등장인물을 대상으로 대화 형식의 상호 작용을 통해 텍스트를 쓰거나 생산하는 역할을 수행한다. 피스크는 또한 텔레비전 내러티브는 흔히 바르트가 기술한 바와 유사한 방식으로, 예컨대 희극적인 아웃테이크outtakes[42]의 활용, 특정 장르나 회상을 기념하는 프로그램과 쇼 등을 '제작'함으로써 자신의 텍스트성을 드러낸다고 주장한다.

인터넷의 등장으로 우리는 독자와 수용자가 작가 및 제작자가 되어 유튜브YouTube와 같은 사이트에 홈 메이드 비디오를 게시하거나, 좋아하는 문학이나 텔레비전 캐릭터를 토대로 만든 팬픽션fanfiction을 현존하는 많은 팬 사이트와 포럼을 통해 공유하는 것을 점점 더 많이 보게 된다. 이러한 기술은 또한 독자와 수용자가 이러한 내러티브 제작에 관한 세세한 정보들을 면밀하게 살펴보고, 의도적이든 우연이든, 저자의 의도와 스토리에 들어 있는 상징과 기호, 심지어 플롯 홀plot holes[43]과 루스 엔드loose ends[44] 등에 대한 끝없는 이론과 가설을 공유할 수 있게 한다.

바르트가 독자에 주목한다는 것은 그가 일찍이 고전 구조주의적 작업에서 보여 준 준準과학적 태도에서 벗어나 포스트구조주의 이론의 발전에 크게 도움이 되는 보다 다원적이고 개방적이며 탐구적인 단계로 전환하는 것이라는 맥락에서 이해되어야 한

42 영화나 텔레비전 프로그램 제작에서 촬영은 했으나 최종 버전에 사용되지 않은 장면들을 가리킨다. — 옮긴이

43 스토리 구성상의 허점을 가리킨다. 픽션에서 앞서 확보된 논리와 모순되어 전혀 받아들이기 어려운 등장인물의 행위나 사건 발생과 같은 것을 예로 들 수 있다. — 옮긴이

44 끝마무리가 되지 않은 미해결 부분, 설명할 수 없거나 불완전한 세부 사항 등을 가리킨다. — 옮긴이

다. 우리가 기억해야 할 것은 바르트가 실제 독자와 실제로 관계한 일은 어디에도 없다는 사실, 독자에 대한 그의 개념은 대략 전지적 저자 개념에 반대하며 또한 문학 작품을 폐쇄적인 소모 대상으로 보는 생각에 대한 저항의 일부로 간주된다는 점이다.

상호텍스트성

상호텍스트성intertextuality 개념은 흔히 패러디와 혼성모방pastiche이 주요 특징이 되는, 고정된 안정적 의미를 지향하는 아이디어에 대한 끊임없는 경합이 벌어지는 포스트모던 내러티브 분석에 특별히 영향을 미쳤다. 하지만 존 피스크(1987)는 상호텍스트성은 또한 현대 텔레비전 내러티브의 작동 방식을 이해하는 데 중요하다고 주장했다. 그는 상호텍스트성을 "텍스트들 *사이의* 공간에…… 존재하는 것"으로 정의하고(108), 독자와 시청자는 다른 특정한 준거점이나 주어진 의미가 순환하는 [특정] "문화 이미지 저장소culture's image bank"에 대해서조차도 정통할 필요가 없다고 주장한다. 그러나 상호텍스트성은 또한 텍스트가 이끌어 낼 수 있는 다양한 수준의 반응에 대해 이야기할 수 있게 한다. 따라서 〈쟈니 잉글리쉬*Johnny English*〉(2003)[45]와 같은 영화를 볼 때, 제임스 본드 프랜차이즈물에 익숙한 관객은 주인공의 의상, 로케이션, 사운드트랙을 포함하여 특정한 장면, 등장인물, 시청각적인 반향

45 제임스 본드를 패러디한 영국 스파이 코미디 영화로, 영국 시트콤 〈미스터 빈*Mr. Bean*〉에서 미스터 빈 역으로 유명한 로완 앳킨슨이 주인공 역을 맡았다. — 옮긴이

등에 대한 암시를 잡아낼 것이다. 피스크에 따르면 관객은 본드 영화를 본 적이 없더라도, (영화나 텔레비전 프로그램 또는 광고 등을 통해 너무 많이 그래 왔듯) 재창조된 스파이나 비밀 요원을 떠올리기 위해 손쉽게 [일반화된] '이미지 저장소'를 이용할 수 있을 것이다.

상호텍스트성은 포스트모던 문화에서 '알고 있음'이라는 생각과 밀접하게 관련되어 있으며, 영화 〈스크림〉 시리즈,[46] 〈심슨 가족*The Simpsons*〉,[47] 〈사우스 파크*South Park*〉[48]를 포함해서 1990년대 수많은 영화와 TV 프로그램이 보여 준 주요 특징이다. 많은 유머와 장난기는 대중문화 텍스트로부터, 또한 공모와 상호 이해에 기초하여 수용자와의 관계를 구축해서 확보한 이미지와 참조물을 재활용하고 재순환함으로써 형성된다.

46 1996년 1편을 시작으로 2023년 6편까지 제작된 슬래셔 장르의 호러 영화 시리즈다. 1990년대까지 이어져 오던 호러 영화의 클리셰를 파괴하면서 '범인 찾기'라는 게임적 요소를 도입해 침체기에 빠진 호러 영화의 전성기를 부활시켰다. — 옮긴이
47 미국에서 1989년부터 방영하고 있는 시트콤 애니메이션 시리즈물이다. 가상의 주 스프링필드를 배경으로 유머, 미국 전통의 문화, 전반적인 사회, 텔레비전 문화와 같은 다양한 부분을 풍자한다. — 옮긴이
48 미국에서 1997년부터 방영하고 있는 블랙 코미디 애니메이션 시트콤이다. 사우스 파크 마을에서 벌어지는 특이한 모험 이야기로, 비속어와 어둡고 특이한 블랙 유머로 유명하다. — 옮긴이

수용 이론

수용 이론reception theory이라는 용어는 작품의 수용이 시간이 지남에 따라 변화하는 방식에 관심 있는 유럽 학자들의 연구를 가리킬 때 주로 사용된다. 따라서 텍스트에 고정된 의미가 있다는 생각은 작품을 읽을 때마다 그 의미가 바뀐다는 개념으로 대체된다. 많은 분석에서 초점은 여전히 (문학) 텍스트에 두지만, 수용 이론의 접근 방식은 의미 및 해석 관련 이론, 각 독자에게 독특한 경험을 제공하는 지속적인 과정으로서의 읽기를 이해하는 데 관심이 있다. 수용 이론에도 여러 종류가 있기는 하지만 이 이론은 '독자 반응 비평reader response criticism'이라는 포괄적 범주로 분류될 수 있다. 내가 주목하려는 것은 특히 볼프강 이저Wolfgang Iser의 논의다. 그의 이론은 대중문화 및 뉴 미디어 내러티브 수용 문제에 가장 지속적으로 그리고 가장 효과적으로 적용되었다.

틈 메우기

이저는 로만 잉가르덴Roman Ingarden(1973)의 논의, 특히 문학 텍스트에는 텍스트에 생명을 불어넣기 위해 독자가 메우거나 '구체화'해야 하는 '불확정 지점spots of indeterminancy'이 있다는 그의 개념으로부터 영향을 받았다. 이렇게 문학 작품을 재개념화하는 경우, 그것은 작가에 의해 창작된 텍스트와 또는 독자에 의해 실현된 텍스트와도 완전히 같지 않다. 그것은 오히려 그 둘 사이의 융합 지점에 존재한다(Iser, 2006). 실제로 이저에게 문학 텍스트는 일종의 "가상 현실"이며(58), 이론가의 임무는 이 가상 현실이 어떻게 처리되고 이해될 수 있는지 설명하는 것이다. 이러한 접근 방식을 개발한 이저에 따르면, "작가의 의도는 문학 작품이 그 잠재적 수용자에게 미치는 영향으로 대체되었으며," "초점도 텍스트가 의미하는 것에서 텍스트가 하는 것으로 바뀌었다"(60).

잉가르덴의 '불확정 지점' 대신, 이저는 텍스트에 구멍을 내고 독자가 읽는 '행위' 과정에서 협상해야 하는 공백 또는 틈에 대해 말한다. 문학 작품에서 틈이나 공백은 절節, 장章 등의 사이에서 발생하고, 독자가 패턴과 연결을 찾아내도록 '자극'하거나 '유도'한다. 틈이나 단절은 독자의 상상을 촉발하고 독자가 점들만 연결할 것이 아니라 어떤 *작업*을 하도록 요구한다. 이저는 보통 다수의 등장인물과 플롯이 복잡하게 얽혀 있는 연재물 방식의 초기 소설 분석에 집중했다. 연속물serial 형식이 가지는 특별한 특징과 즐거움에 대한 이러한 관심은 특히 연속성을 아주 지배적인 특징으로 하는 현대 문화에서 왜 그의 이론이 그토록 영향력이 있는지 이해하는 데 도움이 된다(7장과 9장 참조).

로버트 C. 앨런Robert C. Allen(1992)은 '수용자 중심의 비평'에 대한 자신의 접근 방식을 설정하는 데 이저의 작업에 크게 의지한다. 특히 앨런은 텔레비전 솝 오페라가 '**틈 메우기**gap filling' 과정에 의존한다고 주장한다. 이 경우 시청자는 복수의 플롯 라인, 광고 시간, 에피소드 간의 간격, 클리프행어cliffhangers[49] 등의 문제를 잘 다스려야 한다. 또한 이는 시청자에게 지나간 일들에 대해 알고 있는 것을 잘 유지하는 것뿐만 아니라 이미 본 것을 토대로 다음에 일어날 일을 예측할 수 있게끔 한다. 이러한 예측은 솝 오페라 같은 **연속물 내러티브**가 제공하는 특별한 즐거움의 일부이며, 따라서 여기에서 텍스트의 즐거움은 종결과 해결보다는 끝없이 이어지는 혼란과 연장延長에 달려 있다. 앨런은 우리는 절대 내러티브를 하나의 전체로 경험할 수 없다는 이저의 주장은 플롯이 몇 달, 심지어 몇 년에 걸쳐 확장되는 솝 오페라에 가장 잘 어울린다고 주장한다. 그는 또한 연속물 형식이 제공할 수 있는 강렬한 즐거움, 시청자가 에피소드와 에피소드 사이에 서로 이야기를 나누며 얻는 즐거움, 사건을 다시 회고해 보며 얻는 즐거움, 특히 열성적이고 충성스러운 팬들이 시청 경험을 공유함으로써 갖게 되는 즐거움에 대해 언급한다.

광고가 종종 의도적으로 모호하거나 수수께끼 같아서 독자나 시청자로서는 실제 광고하는 상품이 무엇인지 알아내야만 하는 디자이너 광고의 경우, 텍스트의 의미를 생산하려고 독자나 시청자에 의존하는 것도 매우 설득력이 있을 것이다. 8장에서 살펴보겠지만, 수용자의 참여와 상호 작용은 뉴 미디어 테크놀로지와 소셜 미디어의 활용으로 더욱 즉각적일 수 있고 훨씬 더 큰 규모로 이루어질 수도 있다.

49 극의 절정 단계로 관객의 긴장감 및 기대감을 극도로 고조시키는 순간이나 사건 혹은 그러한 기법을 사용한 영화를 말한다. 초창기 연작 영화에서 사건이 결론 나지 않고 다음 작품에서 그 사건이 해결되는 구성에서 유래된 용어다. — 옮긴이

내포 독자

이저(2006)에 따르면, 문학 텍스트 독자는 "배회하는 관점wandering viewpoint"(65)을 택해서, 등장인물, 화자, 텍스트가 그리는 '가상의 독자' 관점을 포함하여 다수의 텍스트 관점을 놓고 타협을 시도한다. 텍스트에 특정 유형의 독자가 내포되어 있다는 개념은 논란을 불러오긴 했으나 그래도 이것은 이저의 중요한 기여다. 논란을 일으킨 이유는, 이것이 누구에게는 '이상적인 독자'라는 함의를 주는 반면, 누구에게는 **내포 독자**implied reader가 여전히 텍스트의 입장이라는 사실이 실제 독자와의 격차를 메우기에 충분하지 않음을 의미하기 때문이다. 그러나 이 개념은 이야기의 화자가 지식 기반, 태도, 도덕 등의 측면에서 수용자에 대한 특정 사항을 전제하고 가정하는 방식을 강조하는 데 유용하다. 예를 들어, 샬럿 브론테의 소설 《제인 에어》(1847)의 내포 독자는 분명히 성경에 익숙해야 하고 프랑스어에 대한 지식이 있어야 한다. 내포 독자 개념은 또한 스토리텔러가 상상하는 독자와의 관계를 이해하는 데 유용할 수 있다. 예를 들어 그 또는 그녀는 친구로 호칭될 수 있거나 좀 더 거리를 두는 대상이 될 수도 있다.

앨런은 이저의 이론을 현대 텔레비전에 적용하면서 흔히 직접 말걸기direct address가 텔레비전 프로그램의 특징이라고 지적한다. 프로그램 진행자는 집에 있는 수용자에게 시선을 돌려 그들에게 속마음을 털어놓고 자신의 감정 등을 공유한다. 앨런이 지적한 바와 같이, 이런 종류의 편안한 상호 작용은 초기 소설이

지녔던 친숙한 특징이었지만, 20세기 초에는 독자가 크게 무시되는 일이 훨씬 더 많았던 것 같다. 포스트모던 소설에서는 직접 말 걸기와 독자 성격화characterisation가 다시 나타난다고 할 수 있다. 커트 보니것의 《제5도살장》에서 실제 작가의 소설화된 버전(3장에서 논의함)은 종종 작가 자신의 이야기에 개입하여 자신의 "조악한 작은 책"(9)에 대한 농담을 나누거나 상술한 사건에 자신이 연루되어 있음을 다음과 같이 섬뜩하게 드러낸다. "그게 나였어. 그게 나였다고. 이 책의 작가였다고"(86).

소설 독자는 보통 암시만 될 뿐이지만, 텔레비전 수용자는 내러티브 참여자가 되어 자신이 지지하거나 반대하는(박수, 야유) 의견을 개진하고, 퀴즈나 게임 쇼에서는, 예를 들어 〈백만장자가 되고 싶은 사람*Who Wants to Be a Millionaire?*〉(영국 ITV, 1998~)의 '청중에게 묻기'[50] 옵션처럼, 자발적으로 답을 표명함으로써 참가자나 경기자에 도움을 줄 수도 있다. 앨런(1992)은 이러한 수행적 역할은 텔레비전과 수용자 사이에 맺어지는 폭넓은 사회적 계약을 기반으로 한다고 말한다. 또한 그는 시청자가 어떻게 광고주의 메시지를 수용하도록 부름을 받고 "당신이 바로 우리가 찾는 '당신'입니다"라는 말을 계속 상기하게 되는지 설명한다(119).

앨런은 텔레비전의 수사학적 말 걸기 방식(대면 접촉이 시뮬레이

50 이 프로그램에서 청중은 개별적으로 4개 버튼을 사용하여 옳다고 생각하는 답변을 눌러 자신의 의견을 표현한다. 각 답변에 대한 득표율은 진행자와 참가자 및 가정의 시청자에게 알려진다. — 옮긴이

션으로 이루어짐)과 관객의 은밀한 관여로만 구성되는 영화적 방식을 구분한다. 텔레비전의 암묵적인 호혜성은 일단 푯값을 내고 광고를 보며 앉아 있으면 오롯이 혼자 영화를 즐기게 되리라 기대하는 영화의 '선불' 경제 성격과 대조를 이룬다.

선호된 독해

지난 장에서 보았듯이 미디어와 문화연구는 흔히 독자나 시청자를 매스 미디어가 영속시키는 의미와 신념을 통제할 수 없는 수동적인 소비자로 규정하며 이데올로기의 역할에 대한 비관적인 시각을 견지한다. 이러한 종류의 모델이 암시하는 의미의 폐쇄성 문제에 대한 논의에서 스튜어트 홀Stuart Hall(1980)의 선호된 독해preferred reading 이론은 독자의 사회적 상황과 경험을 중요하게 고려하는 동시에 또한, 미디어 텍스트가 지닌 일부 형식적 속성이 의미하는 바 어떤 독해가 다른 독해보다 선호된다고 인정한다. 홀은 사회에서 지배 이데올로기와 긴밀히 관련된 독자나 시청자가 지배적 혹은 선호된 독해를 생산할 가능성이 훨씬 더 크다고 주장한다. 예를 들어 소수 민족, 게이 또는 레즈비언 시청자와 같이 지배 이데올로기에 저항하는 위치에 있는 독자나 시청자는 대항적 독해oppositional readings를 할 가능성이 더 크다. 대부분의 독자나 시청자는 일반적으로 중간 지점에 서서 지배 이데올로기를 따르지만, 특정한 상황을 반영하는 약간의 수정이나 타협을 거쳐

텍스트에 대한 협상적 독해negotiated readings를 만들기도 한다.

디즈니Disney의 〈겨울왕국*Frozen*〉(2014)은 '공주'에 대한 신선하고 새로운 해석 그리고 여성의 자율권을 예찬하는 것으로 널리 알려져 있다. 이 영화에 대한 협상적 독해는 선호되는 독해를 받아들이는 동시에, 아마도 일부 재현 측면, 예컨대 주요 인물 두 명이 여전히 외모적 측면에서 공주 개념을 따르는 것에 비판적 태도를 보이거나 엘사가 마법을 사용하는 것에 대해 문제를 제기한다. 영화에 대한 저항적 독해는 온라인에서도 어렵지 않게 발견된다. 예를 들면 영화를 정신 건강, 섭식 장애 또는 성적 선호에 대한 현대적 논평으로 읽는 경우다. 8장에서 더 자세히 논의하듯이, 인터넷은 우리가 텍스트에 대한 다양한 독해에 접근하고 참여하는 것을 훨씬 더 쉽게 만들었으며, 심지어 그러한 독해가 예컨대 팬픽션이나 팬비드fanvids[51]에서 스토리를 재창조하듯, 독자와 수용자가 자신만의 콘텐츠를 창조할 수 있게 했다.

홀은 텍스트가 다의적이며, 다양성을 유지할 수 있고, 심지어는 모순된 의미도 유지할 수 있다는 아이디어를 수용했다. 그의 이론은 또한 텍스트의 의미 생산에 있어 잠재적으로 권한을 부여받은, 다양한, 그리고 적극적으로 관여하는 참여자로서 수용자에 대해 새로운 이해를 발전시키는 데 영향을 미쳤다. 그렇다고 지배 이데올로기의 영향력이 작아졌다거나 모든 독해는 반

51 팬픽션(팬픽)과 팬비드는 팬 문화의 일종으로 전자는 팬이 만들어 낸 픽션을 가리킨다. 그것이 비디오인 경우 팬비드라고 부르기도 한다. — 옮긴이

드시 동등하다는 것을 말하려는 것은 아니다. 하지만 홀을 포함한 여러 학자의 연구는 텍스트에 대한 독자와 시청자의 관여가 가치 있는 중요한 연구 영역임을 보여 주었다.

능동적이며 상호 작용적인 수용자

능동적 수용자에 관한 연구에서 존 피스크(1987)는 무력한 텍스트적 주체와 사회적 주체를 구분하여, 후자를 "역사가 있고, 특정한 사회 구성체에 살고 있으며…… 사회적이며 텍스트적인 복잡한 문화사에 의해 구성된"(6) 주체라고 설명한다. 그/그녀의 주체성은 '실제' 사회 경험 그리고 중재되거나 텍스트적인 경험의 결과로 생성되는 것이며, 그/그녀의 주체성은 텍스트적 주체와는 달리, 텍스트 독해의 순간을 넘어선다. 다음 장에서 살펴보겠지만, 독자와 수용자의 주체성에 주목하는 일은 지배적 재현 문제 그리고 타인을 배제하거나 주변화하는 문제에 대한 중요한 도전이 될 수 있다. 서사학 분야에서는 맥락적 접근 방법contextual approaches이 등장하여 관련된 질문과 이슈를 통합하고 탐구하기 시작하는 반면, 특히 미디어 연구와 문화연구에서는 오랫동안 수용자 및 수용 연구가 정치적 차원의 의미를 갖는 것으로 이해되었다.

뉴 테크놀로지는 독자와 수용자의 행동과 반응에 대한 더 면밀한 분석을 촉진했다. 함께 텔레비전을 시청하는 가족에 대한 데이비드 몰리(1986)의 연구는 텔레비전 시청에 있어서 가족 구성원들 사이에 존재하는 권력관계의 정체는 무엇인지, 예컨대 리모컨을 두고 벌이는 싸움에서 승자는 누구인지의 문제처럼 대단히 흥미로운 통찰력을 제공해 주었다. 영국에서 인기 있는 TV 프로그램인 〈고글박스*Gogglebox*〉(채널4, 2013~)[52]를 통해 시청자는 다른 일반 가족이 친숙한 프로그램을 시청하는 것을 관찰할 수 있으며, 소셜 미디어는 시청자에게 다른 시청자가 생각하고 느끼는 것을 관찰하고 심지어 에피소드가 방송되는 동안 등장인물 및 프로듀서와 관계할 수 있는 또 다른 플랫폼을 제공한다.

분석

2010년 영국의 통신 기업인 BT(British Telecom)가 약 6년 동안 진행했던 '플롯' 캠페인[53]이 절정에 이른다. 캠페인은 젊은 커플인 애덤과 제인이 우여곡절을 겪는 이야기를 선보였다. 애덤을 연기한 배우 크리스 마셜은 이미 BBC 시트콤 〈마이 패밀리*My Family*〉(2000~2011)에 출연해 누구나 아는 친숙한 이름이 되었다. 광고 캠페인

52 영국 채널4에서 2013년부터 방송하는 리얼리티 시리즈로, 집에서 TV를 시청하는 사람들의 반응을 관찰하는 프로그램이다. — 옮긴이

53 BT가 2005년부터 2010년까지 35편 이상의 TV 광고를 통해 크리스 마셜과 미혼모 에스더 홀 커플이 등장하는 BT의 현대 가족 이야기와 관련해서 대중에게 극적인 새로운 스토리라인의 결론을 결정할 기회를 제공한 캠페인이다. 시청자는 관련 웹사이트에 방문해서 자신이 원하는 결론에 투표한다. — 옮긴이

은 애덤보다 나이가 많은 미혼모 제인을 등장시키며 전통적인 가족 형태를 비슷하게 현대적으로 해석하여 제시했다. 캠페인은 특히 1980년대와 1990년대의 네스카페 골드 브랜드와 [미국 주방용품 브랜드인] 옥소 광고의 성공이 보여 준 유사한 전략을 따라, 솝 오페라적인 맥락에서 끊임없이 이어지는 줄거리를 개발하여 익숙한 등장인물 및 상황으로 회귀하는 전략을 펼쳤다. 우리는 상당 기간 동안 광고 속 아이들이 성장하고 관계가 발전되는 모습을 지켜보며 등장인물들의 이야기를 따라갔다. 이러한 경우, 광고 '에피소드들' 사이의 틈은 능동적인 시청자들이 등장인물들과의 관계를 형성하고 유지하는 데 도움을 줄 것이다.

캠페인이 절정에 이르자, 두 등장인물의 로맨스에 빠져든 시청자들에게 그 로맨스의 결과를 어떻게 처리할 것인지 결정하는 설문 조사에 참여할 기회가 주어졌다. 2010년 BT 웹사이트를 통해 투표 결과가 발표되었다. 웹사이트는 시청자를 직접 호명("당신 you")하고 스토리 통제권이 시청자에게 넘어갔다는 생각을 끊임없이 강화시켰다("투표 방법은 다음과 같습니다"). BT는 '구성원의 추가'를 기대하는 '가족'이라는 표현으로 자신을 언급하며 기업 이미지를 부드럽게 하려 하면서, 또한 '믿을 수 없는' 많은 사람의 화답이 암시하는 바와 같이 '국민nation'과도 연결되는 기업의 지위를 획득했다. 한편, 극적인 표제 문구("제인이 임신했어요!")에서 현재 시제와 느낌표를 사용한 것은 시청자들이 이미 행동에 들어갔다는 인상을 주고 가상과 현실의 경계를 모호하게 만들었다. 그러나 사이트에 제시된 비디오는 광고에서 편집된 부분의 내용을 포함하면서 그 텍스트성을 전면에 드러내는 데 기여하며 바르트가 설명한 작가적 또는 생산자적 기능을 수행했다.

기술이 발전함에 따라 광고주와 기업은 시청자를 그들이 만드는 세계로 끌어들이고, 단지 시청자에게 메시지나 상품을 판매하려고 노력하기보다는 그들을 일종의 놀이에 참여시키기 위해 상호 작용적인 기능과 앱 그리고 증강 현실(8장에서 더 자세히 설명한다)을 실험해 왔다. 그러나 분명한 것은 BT의 자체 '커뮤니티 포럼'상에서도 기업의 수용자와 고객이 온전히 BT의 방침을 따르지도 않았고 선호된 독해에 동의하지도 않았다는 사실이다. 예를 들어, 한 기고자는 제인을 "돈을 움켜쥐는 마녀"라고 칭하기도 하고, 또 다른 사람은 토론을 BT의 서비스에 대한 불평의 기회로 삼는다. 즉 "아담과 제인은 그들이 사용하는 브라우저를 BT 브라우저로 변경한 다음, 그것이 우리의 예상대로 형편없다는 사실을 발견한다."

*

문화 텍스트 분석은 작가나 제작자의 의도에 또는 텍스트에 들어 있으면서 단순히 독자가 들어와 추출하거나 독해하기만을 기다리는 의미에 초점을 두는 작업에 의해 지배되었다. 하지만 독자들의 끊임없는 실천과 적극적인 관여의 역할로 초점이 바뀌면서 이와 관련되는 모든 것이 자유로워진다. 저자의 의도와 텍스트의 의미는 더 고정되어 있거나 불변하는 것으로 보이지 않으며, 독자는 어둠에서 나와 살과 피를 가진, 역사적으로 자리하고 있는 존재로 확인되며, 내러티브를 살아있게 하는 예상치 못한, 강력한 그리고 창의적인 반응을 할 수 있는 존재가 된다. 8장에서 살펴보겠지만, 뉴 미디어 내러티브는 더욱 적절하고 시의적인 독자와 수용자의 역할에 초점을 두며, 독자의 관여와 참여의 가능성을 확장시킨다.

6 '젠더 트러블' : 내러티브에 대한 페미니즘 접근

"당신은 자기 이야기를 공유함으로써 세상에 진정 성차별이 존재한다는 것을 보여 준다. 그것은 여성이 매일 직면하는 문제며 [당연히] 논의해야 할 문제다." (www.everydaysexism.com)

"젠더는 내러티브에 앞서 존재하는 것이 아니라, 내러티브 과정을 *통해서* 생산된다." (Robinson, 1991: 198)

수잔 랜서(1991)에 따르면, 페미니즘과 서사학은 "몇 차례 합치려는 움직임"을 보이긴 했지만, 그 외 "실제 어떤 역사를 품고 있다고 할 수는 없다"(610). 한편, 로빈 워홀Robyn Warhol(1999)은 "10년 전 페미니스트는 서사학자가 되는 것에 대해 죄책감을 느껴야 했다"(342)고 주장했다. 하지만 우리는 이전 장에서 현대 서사학이 지배 이데올로기를 밝혀내 도전하고 기술과 형식에 대한 논의를 맥락적으로 이해하는 데 더욱 관심을 보이는 것을 보았다. 페미니즘 서사학자들은 주로 현대 내러티브에서의 가부장제와 여성의 주변화 문제에 주목한다. 이는 이전의 많은 연구와 접근 방식이 **젠더** 문제를 등한시한 것을 정면으로 지적하는 '젠더의식적gender-conscious' 서사학이다. 이러한 접근 방식은 또한 주로 남성들이 쓰고 생산한 텍스트에 주목하는 모델이 보편적이라는 주장에 이의를 제기한다. 페미니즘 서사학은 또한 내러티브 수용의 중요성을 강조하고, 독자와 수용자를 역사적으로 구체적 위치에 놓이게 해 그들의 정서적이고 주관적인 반응을 고려한다는 점에서 독특하다.

페미니즘 서사학은 남성 이론가들이 발전시킨 것에 저항하는 나름의 모델이나 이론적 용어를 개발하기보다는, 문학 비평과 미디어 및 영화 연구로부터 가져온 젠더 관련 이론과 접근 방식을 활용한다(Page, 2007). 하지만 홀(1999)은 이러한 방법이 텍스트를 특정한 맥락의 위치에 놓고 면밀한 텍스트 분석을 결합한다는 점에서 여전히 독특한 접근이라고 주장한다. 서사학적 접근은 내러티브의 기저 구조를 더 많이 강조하며, 순전히 개별 인물의 재현과 그들의 정형화 문제에 초점을 맞추는 많은 페미니즘의 비평 경향을 넘어선다. 페미니즘 서사학자들은 특히 섹슈얼리티 문제를 다루는 '퀴어 서사학'의 등장으로 젠더와 성 그리고 섹슈얼리티와 같은 용어에 대해 따져 묻는다. 그 결과 "텍스트 생산을 위한 선결 조건으로서가 아니라 텍스트 효과로서의 젠더" 문제에 초점을 두게 된다(Warhol, 1999: 343). 내러티브에 대한 많은 입문서에는 젠더나 페미니즘이 언급도 되지 않는다. 이는 어쩌면 현대 서사학을 형식주의적이고 보편주의적인 경향으로부터 떼어내

려면 아직 할 일이 남아 있음을 시사하는 것이라 하겠다.

이 장에서는 오늘날 페미니즘이 직면한 몇 가지 문제에 대해 개략적으로 설명하고, 현대 내러티브에서 여성이 (잘못) 재현되는 방식을 다루기 위해 개발한 몇몇 주요 이론과 접근 방식을 살펴본다. 그리고 페미니즘 서사학이 이러한 전통들과 관련해서 어떻게 자리를 잡았는지, 그것이 독특한 접근 방식이나 방법론을 제공하는지 등에 관해 생각해 본다.

근래의 페미니즘

1970년대와 1980년대 페미니즘 비평의 두 번째 물결은 불평등 문제를 강조하면서 문학과 미디어에서의 여성의 주변화나 "상징적 소멸symbolic annihilation"(Tuchmann, 1978) 문제를 폭로하는 데 초점을 맞추었다. 하지만 페미니즘 이론가들 사이에 어떤 기본 신념이 공유될 수는 있으나, 접근 방식과 철학 면에서의 분열로 인해 페미니즘이라는 용어에 대한 논쟁은 점점 더 커지고 있다. 특히 서구의 백인 지식인들이 초기 페미니즘 이론을 주도하면서 결과적으로 민족성, 섹슈얼리티, 나이 문제 등이 고려되지 않았다는 비판이 있었다. 더욱 최근에 '포스트페미니즘'은 오늘날 적어도 산업화가 이루어진 서구 국가들에서는 대부분 평등이 성취된 것 같고 강력한 롤 모델이 미디어에 넘쳐나는데, 이러한 때에 여성에 대한 그리고 여성을 위한 정치화된 운동으로서의 페미니즘이 여전히 관련이 있기나 한 것인지 의문을 제기한다. 그러나 21세기로 접어들면서 성차별을 폭로하고 그에 대한 투쟁을 목표로 하는 '디지털 페미니즘'이 등장하고 소셜 미디어를 통한 캠페인이 개최되면서, 페미니즘은 특히 영국과 미국의 대학 캠퍼스와 온라인에서 그 부활을 즐기는 듯 보인다.

온라인 페미니즘 활동가들은 뉴스(Who Makes the News. www.whomakesthenews.org)에서의 젠더 불평등을 강조하고 미디어와 영화 산업에서의 고정관념화stereotyping를 폭로한다(The Representation Project; www.therepresentationproject.org). 소셜 미디어에서 #낫바잉잇#notbuyingit 해시태그는 성차별적 광고 캠페인을 폭로하고 그 배후 기업에 대한 여성의 보이콧을 장려하는 데 사용되었다. 그러한 작업은 미디어에서 계속되는 불평등한 여성 묘사 방식, 예를 들어 여성에게는 중심적인 것보다는 보조적인 역할이 부여되거나 미디어가 제시하는 매력적인 또는 '섹시한' 이미지 개념을 따르는 경우에만 눈에 띄는 기회가 주어지는 사례들을 강조하는 데 유용한 도움이 된다.

페미니즘 미디어 연구

지금까지 페미니즘 서사학은 문학 분야의 페미니즘 연구를 가장 일관성 있게 이용해 왔다. 재현의 정치와 관련하여 이 분야의 연구는 흔히 여성 작가나 여성 관련 장르가 무시되거나 소외되어

온 이유를 이해하는 데 초점을 둔다. 페미니즘 비평은 남성 중심의 문학 작품을 대상으로 하는 아이디어에 이의를 제기하고(예컨대 Showalter, 1977), 여성의 글을 평가할 때는 일련의 다른 기준과 그러한 글 고유의 용어가 적용되어야 한다고 주장했다. 페미니즘 비평은 또한 성격화 및 플롯과 같은 내러티브의 특정 측면에 주목하였는데, 예컨대 고전 리얼리즘 소설에서 지배적인 '결혼 플롯' 사례를 살펴보고 그게 '칙릿chic lit'[54]이나 로맨틱 코미디 같은 현대 장르에 계속 이어지는 흔적을 추적하였다(Warhol, 2010). 비평가들은 또한 젠더가 내러티브 보이스에 대한 우리 반응에 어떻게 영향을 미치는지, 예를 들어 우리가 익명의 화자를 남성으로 가정하는지 혹은 여성으로 가정하는지, 그리고 독자로서 우리는 젠더 면에서, 소년이나 소녀를 목표로 하는 이야기의 브랜드화 및 마케팅에서처럼, 어떠한 위치에 놓이게 되는지 살펴보았다.

영화 연구에서 로라 멀비Laura Mulvey(1975)의 남성적 시선 이론은 여성의 대상화가 주류 할리우드 영화에서 얼마나 널리 퍼져 있고 여성이 카메라 앞에서뿐만 아니라 뒤에서도 어떻게 계속 소외되는지 보여 준다. 멀비의 이론은 여성이 텔레비전과 광고 내러티브에서 묘사되는 방식을 분석하는 데 큰 영향력을 미쳤다. 하지만 그녀의 이론은 남성적 시선은 항상 이성애적이며 여성은 '여성적 시선'을 통해 시각적 쾌락을 욕망하는 주체가 될 수

54 칙릿은 젊은 여성을 뜻하는 속어 'chic'과 문학을 뜻하는 'literature'를 조합한 용어다. 젊은 현대 여성을 겨냥한 영미권 장르 소설을 말한다. — 옮긴이

없다는 가정을 기반으로 한다고 비판을 받기도 한다(Gamman & Marshmant, 1988).

젠더는 현대 광고 연구의 주요 초점이었다. 그 이유는 산업계가 여성의 몸을 대상화하고 남성과 여성이 완전히 다른 영역을 점유한다는 생각을 지속시킨다고 알려졌기 때문일 것이다. 존 버거 John Berger(1990[1972]: 47)가 말했듯이, 고전 미술에서 현대 광고에 이르기까지 우리 관습에 의하면, "남자들은 행동하고 여자들은 [자신들의 모습을] 보여 준다Men act and women appear." 광고는 분명히 젠더와 관련해서 수용자를 타깃으로 한다. 축구 경기를 중단하는 휴식 시간에 나오는 맥주, DIY 상품 등의 광고는 여기가 남성 보호 구역이라는 관념을 강화한다. 이들 상품에 대한 광고는 또한 남성과 여성을 목표로 설정하는 방식을 달리한다. 예를 들어, 동시에 여러 상품을 광고하는 크리니크 '해피' 향수 캠페인 가운데 '포 맨' 향수 광고에 등장하는 남성은 홀로 자유분방한 모습으로 춤을 추고 있다. 여성을 타깃으로 하는 광고에서 여성 모델은 아기를 포대기로 감싸는 산모 역할로 그려진다. 보다 최근의 향수 광고는 남성과 여성을 함께 등장시키지만, 여전히 스포츠맨이나 록 스타로 묘사되는 남성, 보조 역할을 하는 여성, 치어리더로 차려입은 여성, 또는 축하 케이크를 내미는 주부 등의 이미지를 제시하며 남녀 간의 영역이 분리되어 있다는 생각을 지속시킨다.

많은 광고는 여성의 '자연스러운' 장소는 집 안이라는 관념을 이어간다. 남성은 집 안에서 가사 일을 하는 것으로 보이기도 하지만 그들은 서툴거나 어린애 같다. 여성의 이미지는 또한 남성

시선의 관심을 끌 수 있도록 포즈를 취하거나 신체 일부로 대체되어 모델의 입이나 다리 또는 가슴에 초점을 맞추는 방식으로 편집되면서 관습적으로 대상화된다. 어빙 고프먼Erving Goffman의 《젠더 광고*Gender Advertisements*》(1979)는 광고주가 사용하는 '의례적 자세들'과 이들이 젠더 고정관념을 강화시키는 방식을 밝히는 중요한 텍스트다.

비디오 게임과 관련해서도 젠더 문제는 논쟁을 불러일으킨다. 남성 중심적 산업계에서 여성은 게임 내에서 캐릭터와 행위자뿐만 아니라 플레이어로도 소외되었다. 게임 언어에 관한 연구에서 아스트리드 엔슬린Astrid Ensslin(2012)은 수용자가 원하는 것으로 추정되는 요구 사항을 충족시키기 위해 두 가지 주요 여성 캐릭터, 즉 곤경에 빠져 도움이 필요한 처녀와 요부famme fatale가 사용되었다고 주장한다. 여성 아바타는 자주 과도하게 성애화되고 대상화되며, 여성 캐릭터는 "배경화되는" 경향이 있다(Masso, 2009, 2001, 엔슬린의 인용). 엔슬린은 라라 크로프트[55] 캐릭터와 관련해서 그녀를 새로운 아이콘으로 보는 사이버 페미니스트로부터 그녀를 '사이버빔보cyberbimbo'[56]로 일축하는 사람들에 이르기까지 상

55 비디오 게임 "툼 레이더"는 1996년 영국에서 출시된 액션 어드벤처 컴퓨터 게임 시리즈 및 미디어 프랜차이즈다. 가장 최근 시리즈는 2018년에 출시되었다. 이 시리즈의 주인공인 라라 크로프트는 영국 고고학자로 세계 곳곳의 위험한 고대 무덤 및 유적을 누비며 모험한다. 같은 제목으로 영화로도 제작되었다. — 옮긴이

56 '빔보'는 매력적이지만 머리가 비어있는 헤픈 여자를 말한다. '사이버빔보'는 컴퓨터 게임과 같은 가상 세계에 등장하는 빔보를 칭한다. — 옮긴이

충하는 해석에 대해 논의한다. 하지만 많은 비평가가 주목하듯이 최근 세간에 이목을 끌고 있는 게임에서 내러티브의 중요성이 커지면서, 게임 디자이너와 작가는 메건 파로크마네시Megan Farokhmanesh(2014)가 지적하듯, 부담스럽고 "영리하며 입버릇이 더러운 여주인공" 역할을 제시하기보다는, 예를 들어 "더 라스트 오브 어스The Last of Us"[57]의 캐릭터 엘리와 같이 여성에게 남자 주인공의 파트너로서 더욱 원숙하고 중요한 역할을 제공하려고 노력하는 듯 보인다. 동시에, 많은 게임은 젠더와 관련하여 본질적으로 규범적이며, 플레이어에게 매우 다른 속성, 권력 그리고 기술을 지닌 남성 또는 여성 캐릭터 사이에서 선택할 것을 강요한다.

본질주의와 반본질주의

미디어를 통틀어 지금까지 페미니즘 비평을 지배한 것은 의심의 여지 없이 '여성의 이미지' 접근 방식이며, 이는 여성 캐릭터를 선택해서 비난이나 칭찬을 하고, 시간의 흐름에 따라 달라지는 일반적 패턴과 재현 유형을 추적한다. 최악의 경우, 이러한 접근 방

57 2013년 너티 독Naughty Dog이 플레이스테이션 3 기반으로 개발하였고, 이듬해 플레이스테이션 4로 리마스터한 버전으로 출시한 액션 어드벤처 서바이벌 호러 게임이다. 미국에서 변종 동충하초로 인한 치명적인 전염병이 발병한 지 20년이 지나 만난 조엘과 엘리 부녀가 함께 액션을 통해 서로 도움을 주며 난관을 헤쳐나간다. — 옮긴이

식은 여성을 희생자로 보는 개념을 강화하거나 재현을 단순히 긍정적이거나 부정적인 범주로 분류하는 결과를 낳을 수 있다. 이는 또한 남성과 여성이 본질적으로 다르다는 생각과 단지 여성의 자질과 가치를 강조하고 예찬하는 것이 남성의 지배에 대한 충분한 도전이 되리라는 생각을 지속시키는 데 도움을 줄 수도 있다.

포스트구조주의적 페미니즘 접근 방법의 등장으로, 이러한 종류의 본질화는 젠더를 단순히 범주로 보는 것이 아니라 적극적으로 주체를 남성적이거나 여성적인 주체로 구성하는 방식으로 보는, 보다 급진적이고 탐색적인 비판으로 대체된다. 여기에서 '여성'이라는 범주는 좀 더 정확하거나 진실된 재현으로 드러날 수 있는 기존 정체성에 부합하는 것으로 보이지 않는다(Butler, 1999). 그 대신 '젠더 트러블'은 흔히 공유되는 젠더 정체성 또는 우리는 모두 젠더가 '있다'는 바로 그 개념 자체를 끊임없이 불안정하게 만들고 동요시킨다. 따라서 어떤 종류의 보편화나 총체화도 거부되고, 우리가 젠더를 이론화하는 언어는 끊임없이 추궁된다.

버틀러와 더불어 현대 이론에 가장 지대한 영향을 미친 사람들은 이른바 프랑스 페미니즘 연구자들이다. 고전 구조주의(2장 참조)의 이항 대립 개념을 확장하고 비판하면서, 식수(2000[1975]: 265)는 아버지/어머니, 머리/가슴 또는 태양/달 등을 포함하여 어떠한 대립이든 관계없이 여성은 "항상 수동성의 편에 서서" 남성의 특권을 영구화하는 결과를 낳는다고 주장한다. 포스트구조주의와 정신분석학의 영향을 받은 프랑스 페미니즘 이론가들은 주체성을 사전에 주어지거나 고정되어 있는 것이 아니라, 하나의 과정이라고 간주한다. 언어의 남근 중심주의에 대한 그들의 급진적 비판은 전혀 새로운 글쓰기 방식('여성적 글쓰기 écriture feminine')을 제안하고, 기존 규범을 거스르며 논리를 거부하고 느슨함과 모호함을 포용하는 언어를 탐색한다.

언어에 대한 비판은 그 자체로 새로운 것은 아니다. 20세기 초반 버지니아 울프(1929)는 여성 작가들이 "남성의 문장"(73)을 써야 한다는 사실과 그런 문장들이 결합한 "아케이드나 돔," "남성들이 자신들만의 사용과 필요에 따라 만든 것"(73~74)에 의해 얽매이었다고 언급했다. 울프는 또한 여성의 책은 중간에 끼어들기가 가능하고 "몸에 적응될"(74) 수 있어야 한다고 주장한다. 이러한 관점에서, 여성적 글쓰기의 경우 중요한 것은 이러한 실천들이 여성만의 영역이 아니라는 점이지만, 울프는 체화된 행위로서의 읽기와 쓰기에 초점을 맞춘 프랑스 페미니즘 이론가들의 작업을 예상하는 듯하다.

텔레비전의 젠더화

집안에서 차지하는 텔레비전의 위치로 인해, 그리고 전통적으로 주부가 중심이 되는 가정 내 일상에서 TV가 중심이 되면서 텔레비전은 페미니즘 연구자들의 주요 연구 대상이 되었다. 예를 들어, 울프의 에세이를 반영한 타니아 모들레스키Tania Modleski(1983)는 솝 오페라의 에피소드식 구조는 "중간에 끼어들기가 가능해야 하는" 여성의 요구를 수용하여 주의 산만함distraction이 즐거운 일이 될 수 있도록 하고 다른 사람의 요구에 주의를 기울이는 여성의 사회화된 기술을 활용한다고 주장했다.

내용 분석은 텔레비전 연구에서 작동 중인 지배적 '여성 이미지'를 식별하는 데 널리 사용되었다. 다이애나 미한Diana Meehan(1983)은 1950년대부터 1980년대까지 미국 텔레비전 황금시간대 여성 캐릭터 유형을 연구했는데, 여성은 남성에 종속적 역할로 배치되어 자율성을 보이는 어떤 것도 거의 허용되지 않는 경향이 있는 것으로 드러났다. 미한에 따르면, 꼬마 도깨비, 음탕한 계집, 여자 가장, 유혹하는 여자, 요부 등 되풀이되는 범주는 수십 년 전에 방영된 TV 드라마와 관련된 것이지만, 이들은 오늘날 내러티브에서도 여전히 쉽게 찾아볼 수 있다. 여성이 권위 있는 역할을 맡는다거나 전문직에서 성공한 것처럼 보일 때는 종종 그들에게 개인적인 삶의 희생이 동반된다. 예를 들어, 획기적인 영국 탐정 시리즈 〈프라임 서스펙트*Prime Suspect*〉에서 주인공인 탐정 제인 테니슨은 직장에서 강인하고 타협하지 않는 모습을 보여 주지만, 집에 돌아오면 외로움과 불안함을 표면에 드러낸다. 텔레비전 드라마의 내러티브는 강한 여성을 피해당하기 쉬운 모습으로 보여 줄 뿐만 아니라, 여성이 일정한 선을 넘어서거나 '남성적인' 역할을 맡은 경우에는 그 여성을 불행하거나 불만족스러운 모습으로 그리거나 어떤 식으로든 물리적인 공격을 받거나 희생당하는 모습으로 묘사함으로써 빈번히 여성이 처벌받는 것을 보여 준다.

《텔레비전 문화*Television Culture*》(1987)에서 존 피스크는 현대

내러티브에서 여성의 이미지나 내러티브 구조를 관찰하는 것을 넘어 "텔레비전이 시청자를 남성적이고 여성적인 주체로 분류하는 결정적 범주에 대해 어떻게 대처하는지, 그리고 그러한 범주를 만들어 내는 데 어떻게 도움을 주는지"(179) 탐구한다. 이를 위해 그는 솝 오페라를 '여성적 내러티브' 사례로, 액션 어드벤처 시리즈나 범죄 드라마를 전형적인 '남성적' 사례로 제시한다. 피스크는 솝 오페라의 특징인 "무한히 확장되는 중간부"(180)는 시작과 중간 그리고 끝 구조로 구성되는 전통적 리얼리즘 내러티브에 대한 대안으로서 내러티브의 종결에 저항하고 다시 균형 상태를 회복한다고 주장한다. 대신 솝 오페라의 세계는 "끊임없이 계속되는 교란과 위협"의 세계이며 시청자는 사회적 규범과 관습의 위반을 즐긴다. 이러한 종류의 내러티브가 제공하는 미니 클라이맥스들은 "욕망과 즐거움에 대한 특별히 여성적인 의미"(181)를 분명히 표현할 수 있게 하며, 결과보다는 과정에, 절정에 달한 최종적인 것이 아닌 지속적이고 주기적인 즐거움에 중점을 둔다. 다양한 등장인물과 플롯을 중심으로 구성되는 솝 오페라의 특징은 "내러티브 구조적으로 통제가 불가능"(194)하고, 따라서 사건에 대해 아주 많은 다양한 관점이 제공되기 때문에 독자에게는 결코 "어떤 안정적인 독해 위치"가 허용되지 않는다(194~195). 피스크는 이런 종류의 내러티브가 수반하는 통일된 독해 위치에 대한 탈중심화와 거부를 찬양하며, 이는 끊임없이 가부장제를 추궁하고 그것이 여성적 가치를 정당화하는 것을 따져 물음으로써 잠재적으로 "가부장제 권력을 갉아먹는" "남성성이 없는 영역"(197)이라고 주장한다.

남성적 내러티브는 덜 다의적이며 "보다 큰 내러티브와 이데올로기적 종결"(198)을 만들어 내도록 구성되어 있어 남성 시청자가 자신의 경험과 남성성의 이데올로기적 구성 사이의 차이를 받아들일 수 있게 한다. 피스크에 따르면, 〈A 특공대*The A-Team*〉[58] 같은 텔레비전 드라마에서 남성성은 퍼포먼스로 표현되며, 각 에피소드는 성공적으로 끝나도록 구성되어 있다. 또 개인 관계 특히 다른 남성들과의 관계는 어떤 외부 목표를 지향하면서 명확한 위계질서와 리더를 내포하고 있으며 아주 최소한의 대화만 허용된다.

피스크는 남성적 내러티브와 여성적 내러티브에 대한 자신의 구별이 남성과 여성의 본질적 차이를 가리키는 것은 아니라고 애써 주장한다. 그는 그것은 "자본주의 사회 내 가족이 겪는 정치와 실천의 산물"(218)이며, 상이한 텍스트적 관습과 관련된 것이라기보다는 내러티브가 권하는 "독해 관계reading relations"와 연관된다고 말한다. 피스크의 연구가 발표된 이후 이러한 '텍스트적 관습' 간의 차이들은 작아졌다고 말 할 수 있을 것이다. 주로 여성 출연진(〈걸스*Girls*〉, 〈위기의 주부들*Desperate Housewives*〉, 〈오렌지 이즈 더 뉴 블랙*Orange is the New Black*〉)이 등장하는 앙상블 드라마가 등장하고, 예를 들어 요리 프로그램이나 '라이프스타일' 텔레비전과 같이 전통적으로 낮 시간대 텔레비전과 관련된 텔레비전 장르

58 1983~1987년 미국 NBC에서 방영한 액션 어드벤처 드라마 시리즈다. — 옮긴이

가 황금시간대를 지배하기 시작하면서 텔레비전 전체가 점점 더 "여성화"(Ball, 2012)되었다는 주장도 있다.

동시에 〈로스트〉 같은 드라마의 특징인 '다중 가닥multistrand' 내러티브[59] 형식의 출현으로, 연속물 내러티브가 훨씬 더 지배적으로 되고, 대규모 출연진, 복잡하게 얽힌 플롯 및 복합적 다중 관점은 수용자들의 추측을 독려하고, 텍스트의 즐거움을 연장하고 분산시키는 역할을 하였다. 실제로 텔레비전 솝 오페라 전문가인 크리스틴 게라티Christine Geraghty(Jeffries, 2013에서 인용)는 〈더 와이어 *The Wire*〉[60]나 AMC의 〈매드맨*Mad Men*〉[61]과 같은 HBO 프로그램이 혁신적인 플롯으로 찬사를 받았다는 사실을 개탄하면서, 솝 오페라는 이미 수십 년 동안 그와 유사한 종류의 기술을 사용해 왔다고 주장했다. 이와 비슷하게, 게라티와 동료 연구자들은 특히 영국에서 솝 오페라가 대화와 개인 관계를 전면에 내세우며 서서히 진행되는 플롯 대신 범죄와 폭력 그리고 대규모 재난을 기반으로 하는 스토리라인을 사용하면서 전통적인 여성 위주의 수용자를

59 다중 플롯 내러티브라고 할 수 있으며, 많은 주요 인물이 동원되는 다양한 사건이 하나의 네트워크로 연결되는 복잡한 스토리텔링 구조 형식으로 구성된다. 여러 가지 다른 가닥 이야기들이 모여 하나의 내러티브를 구성하지만 대부분 이들은 내러티브의 종결부에 이르면 서로 연결되어 있음이 드러난다. — 옮긴이

60 미국 HBO에서 2002~2008년 5시즌으로 방영한 범죄 드라마 시리즈다. —옮긴이

61 2007~2015년 7시즌으로 방영한 드라마 시리즈로, 1960년대 미국 뉴욕의 광고 대행사의 광고 제작 책임자인 주인공을 둘러싼 당시 광고업계와 시대상을 다룬다. — 옮긴이

버리는 것에 대해 비판적 견해를 밝혔다.

내러티브 욕망과 정동

솝 오페라는 특유의 내러티브 구조 때문만이 아니라, 그러한 내러티브로 인해 초래되는 '독해 관계' 문제와 이들이 지배적인 가부장제 이데올로기에 대한 대안으로, 심지어 그 파괴를 제시하는 것처럼 보이는 방식 때문에 많은 관심을 받았다. 타니아 모들레스키의 미국 솝 오페라 연구(1983)는 정신분석학 이론에 기반하여, 모녀간의 유대와 비슷한 '친밀한' 관계는 솝 오페라 시청자가 드라마의 가상 인물과 관계하는 방식의 특징이라고 주장한다. 전통적으로 등장인물과의 과도한 동일시는 못마땅한 것으로 생각되었으나, 페미니즘 비평가는 종종 이러한 생각들에 대해, 그리고 일반적으로 용인된 독해나 수용자의 반응 면에서 불법적이거나 선호되지 않았을 수 있는 것을 하찮게 여기는 경향에 대해 도전하기 시작했다.

페미니즘 서사학자들은 예컨대 솝 오페라에서 클라이맥스가 계속 지연되는 것을 왠지 여성의 오르가슴을 반영하는 것으로 읽어 내어 여성의 섹슈얼리티를 극도로 단순한 용어로 분류하거나 규정하려는 시도에 이의를 제기했다. 대신, 그들은 확인된 즐거움의 종류는 "여성의 신체에 내재하는 것이 아니라," "이 즐거움 모델을 (그것을 반복해서 연습하는) 여성적 주체 안에 구조화하는" 과정을 반영하는 것이라고 주장한다(Warhol, 1999: 353~354). 모들레스키는 《복수로 사랑을*Loving with a Vengeance*》(1982)에서 어떻게 영화에서 여성의 욕망이 불가능한 것이거나 위험하고 이중적인 것으로 재현되었는지 분석한다. 하지만 그녀는 영화와 텔레비전이 보여 주는 대량 생산된 환상에 대한 여성 독자의 반응이 이전에 생각했던 것보다 훨씬 더 복잡하고 모순적이라는 것을 발견한다.

이러한 맥락에서 페미니즘 비평가들은 과거에 무시되었거나 잊혀진 장르를 재조명하는 데 관심을 보인다. 이들은 예컨대 멜로드라마를 사례로 들어 이러한 장르들이 여성의 삶과 관련하여 어떤 문제와 긴장을 언급하는지 탐구한다. 로빈 워홀은 《해빙 어 굿 크라이*Having a Good Cry*》(2003)에서 지배 이데올로기가 억압하거나 주변화하려는 "여성적인 감정"에 대해 논의한다. 워홀의 작업은 서사학을 내러티브 텍스트의 정동情動/affect적 반응에 대한 연구로 개방했을 뿐만 아니라, 대중적인 문화 형식에 더 많은 관심이 쏠리도록 했다. 워홀(1999)은 특히 주간 시간대 숍 오페라와 관련하여, '여성적인' 감정적 과잉(341)에 대한 그녀의 '죄책감guilty cravings'에 대하여 논의하며, 이 장르가 "시청자에게 여성다움을 *느끼게* 한다"(348)고 주장한다. 워홀은 자신의 오랜 숍 오페라 팬 경험과 독자로서의 욕망 경험을 분명히 표현하고 드러내는 수단으로 검증된 면밀한 읽기close reading의 검증된 방법을 사용한다. 그러나 워홀에게 읽기는 "항상 신체 안에서 그리고 신체에 일어난다"(ix). 이러한 읽기는 그녀의 연구(더욱 광범위한 차원에서 페미니즘 서사학)를 신체에 대한 여성의 생생한 신체 경험과 다른 사람들의 재현을 통해 그들의 신체에 부여된 문화적 의미 사이의 긴장에 대한 페미니즘 내의 끊임없는 주요 논쟁과 연결시킨다.

우리만의 웹

도나 해러웨이Donna Haraway의 "사이보그 선언A Cyborg Manifesto"(1991)[62]은 '포스트젠더 세계'의 가능성을 내보이고 월드 와이드 웹World Wide Web을 여성을 억압했던 역사적인 지배 형식으로부터 여성을 해방시킬 수 있는 잠재적 공간이라고 예찬했다. 월드 와이드 웹은 페미니스트 활동을 위해 포럼을 제공할 뿐만 아니라, 여성이 자신의 이야기를 자신의 언어로 말하고 젠더 정체성과 섹슈얼리티를 활용할 수 있는 더 많은 기회를 제공한다고 말할 수 있다. 웹 기반 포럼과 소셜 미디어는 또한 수용자와 독자의 반응을 분석할 때 연구자에게 풍부한 자료를 제공한다. 웹 기반 팬픽을 가장 많이 쓰는 작가들은 여성이며, 그래서 기존의 캐릭

62 미국의 페미니스트 학자인 도나 해러웨이가 1985년에 발표한 에세이로 원래 제목은 "사이보그 매니페스토: 20세기 후반의 과학, 테크놀로지, 그리고 사회주의 페미니즘A Cyborg Manifesto: Science, Technology, and Socialist Feminism in the Late Twentieth Century"이며 그녀의 저서 《유인원, 사이보그 그리고 여자*Simians, Cyborgs and Women: The Reinvention of Nature*》(1991)에 수록되었다. 사이보그는 해러웨이가 이 글에서 성차별 사회를 극복하기 위해 제시한 개념이며, 이를 계기로 사이보그는 SF 세계에서 벗어나 현실적 존재로의 의미를 갖게 되었다. — 옮긴이

터와 스토리 세계가 창의성, 발명 그리고 놀이를 위한 플랫폼을 제공하는 이 장르는 종종 본래의 텍스트를 전복적으로 재해석하는 결과를 낳기도 한다. 잘 알려진 E. L. 제임스E. L. James의 《그레이의 50가지 그림자*Fifty Shades of Grey*》(2011)[63]의 경이로운 성공은 《트와일라잇*Twilight*》[64]을 기반으로 팬픽을 쓴 작가의 실험에서 시작되었다고 한다. 제임스의 성공은 또한 여성의 섹슈얼리티에 대한 논쟁을 다시 불러일으켰으며, 여성이 쓴 많은 팬픽은 내용적 측면에서 아주 에로틱하여 종종 특히 슬래시slash[65]로 알려진 팬픽 하위 장르에서 금기에 도전하고 이성애 중심적 담론을 전복한다는 사실을 반영한다.

자가 출판 현상은 작가들에게 작품 출판을 위해 거쳐야 하는 전통적인 경로를 피할 기회를 제공했고, 많은 사람은 인터넷 기술이 가져온 민주적 변화의 가능성을 환호했다. 그러나 확실히 우리가 온라인에서 발견할 수 있는 내러티브 형식의 확산은 보이스와 관련하여 새롭고 중요한 질문을 제기하며, 또한 독자와 수

63 3부작 에로틱 로맨스 소설로 흔히 가장 성공적인 팬픽션 작가라고 말하는 E. L. 제임스가 2009년 발표해 성공하면서 세계적 현상이 되었다. 중간 대리인 없이 소규모 온라인 작가 공동체를 통해 팬픽션 스핀오프로 시작되었다. 이후 이 소설을 토대로 한 3부작 영화 시리즈(2015~2018)가 만들어졌다. — 옮긴이

64 스테프니 메이어가 쓴 뱀파이어를 소재로 한 판타지 로맨스 소설이다. 시리즈로 《트와일라잇》, 《뉴문》, 《이클립스》, 《브레이킹 던》 등이 있으며 이후 이들 소설을 바탕으로 영화 시리즈(2008~2012)가 제작되었다. — 옮긴이

65 남성 간 동성애를 다룬 팬픽의 하위 장르로, 슬래시 픽션이라고도 한다. — 옮긴이

용자가 하는 일이 무엇인지, 그리고 그들이 느끼는 것은 무엇인지, 언제 그들이 새로운 스토리와 새로운 캐릭터 그리고 새로운 세계를 찾아내는지 등에 대해 이전보다 훨씬 더 깊이 탐구할 수 있는 잠재력을 제공한다.

분석

다음에 기술하는 나의 접근법은 "형식적 특성과 운용이 우리가 밝히고자 하는 수용자 반응의 구조화에 미치는"(Warhol, 1999: 346) 역할을 조사하기 위해 면밀한 읽기 방법에 대한 서사학의 초점을 재브랜드하려는 로빈 워홀의 시도를 이용한다. 나는 또한 "젠더, 성, 섹슈얼리티 간의 상관관계들이 유동적이고 다중적이며 사회적으로 구성되는 것으로 밝혀진 내러티브에 대한 증가하는 관심"(192~193)이라는 루스 페이지Ruth Page(2007)의 언급을 반영하는 차원에서, 재현을 단순히 긍정적이거나 부정적으로 범주화하려는 유혹에 빠지지 않을 것이다.

미국의 TV 드라마 〈섹스 앤 더 시티*Sex and the City*〉(1998~2004)는 대중문화에서 여성의 재현 문제에 대한 논의의 분수령이 되었다. 또한 포스트페미니즘 개념에 대한 모든 논의의 핵심 텍스트로 간주되기도 한다. 〈섹스 앤 더 시티〉는 직업 정신을 가진 독신 뉴요커 집단에 주목하여, 섹스와 결혼 그리고 다른 여성들에 대해 많은 사람이 충격적이고 불안하면서도 신나하는 강경한 표현을 사용하는 자율적인 여성 캐릭터들을 제시하는 듯했다. 하지만 이 시리즈는 그 목적이나 메시지가 어느 정도로 페미니스트적일 수 있는지에 대해 끊임없는 논쟁을 촉발했다. 많은 비평가는 캐리와 '미스터 빅'의 관계가 전통적인 결혼 플롯에 의존하고 있다는 것과, 모든 여주인공이 관습적으로 내려오는 할리우드식 글래머 이미지를 따르며, 그녀들이 매우 성공한 것처럼 보이는 직업에 '종사하는' 모습은 절대 보이지 않는다는 사실을 한탄했다.

〈섹스 앤 더 시티〉는 시청자에게 지배적 여성성을 되살리는 데 도움이 되는 분명한 캐릭터 유형이나 행위의 원형 및 형식을 제시한다. 중심인물들은 겉보기에 성공한 것처럼 보인다. 하지만 각 인물은 다양한 지점에서 자기 경력의 성공을 위해서는 개인적인 행복을 희생해야 하는 것으로 묘사되며, 그들은 자유를 누리는 것 같으면서도 종종 일종의 감정적 대가를 치르는 것처럼 보인다. 따라서 이 드라마 시리즈는 미한이 수십 년 전 미국의 황금시간대 TV에 대한 연구에서 확인한 패턴을 어느 정도 따르는 것 같다.

이 드라마 시리즈의 포맷은 시트콤과 비슷하며, 보통 주요 캐릭터 중 한 명에 초점을 맞춰 '금주의 문제'을 제공하고 그 에피소드 안에서 해결함으로써 캐릭터를 드라마의 기본 배경 '상황'의 친숙하고 안심할 수 있는 현재 상태로 되돌려 놓는다. 이 드라마는 주인공 캐리 브래드쇼의 보이스오버를 통해 인간관계, 일부일처제 등에 대한 질문으로 내러티브를 구성한 후, 내러티브가 전개됨에 따라 그 에피소드의 사건들에 대한 일종의 반성으로 이어진다. 캐리의 보이스오버는 종종 캐릭터로서 그녀의 불안함과 나약함을 드러낸다. 일부 비평가들에게 이것은 TV의 남성 보이스오버가 지닌 도덕주의적 어조에 대한 신선한 대안으로 다가온다. 반면 다른 이들은 그녀의 불안함과 무능력에 중점을 두는 것은 어김없이 그녀로부터 힘을 빼앗고 젠더 고정관념에 순응하게 하는 결론에 이르게 한다고 본다.

현대 사회에서 여성이 직면하는 딜레마, 예를 들어 연하의 남자('20대 남자의 공포') 또는 조루증으로 고통받고 있는('결핍') 남자와 데이트를 할 것인가 말 것인가 등의 문제에 집중하는 이 프로그램의 초점은 때로는 극단적으로 단순하게 제시되고 편협하게 정의되는 것처럼 보일 수 있다. 하지만 이 프로그램은 젠더 정체성과 씨름하면서 그로부터 야기되는 한계에 대한 좌절을 표현하는 캐릭터들(남성과 여성 모두)을 보여 주는 데 타협하지 않는다고 할 수 있다.

〈섹스 앤 더 시티〉 이후, 〈걸스〉(2012~2017)[66] 같은 TV 드라마와 〈내 여자 친구의 결혼식*Bridesmaids*〉(2011) 같은 영화는 아이러니와 여성 지향적 스토리라인에 비중을 두는 성공적인 여성 앙상블 작품 공식을 사용했다. 〈걸스〉는 많은 좋지 않은 성관계를 보여 주고 자신의 외모와 사이즈에 대한 콤플렉스와 문제를 가지고 있는 주인공 한나를 등장시키며, 〈섹스 앤 더 시티〉를 더욱 대담하게 사실적인 버전으로 각색한 것으로 자리매김한다. 세라 제

66 미국 HBO에서 2012~2017년 6시즌으로 방영한 코미디 드라마 시리즈다. 주인공인 리나 더넘이 각본을 쓰고 제작했으며, 뉴욕에 사는 네 명의 젊은 여성의 삶을 그린다. — 옮긴이

시카 파커의 이미지는 〈섹스 앤 더 시티〉의 영감을 준 작가 캔디스 부슈널Candace Bushnell과 완전히 다른 반면, 〈걸스〉에서 한나를 연기한 리나 더넘과의 인터뷰는 흔히 여배우와 그녀의 화면상의 역할이 유사할 수 있음을 보여 준다. 게다가, 〈섹스 앤 더 시티〉를 기반으로 한 영화들이 개봉되는 동안, 〈걸스〉는 핀터레스트Pinterest, 텀블러Tumblr, 페이스북Facebook 페이지를 사용하여 텍스트 외적 도달 범위를 확장하였는데, 이는 이 드라마가 수용자의 마음을 사로잡았으며, 수용자 또한 에피소드 방송 이후에도 오랫동안 문제가 된 이슈를 계속 탐색하기를 원한다는 사실을 입증하는 것이다.

〈내 여자 친구의 결혼식〉도 마찬가지로 여성의 우정을 예찬하고, 〈사고친 후에*Knocked Up*〉와 같은 성공적인 '역겨운' 미국 코미디의 여성적 버전을 보여 준다. 어떤 이들에게는 단순히 주연배우의 성별을 바꾸는 것만으로는 실제적인 발전이라 할 수 없다. 이 영화는 또한 주인공이 모든 장애물을 극복하고 결국 매력과 친절함을 다 갖춘 완벽한 남편을 찾는다는 상당히 전통적인 결혼 플롯을 중심에 둔 것 같다. 그런데도 유머의 사용은 매우 효과적인 것으로 판명되었으며 적어도 페미니스트는 코미디를 할 수 없다는 고정관념에 대한 도전이 되었다.

청소년 수용자를 끌어들인 《헝거 게임*The Hunger Games*》 3부작은 캣니스 에버딘이라는 캐릭터를 통해 소녀들에게 긍정적인 롤 모델을 제공한다는 주장도 있다. 소설이 성공함에 따라 [이 책의 저술 시점인] 현재까지 두 편의 영화가 개봉되었으며, 다양한 소셜 미디어 계정과 대화형 웹사이트를 포함해서 프랜차이즈와 관련한 많은 온라인 차원의 확장이 있었다. 이 콘텐츠 중 일부는 예를 들어 프랜차이즈의 두 번째 영화 개봉에 동반된 패션 기반의 '캐피톨 쿠튀르Capitol Couture' 캠페인[67]과 같이 젠더 고정관념을 강화한다고 말할 수 있다. 그러나 이것은 곧 우리가 오늘날 책과 영화에서 경험하는 유명인 및 극화된 '현실'에의 집착에 대한 신랄한 풍자의 일부라는 사실이 분명해진다. 캣니스가 이러한 것들에 의존해서 민중을 억압하는 '체제'에 맞서 싸우는 데 앞장서는 것이다.

소설을 각색한 영화 〈헝거 게임: 캣칭 파이어*Catching Fire*〉(2013)는 동료가 지켜보는 동안 자신의 무기를 휘두르는 캣니스로 시작한다. 그녀는 피타와의 관계를 책략으로 사용하고 관객에게 자신의 의도와 진정한 느낌을 내내 추측하도록 함으로써 다른 사람들의 감정을 활용하는 것처럼 보인다. 일부 평자들은 캣니스가 자신에게 유리한 방식으로 다른 사람들과 관계를 맺을 수 있도록 자신의 능력을 사용하는 것은 그녀가 지닌 주요 강점이 전통적으로 여성적임을 보여 주는 것이며, 또한 그녀는 여전히 타인의 욕망의 대상이라고 주장한다(Taber, Woloshyn & Lane, 2013). 하지만 캣니스가 제공하는 관심의 초점은 그것이 일견 자신의 감정과 가장 가까운 사람들의 감정을 희생하는 것을 의미하는 것

67 영화 〈헝거 게임〉을 홍보하기 위해 2012년 출시된 웹사이트다. 이 캠페인을 통해 현실 세계의 스토리텔링과 실제 패션 아이콘을 혼합한 〈캐피톨 쿠튀르*Capitol Couture*〉 잡지가 개발되기도 했다. — 옮긴이

으로 보일지라도, 중요한 것은 그것이 내내 체제에 대한 도전이라는 것이다. 캣니스는 여성적 환경에서 성장하며 자신의 기술과 신체적 능력에 의존하여 결정적인 경쟁자가 된다. 캣니스의 여정은 프로프, 캠벨 그리고 그 외 다른 이들이 민담 속 영웅으로 설정한 것과 밀접하게 일치하는 것으로 보인다. 반면 피타는 신체적으로나 감정적으로나 취약한 것으로 그려진다. 따라서 누구는 이 구조가 일종의 규제적 성향을 지닌 이성애 중심주의를 수반한다고 주장한다(Taber, Woloshyn & Lane, 2013). 하지만 사람들은 이 3부작이 실로 중요한 문제를 제기한다는 것과 독자는 '강한' 남성이나 여성 캐릭터를 만드는 것은 무엇인가라는 극히 단순한 개념에 의존하기보다는 "성별화된 재현을 계속 문제 삼아야 한다"(158)는 것을 인정한다.

*

이 장의 대부분은 페미니즘이라는 용어와 그것의 정치, 방법, 그리고 접근 방식이 내러티브 연구에 어떻게 영향을 미쳤는가에 대해 다루었다. 하지만 그 용어가 얼마나 사람들을 자극해서 활기차게 또는 멀어지게 할 것인가의 문제는 계속 치열한 토론 주제다. "권력과 영향력 있는 지위에 있는 여성에 대한 과소 재현"(The Representation Project; www.therepresentationproject.org)에 대해서 계속 발언해야 한다는 아이디어에는 논쟁의 여지가 많지 않다. 그런데도 근래의 이러한 캠페인 대부분은 젠더에 두는 편협한 초점을 거부하며, 대신 여성이 처한 상황을 사회 내 다른 소외 집단과 더불어 고려한다. 마찬가지로, 젠더와 섹슈얼리티 문제에 관심이 있는 여성들이 어쩌면 1980년대와 1990년대의 '여성학' 과정으로 선회했을 수도 있으나, 이제는 '젠더와 섹슈얼리티' 관련 과정들이 관심의 폭을 넓히면서, 종종 게이와 레즈비언 활동가나 간성intersex 및 트랜스젠더 캠페인을 하는 사람들을 포함하는 공동체들 사이에 논란이 되는 교차점 및 분할점을 두고 논의한다. '퀴어 서사학'이라는 용어는 1990년대 이후 문학과 미디어 및 문화연구에서 부상한 '퀴어 이론'에 응하는 일련의 연구 작업들을 가리키면서 최근에 등장한 것으로, 게이와 레즈비언 캐릭터 재현 문제를 탐구하는 것뿐만 아니라 내러티브 자체의 이성애 중심적 규범도 '버릴' 필요가 있는지 묻는다.

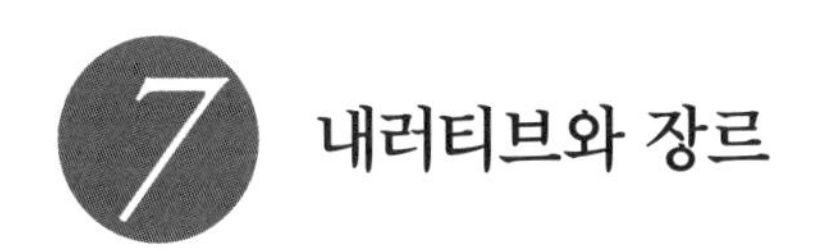

7 내러티브와 장르

"장르 없는 텍스트는 없다."(Derrida, 1990 [1980]: 61)

왜 장르를 공부하는가

장르genre는 프랑스어로 '유형' 또는 '종류'를 의미하며, 공유된 속성이나 특성을 기반으로 현상을 분류하는 방법이다. 내러티브와 관련해서, 스토리의 이야기 방식을 분류하려는 시도는 고대 고전 시대로 거슬러 올라가며, 이는 오늘날까지도 이어진다. 예컨대, 책, 음악, 비디오 게임 등을 취급하는 상점 대부분은 장르별로 이들을 정리해 놓고, 텔레비전의 경우에는 특정 유형의 프로그램 편성에 대한 시간대가 프로그램 방영 일정에 따라 명확하게 규정된다. 장르에 주목하는 작업은 개별 텍스트의 경계를 넘어 텍스트와 미디어 플랫폼을 가로질러 존재하는 패턴과 관계를 밝혀내려는 것이다. 이는 또한 내러티브의 역사적 맥락에 대한 정보를 제공하고, 문화적 규범과 가치의 반영과 형성에 미치는 텍스트의 사회적 영향을 포함해 독자의 텍스트 사용 방식에 대한 설명에도 도움이 된다.

분류 작업 및 고정된 범주에 대한 저항은 늘 패러디나 혼성모방의 형태로 존재해 왔던 것 같다. 그러나 장르 경계를 전복하고 불안하게 하며 불분명하게 만드는 행위는 포스트모던의 핵심적 특징이 되었으며, 자의식적으로 장르 관습을 드러내고 장난하며 때로는 규정을 무시하고 사실과 허구 사이의 경계를 모호하게 하면서 새로운 복잡하고 혼성적 형식을 만들어 냈다. 동시에 장르 이론은 형식주의적 분류를 넘어, 장르의 사회적 기능 및 장르의 적합성과 대중성 보장에 있어서 수행하는 독자와 수용자의 역할을 이해하고자 했다.

문학 분야에서 '장르 소설'은 종종 경멸적 용어로 사용되는데, 이러한 종류의 글쓰기와 문학적 고전을 구분하는 일은 서점, 출판사, 문학상 등에서 계속 지지를 받으며 재정의되고 있다. 결과적으로 장르에 대한 논의는 주로 고전적인 문학 텍스트에 집중되면서 내러티브 연구에는 부재한 경우가 많다. 영화 연구에서도 장르는 창의성을 억압하고 자유로운 의미 놀이를 제한하는 것으로 인식되었다(Altman, 1984). 문학과 마찬가지로 영화에서의 장르 연구도 텍스트에만 초점을 둠으로써 부정적으로 인식되었다(Neale, 2008). 또한 이러한 연구는 범주화를 위한 범주화에 몰두함으로써 과도한 구조주의와 형식주의가 최악으로 내닫는 것과 관련된다. 특별히 내러티브와 장르에 초점을 맞춘 몇 안 되는 연구들 가운데, 닉 레이시(2000)의 연구는 장르에 대한 설명에 '내러티브와 주제'를 하나의 소주제로 포함시키면서도 내러티브와 장르를 별개의 항목으로 취급한다.

텔레비전 연구자는 방송 프로그램 편성에서 특정 장르의 지배적 편성이 혁신에 장애가 된다고 보았다. 하지만 마찬가지로 특정 장르가 약화하는 현상을 비판한 때도 있다. 이는 그 장르의 주요 수용자가 주변화되거나 소외되는 것으로 보이는 경우와 관계된다. 특히 페미니즘 학자들은 영국의 솝 오페라가 전통적으로 등장인물 간의 관계와 대화에 초점을 맞추던 방식에서 벗어나, 1980년대 후반에 들어 범죄와 폭력 그리고 장수 솝 오페라 〈에머데일*Emmerdale*〉[68] 출연 배우 대부분을 사라지게 한 악명 높은 비행기 추락 사건과 같은 대규모 재난에 더 집중하는 방식에 문제를 제기했다.

대중적 장르가 제공하는 공식과 반복의 즐거움은 공연마다 공식을 수용하는 방식이 달라지는 구술 형식 시절로 돌아가게 한다(Cobley, 2014). 마찬가지로 이러한 인식은 스토리텔링에서 예술 및 혁신의 담보 조건에 대한 모호하고 불명확한 개념에 근거해 무턱대고 장르 내러티브를 무시하는 것은 게으르고 피상적인 행위임을 시사한다. 특히 현대 사회에서 "음유시인의 기능"(Fiske & Hartley, 1978)을 수행하는 텔레비전 내러티브의 경우, 우리는 프로

68 1972년부터 지금도 방영하는 영국의 장수 솝 오페라로, 요크셔 데일즈 지역의 가상의 농가 마을 에머데일을 배경으로 한다. 1980년대 후반, 비행기 추락 사고 에피소드 이후 많은 출연진이 교체되었다. — 옮긴이

그램 제작 및 편성의 특정 맥락, 그리고 프로그램 구조가 시청 습관에 어떻게 반응하고 형성되는지 고려할 필요가 있다. 존 엘리스John Ellis(1992)는 텔레비전 편성이 텔레비전의 하루 일정을 짜는 일종의 '메타화자' 역할을 함으로써 편성 담당자, 광고주, 수용자가 일반적으로 어떤 프로그램과 장르를 어디에서 찾을 수 있는지 알게 해 준다고 주장했다. 지난 장에서 논의한 바 있는 텔레비전의 여성화(Ball, 2012)는 어떤 장르가 어디에 속하는지의 문제에 대한 인식을 변화시켰을 수도 있다. 게다가, 위성 및 케이블 TV의 출현 이래 등장한 새 채널들의 확산은 이제, 예컨대 요리나 라이프스타일 프로그램 전용 채널이나 시트콤 재방송 전용 채널 등 맞춤형 채널이 특정 장르의 요구에 부응함을 의미했다. 그런데도 많은 황금시간대 텔레비전 프로그램은 여전히 매우 정형화되어 있다. 이러한 맥락에서, 탤런트 쇼[69]나 퀴즈 쇼 특유의 포맷이 끝없이 재생산되고 수출되어 나라별 자체 버전으로 제작되기도 한다. 편성 담당자나 광고주의 시점에서 볼 때 이런 프로그램은 이미 정해진 시청자를 확보하는 반면, 시청자는 채널을 선택할 때마다 자신이 즐기는 엔터테인먼트를 더 많이 보장받는다는 것을 알고 있다. 문화 비평가들의 관점에서는 이렇듯 정형화된 프로그램의 지배 현상이 한탄스러울 수 있겠으나, 산업계와 시청자의 관점을 모두 고

69 탤런트 쇼는 가수, 배우 등 연예계 관련 직종 아마추어와 지망생이 연예계 진출을 위해 공연하는 프로그램이다. 경쟁이 강화된 오디션 프로그램은 탤런트 쇼의 한 종류다. — 옮긴이

려함이 중요하다. 이들에게는 예측 가능성과 반복성이 필요한데, 이는 TV 시청 행위가 여러 다른 활동과 함께 이루어지며 수시로 '방해받을' 수 있기 때문이다(Modleski, 1983).

팬 문화는 단지 대중적 장르의 지속적인 인기만 아니라, 범주를 구분하려는 욕구가 엔터테인먼트 산업이나 장르 연구자에게만 국한되는 것이 아니라는 사실을 말해 준다. 팬들의 웹사이트 어디서나 팬이 팬을 위해 자료를 분류하고 보관하는 것을 볼 수 있을 뿐만 아니라, 슬래시 픽션, 크로스오버 픽션 또는 실제 인물 픽션과 같은 새로운 장르 및 하위 장르가 생성되는 것도 볼 수 있다. 이론가는 장르의 "텍스트 외적" 측면에 더 집중함으로써 "장르의 불확실성genre uncertainty"(Smith, 2014)이 수용자에게 주는 즐거움을 탐구할 수도 있고, 또는 뱀파이어나 좀비 내러티브와 같은 특정 장르가 어떻게 문화적 시대정신을 지배하고 사회적 불안과 편견을 전달하는 데 도움을 주는지 살펴볼 수도 있다.

장르에 대한 접근

역사와 진화

대부분의 장르 연구는 관련 용어를 정의하고 역사적 선례를 추적하는 것으로 시작한다. 이는 고대 고전 시대로 돌아가 오늘날까지 계속해서 널리 사용되고 가르친 문학을 범주화(비극, 서사시, 드라마)하는 용어의 진화를 돌아보게 한다. 고전 이론에서 장르는 안정적이고 보편적인 것으로 간주되었다. 하지만 낭만주의자들의 등장으로 "역사적으로 규정되는, 역동적인 실체"(Pyrhönen, 2007: 111)라는 장르 개념이 전통적 장르 규칙과 규범이 대변하는 "작가 개인의 감정과 감수성에 대한 폭압적인 제약"(112)에 대한 대안으로 부상한다. 형식주의와 구조주의 또한 장르 이론의 역사에서 중요한 의미를 갖는다. 이것들은 프로프의 《민담 형태론》(1928)이나 토도로프의 환상 소설(1975) 및 탐정 소설 연구(1977)처럼 특정 장르 연구를 체계화하려는 시도다. 여기에서 장르는 혁신에 대한 장애물로 간주되기보다 우리가 혁신이 의미하는 것이 무엇인지 이해하는 데 필요한 것으로 보일 수도 있고, 동시에 "규범은 그러한 위반 덕분에 가시화된다"(Pyrhönen, 2007: 112).

경직되고 융통성 없는 것처럼 보이는 것을 피하려는 장르 이론의 시도는 언어에서의 '가족 유사성family resemblances'에 대한 루트비히 비트겐슈타인Ludwig Wittgenstein의 이론을 응용한 경우와 같이 철학 이론 및 용어 활용과 연관된다. 그의 이론은 장르를 별도로 존재하는 어떤 실체가 아니라, 주변 환경에 대한 반응으로 구성된 역동적 산물로 간주하고 탐구하는 데 이용되었다(예를 들어 Fowler, 1982). 현대 장르 연구에 영향을 준 다른 언어 이론으로는 화행론speech act theory(Austin, 1962)과 미하일 바흐친(1986)의 "말의 장르speech genres" 개념이 있다. 모두 일상적인 대화와 언어도 반복되는 유형과 패턴 관점에서 이해될 수 있음을 제시함으로써 장르의 사회성을 명백히 지지하고 장르가 사회 구성체를 반영하고 그것을 형성하는 데 도움을 줄 수 있는 영향에 주의를 기울이게 한다.

장르에 관한 많은 논의는 시간의 흐름에 따른 장르의 지속과 진화 그리고 더욱 큰 자기 인식을 향해 나아가는 장르의 불가피한 궤적을 보여 주며 장르의 목적론적인 경로를 추적한다. 하지만 제인 퓨어Jane Feuer(1992)의 주장에 의하면, 이는 적어도 텔레비전에 관해서 볼 때 오해를 불러일으킬 소지가 있다. 많은 장르 이론가와 마찬가지로 퓨어는 장르가 자연적으로 또는 필연적으로 진화한다는 개념에 비판적이며, 대신 "장르란 자연의 행위가 아니라 분석가의 수사적이며 실용적인 구성물"(142)이라고 주장한다. 퓨어는 텔레비전 시트콤 분석에 초점을 두면서, 현대 텔레비전 프로그램이 분명히 "초기 형태로의 퇴행"(156)을 보이는데, 이는 언제나 "더 완벽한 형식을 향해 진보한다"는 장르 개념을 문제시하는 것이라고 주장한다. 그녀는 우리에게 텔레비전 텍스트를 별개의 실체가 아니라, 레이먼드 윌리엄스Raymond Williams(1974)가 말하듯 텔레비전의 '흐름flow'의 일부로 이해할 필요가 있음을 상기시킨다. 이러한 개념으로 보면, 프로그램들은 아주 매끄럽게 서로 섞이게 되는데, 이는 방송 프로그램들을 이어 주는 연결 문구들이 시청자에게 계속 제공되고, 시청자들 또한 그들이 원하는 채널 사이를 쉽게 오고 갈 수 있다는 사실을 알고 있기 때문에 가능해진다.

장르 정의

대부분의 장르 연구는 문제를 살펴보고 관련 문헌을 검토하는 작업으로부터, 구체적인 장르의 특징과 그 장르가 어떻게 진화했는지 밝히면서 심층 토론을 제공하는 방향으로 변화해 간다. 예를 들어, 닉 레이시는 《내러티브와 장르*Narrative and Genre*》(2000)에서 배경, 등장인물, 내러티브, 도상학, 스타일, 스타로 구성되는 매트릭스를 고안해서 범죄와 SF 장르에 적용한다. 많은 연구에서 장르는 그것은 무엇인가의 문제만큼 그것은 무엇이 *아닌가*의 문제에 의해 정의되며, 장르는 시간이 지남에 따라 진화하는 역동적 구성물로 인식된다. 모든 장르가 내러티브는 아니라는 점을 인정하는 것 또한 중요하다. 예를 들어, 시사 프로그램이나 음악 채널뿐만 아니라 많은 뉴스 담론은 필히 이야기를 하지는 않지만 분명히 어떤 유형에 속한다고 인식될 수 있는 내용을 담고 있다.

그러나 일부 이론가들은 장르 개념 자체를 정의하는 다양한 방식을 확립하는 시도에 주목해 왔다. 예를 들어, 영화 이론가 로버트 스탬Robert Stam(2000: Chandler, 1997에서 인용)은 다음과 같이 언급한다.

> 어떤 장르는 스토리 내용(전쟁 영화)을 기반으로 하지만 문학(코미디, 멜로드라마)이나 다른 미디어(뮤지컬)에서 차용하는 장르들도 있다. 어떤 경우는 출연자를 기반으로(아스테어-로저스[70] 영화) 하거나 예산을 기반으로 하고(블록버스터), 어떤 경우는 예술적 지위(예술 영화),

70 할리우드 뮤지컬 전성시대를 이끈 프레드 아스테어와 진저 로저스를 말한다. — 옮긴이

> 인종적 정체성(블랙 시네마), 지역(서부극) 또는 성적 취향(퀴어 시네마)을 기반으로 한다. (Stam, 2000: 14)

한편, 데이비드 보드웰(1989: Chandler, 1997에서 인용)은 다음과 같은 요소로 장르를 구별한다.

> 시대나 국가별(1930년대 미국 영화), 감독이나 스타 또는 제작자나 작가 또는 스튜디오별, 기술 과정(시네마스코프 영화), 주기('타락한 여성' 영화), 시리즈(007 영화), 스타일(독일 표현주의), 구조(내러티브), 이데올로기(레이건주의 영화), 장소('드라이브인 영화'), 목적(홈 무비), 관객('10대 영화teenpix'), 주체 또는 주제(가족 영화, 편집증 – 정치 영화)별 분류. (Bordwell, 1989: 148)

내러티브 기법은 예컨대, 비디오 게임의 '일인칭 슈팅,' 대화 소설dialogue novel(Thomas, 2012), 비선형 내러티브, 또는 "부자연스러운 내레이션"(Richardson, 2006)이 특징인 내러티브의 구분처럼 장르별로 텍스트를 분류하는 방법을 제공할 수 있다. 내러티브 기법이 정의를 내리기 위한 특징은 아니지만, 구조, 이야기 양식, 시점 등은 종종 장르별로 함께 분류된 텍스트들 사이의 유사점과 차이점을 확립하는 데 결정적 역할을 한다.

장르 이론은 또한 포괄적 차원에서 목적과 접근 방법을 분류하고 규정하려는 시도를 해왔다. 예를 들어, 제인 퓨어(1992)는 기존의 접근 방법을 세 가지 명칭으로, 즉 미학적, 의례적, 이데올로기적 방법으로 구분한다. 미학적 접근은 개인의 예술적 표현 및 작가의 역할과 관련하여 장르를 이해하는 데 중점을 두고, 의례적 접근은 "장르를 산업과 수용자 사이의 교환으로 보며"(145), 이데올로기적 접근은 "장르를 통제 수단으로 본다"(145).

독자와 수용자

장르에 대한 대부분의 현대적 설명은 텍스트나 텍스트 생산 방식에 대해서만이 아니라, 수용과 해석 그리고 특히 수용자가 특정 장르에서 얻게 되는 즐거움과 그 사회적 기능과 용도에 초점을 둔다. 이는 부분적으로 장르를 "마치 제우스의 머리로부터" 그리고 독자의 능력이 장르의 구성과 이해에 결정적임을 인정하려는 욕망으로부터 "완벽한 형태로 솟구친"(Altman, 1984: 8) 것으로 보는 장르 개념에 대한 조급함에서 비롯된다. 어린이 수용자를 대상으로 한 데이비드 버킹엄David Buckingham(1993)의 연구는 이러한 능력이 얼마나 일찍 개발되는지 보여 주었다. 하지만 이론가들은 수용자가 장르 관습의 일탈로부터 즐거움을 얻고(Abercrombie, 1996), 종종 SF 내러티브를 로맨스로 읽는 사례처럼, "정상적인 것에 어긋나는 읽기"에 참여한다는 점을 강조하려고 노력한다. 이것은 제이슨 미텔Jason Mittell(2006)이 "전문 수용자 boutique audience"라고 부르는 사람들에게 적용될 수 있다. 이들은 장르 관습을 해체하고 인터넷 포럼 및 소셜 미디어를 통해 다른 시청자들과 메타텍스트적 토론과 분석에 참여함으로써 복잡하고 도전적인 그리고 '재시청할 수 있는' 텔레비전 프로그램들로부터 즐거움을 얻는다.

미디어를 넘나드는 장르

장르란 "뭔가 세계에 경험적으로 존재하는 것이 아니라 어떤 추상적인 개념"(Feuer, 1992: 144)일 뿐이라는 새로운 정의 덕분에, 이 용어는 미디어를 넘나드는 내러티브를 살펴보는 데 도움이 될 수 있다. 미디어는 각각 그 관습과 규범이 다르겠으나, 수용자의 기대와 참여는 다양한 미디어 형태로 확장될 수 있을 것이다. 이러한 맥락에서 생각해 볼 수 있는 좋은 예로 영화, 텔레비전, 비디오 게임, 소설 및 그래픽 노블에서 지속해서 인기를 누리는 범죄 장르를 들 수 있다. 범죄는 다음 장에서 보듯이, 뉴 미디어 내러티브에서도 인기가 있다. 그 예로 트위터픽션Twitterfiction(8장 참조)의 첫 사례라고 할 수 있는 맷 릭텔Matt Richtel의 작업을 들 수 있다. 그는 일련의 트윗을 통해 전개되는 스릴러인 '트윌러twiller'를 실험한 바 있다.

범죄 소설은 20세기 초반부터 충성스럽고 헌신적인 추종자들에 의해 인기를 누려 왔으며, 더욱 지적인 단서 퍼즐 형식에서 연쇄살인범 내러티브와 복수 스릴러에 이르기까지 모든 취향에 부응하도록 하위 장르를 발전시켜 왔다. 다른 장르와 마찬가지로 하위 장르 간 차이점의 일부는 스타일 문제다. 그래서 하드보일드 탐정 소설은 고전 추리 소설의 매우 정중한 톤에 비해 그림을 보듯 더욱 생생하고 거칠게 보일 정도로 사실적 대화를 특징으로 하는 경향이 있다(Thomas, 2012). 한편, 하위 장르는 배경('노르딕Nordic' 또는 '타탄Tartan' 느와르[71])이나 주인공의 직업(경찰 소설, 사설탐정, 범죄과학수사관)에 의해 정의될 수도 있다. 대부분의 인기 장르와 마찬가지로, 패러디와 혼성물hybrids도 등장한다. 이들은 《내 사랑, 애버리스트위스*Aberystwyth Mon Amour*》(2001)와 《애버리스트위스의 마지막 탱고*Last Tango in Aberystwyth*》(2003)를 포함해서, 레이먼드 챈들러Raymond Chandler[72]의 세계를 웨일스 해변으로 옮긴 맬컴 프라이스Malcolm Pryce[73]의 '애버리스트위스 느와르Aberystwyth Noir' 소설 시리즈의 경우와 같이, 독자에게 형식의 과도함과 낮은 개

71 '노르딕 느와르'는 스칸디나비아 느와르Scandinavian noir, 스칸디 느와르Scandi noir라고도 한다. 일반적으로 경찰의 시점에서 쓰여지고 스칸디나비아나 북유럽 국가를 배경으로 한 범죄 소설 장르다. 전통적으로 정중한 표현을 즐기는 고전 추리 소설과 대조적으로 은유적 표현보다는 황량한 풍경을 배경으로 아주 평범한 언어를 사용하여 어둡고 도덕적으로 복잡한 분위기를 재현한다. '타탄 느와르'는 스코틀랜드와 관련되고 스코틀랜드 작가가 쓴 범죄 소설이다. 스코틀랜드 문학에 뿌리를 두지만, 20세기 중반 이후 미국 범죄 작가, 특히 하드보일드 장르 작가와 유럽 작가가 쓴 작품을 포함하여 여러 출처의 요소를 빌려온다. — 옮긴이

72 레이먼드 챈들러(1988~1959)는 현대 범죄 소설에 큰 영향을 끼친 미국 작가다. 그가 구사한 문체와 등장인물 유형은 그대로 그 장르의 특징이 되었으며, 소설 속 주인공 필립 말로는 사설 탐정의 대명사가 되었다. — 옮긴이

73 1960년생 영국 작가이며 느와르 탐정 소설로 유명하다. 레이먼드 챈들러 스타일의 글을 썼다. 그의 애버리스트위스 느와르 소설 배경은 웨일스 해변 휴양지와 이와 매우 대조적인 분위기를 보여 주는 비에 젖은 대학 도시 애버리스트위스의 거리로 설정된다. — 옮긴이

연성에서 즐거움을 찾게 한다.

스칸디나비아 범죄('노르딕 느와르') 장르는 최근 몇 년 동안 스티그 라르손Stieg Larsson[74]의 밀레니엄Millennium 3부작과, 헨닝 망켈Henning Mankell[75]의 발란데르 소설을 토대로 한 다수의 각색물과, 〈더 킬링*The Killing*〉(2007~2012)[76]과 〈더 브릿지*The Bridge*〉(2011~)[77] 같은 텔레비전 드라마를 통해 사회적 리얼리즘social realism(Thomas, 2012)을 강조하고, 여성 주인공을 전면에 내세워 장르를 재창조하면서 소설, 영화, 텔레비전 등에서 큰 인기를 얻었다. 텔레비전 내러티브는 특히 시청자에게 세부 사항에 세심한 주의를 기울이는 것을 특징으로 하는 느린 템포의 내러티브를 제공함으로써 기존의 현대 텔레비전 드라마의 틀을 깨는 것으로 보인다(Cobley, 2014). 많은 범죄 드라마의 경우, 한 시간 길이의 에피소드에 [일반적인] '추리 소설'의 구성 요소인 사실 폭로와 문제 해결이 모두 포함된

74 스티그 라르손(1954~2004)은 스웨덴의 언론인이자 작가다. 스릴러 소설 밀레니엄 시리즈를 출간하기 직전에 사망하였고, 그 후 이 책이 베스트셀러가 되면서 유명해졌다. — 옮긴이

75 헨닝 망켈(1948~2015)은 스웨덴의 전설적 스릴러 작가이며 희곡과 텔레비전 드라마 작가이기도 하다. 허구적인 인물인 발란데르 경감을 중심으로 하는 추리 소설《쿠르트 발란데르*Kurt Wallander*》시리즈로 유명하다. — 옮긴이

76 덴마크 국영 TV 채널DR1에서 2007~2012년 3시즌으로 방영한 범죄 드라마 시리즈다 코펜하겐을 배경으로 주인공인 사라 룬드 형사가 살인 사건을 수사하는 이야기다. — 옮긴이

77 2011~2018년 4시즌으로 방영한 스웨덴과 덴마크가 합작한 북유럽 느와르 시리즈다. 스웨덴 경찰인 사가 노렌이 범죄 사건을 수사하는 이야기다. — 옮긴이

다. 반면에, 〈더 킬링〉의 첫 시즌은 20시간 분량의 에피소드로 방영되어(영국에서는 2개의 에피소드가 연달아 방송됨) 시청자들의 상당한 인내가 필요했지만, 등장인물의 성격화와 플롯 구성에 있어서는 보다 깊이 있는 작업이 가능했다.

영국에서는 이 드라마들이 항상 같은 시간(토요일 밤 9시)과 채널(BBC4)에서 방송된다는 사실 때문에 이들 간의 장르적 유사성이 더 가중되면서, 이 시간은 시청자의 뇌리에 양질의 유럽 범죄 드라마가 제공되는 시간으로 확고히 자리 잡게 되었다. 얼마 지나지 않아 미국에서도 여러 네트워크의 다른 드라마들은 물론 리메이크작들이 등장하여 이렇듯 '세련된' 프로그램 스타일을 모방했는데(Smith, 2014), 특히 등장인물을 독특한 환경에 놓이게 하는 와이드 숏과 한동안 음울한 침묵의 분위기를 감돌게 하는 롱테이크의 사용이 눈에 띈다.

장르의 불확실성

〈트루 디텍티브〉에 대한 논의에서, 앤서니 스미스Anthony Smith는 탐정 및 살인 미스터리 요소를 혼합한 드라마는 시청자에게 [추리의] 방향 감각을 잃게 하는 즐거움을 주고, 그들의 예상을 방해하며, 프로그램의 장르 정체성을 불안정하게 하는 환상적이고 초자연적 요소를 끌어들인다고 주장한다. 스미스는 〈트루 디텍티브〉가 〈로스트〉, 〈트윈 픽스*Twin Peaks*〉(1990~2001), 〈톱 오브 더 레이크

Top of the Lake〉(2013~2017)[78]와 같은 다른 텔레비전 내러티브와 함께 대체 이들이 어떤 드라마인지 알 수 없게 하는 불안감을 공유한다고 주장한다.

스미스의 글은 독자나 시청자가 특정 장르가 제공하는 경험과 느낌을 더 많이 원하면서도 놀라움과 추측을 계속하고 싶어 하는 것 사이에서 느끼는 긴장을 분명히 드러낸다. 스미스의 입장에서 보면, 이러한 드라마 시청의 큰 즐거움인 불확실성을 제거한 〈트루 디텍티브〉의 마무리 부분은 실망적이다. 결말은 종종 이렇듯 강력한 반응을 일으키는데, 이는 통상 예상되는 결과가 장르에 따라 대개 규정되기 때문이다. 예를 들어 우리는 로맨스 소설이 해피엔딩으로 끝나길 기대한다. 하지만 오늘날의 다양한 작품들은 종종 이러한 기대에 대한 도전과 전복을 시작했으며, 그 예로 내용적으로 내러티브의 초점이라고 할 수 있는 관계 회복에 대한 미래적 전망이 부재하는 것으로 끝나는 영화 〈500일의 섬머〉의 결말 부분을 들 수 있다.

78 영국 BBC 네트워크에서 2013년 시즌 1, 2017년 시즌 2를 방영한 미스터리 드라마 시리즈다. 제인 캠피온Jane Campion이 연출했으며 성폭행 전문 여자 형사의 사건 수사를 그린다. — 옮긴이

분석: 실화 내러티브

최근 실화 내러티브에 대한 논의를 주도한 것은 '리얼리티 TV'의 부상과 관련된다. 하지만 이 장르의 인기는 영화('실화를 바탕으로 하는' 시네마 베리테cinema vérité)와 '실화true life' 잡지(《클로저*Closer*》, 〈리빌*Reveal*〉, 〈그런 게 인생이다*That's Life*〉 등)에서도 여실히 드러난다. 초기 소설은 종종 실화를 이야기하는 것이라 표방하며, 독자에게 그들이 관여하는 비밀과 음모 이야기가 실제 관련된 사람들에게 심각한 결과를 초래할 수 있다는 느낌을 주려고 등장인물이나 장소에 대해 노출된 세부 사항을 숨기는 척하면서 독자들에게 강한 현실감을 제공하려 했다. 모더니즘과 포스트모더니즘 내러티브는 종래의 현실 개념을 무너뜨리고 이에 대한 근본적인 도전을 시작하면서, 공유된 현실이나 진실이라 추정될 수 있는 것에 대해 더욱 커다란 문화적 불확실성을 반영한다. 장 보드리야르Jean Baudrillarde(1994)의 '하이퍼리얼' 개념을 통해서 보면, 현대에서 독자와 수용자는 현실감을 느낄 수 있는 접촉 기회를 상실하고 중재된 버전의 경험에 의존한다. 리얼리티 TV를 포함하여 많은 현대 내러티브는 수용자에게 '실제 사람들'이 등장해 주어진 대본에 있는 말을 전하기도 하고, 유명한 연예인이 화면을 통해 자신과 관련된 은밀한 진실을 드러내는 '구성된 현실'로 꾸민 쇼와 사건을 소개하면서 **하이퍼리얼리티**hyperreality 개념을 부담 없이 내세운다.

그런데도 유튜브와 같은 뉴 미디어 플랫폼은 실생활에서 일어나는 사건에 대해 (아주 사소한 것일지라도) 일인칭 내러티브 형식을 통해 감정적인 생동감을 그대로 보여 주어 수용자에게 격렬한 정동 경험을 제공함으로써 그러한 방식이 여전히 소구력이 있음을 입증한다. 심리학자들은 특히 일종의 잠재적 힐링, 해방감, 치유(예를 들어 Frank, 1997), 또는 하나의 규범으로서 '삶'의 본질에 대한 공유된 이해를 낳는 "경험을 체계화하는 비결"로서 자전적 이야기life narrative에 관심이 있었다(Bruner, 2004). 이러한 맥락에서, 그러한 장르가 "인간 유전체human genome에 내장된 것은 아닌가"(Bruner, 2004: 697)라는 질문이 제기되기도 했으며, 이러한 질문은 "삶의 행로를 묘사할 수 있는 내러티브 모델은 어떤 문화의 특징을 나타내는 중요한 방법의 하나가 될 수 있다"(Bruner, 2004: 694)는 생각에 편승해서, 이 자전적 이야기들이 취할지도 모를 형식을 찾아내는 일에 주목했다.

장르에 대한 다양한 접근 방식을 분류하면서 퓨어(1992)는 "문화가 스스로에게 말하는" 방식(145)에 집중하는 의례적 접근에 대해 설명한다. 우리가 이러한 시선으로 현대의 실화 내러티브를 본다면, 내러티브 모델은 [우리를 감동시키거나 흥분시키는] 선정적인 것과 [극적] 변화를 특히 강조하는 것처럼 보일 것이다. 하지만 변형된 버전의 내러티브 일부에서는 '일상성everydayness'에 대한 강조가 더 중요할 수 있다. 예를 들어, 실화 잡지와 리얼리티 텔레비전은 사람들이 삶에서 마주하게 되는 위기의 순간에 더 집중하는 편이지만, 비디오 일기나 페이스북 업데이트 등의 특징은 진부하거나 사소한 듯한 활동을 다루는 데 있다.

1장에서 논의한 바와 같이 구조적으로 많은 실생활 내러티브는 주인공이 마침내 인정을 받고 자신이 추구하던 보상을 획득하기에 앞서 다른 사람의 도움을 받아 장애를 극복하는 영웅 이야기에 기반을 두는 프로프의 모델을 따른다. 탤런트 쇼, 요리 대회 또는 실화 잡지에 실린 역경을 극복하는 이야기들은 모두 이러한 패턴을 따르는 경향이 있다. 리얼리티 TV는 내러티브 시간(3장에서 논의됨) 측면에서도 흥미롭다. 왜냐하면 이 경우 사건을 서술하는 시간과 서술되는 사건의 시간이 거의 일치하는 주네트의 '장면scene'에 아주 가깝기 때문이다.

퓨어가 논의하는 장르에 대한 미학적 접근을 채택하여 그 관습 및 작가 특유의 양식에 초점을 두고 보면, 실화 내러티브는 (특히 텔레비전의 경우) 틀림없이 민담이나 동화의 원형과 패턴, 특히 주인공의 마법적 변신과 관련되는 아이디어를 이용하는 것이 확실하다. 라이프스타일 및 메이크오버makeover[79] 프로그램에서는 전문가나 전문가 패널이 종종 프로그램 중에 주인공에게 조언하고 안내 역할을 함으로써 프로그램 끝부분에서는 친구와 가족이 함께 공유하는 큰 '폭로'가 이어진다. 실화 내러티브는 또한 민담과 더불어 단순한 도덕적 틀과 같은 것을 공유함으로써 주인공을 악당에 맞서게 하고 주인공이 변신을 통해 자신을 더 나은 사람, 즉 더 아름답거나 날씬하거나 DIY에 더 능숙한 사람 등으로 만들 수 있음을 암시한다.

79 메이크오버(변신 등의 뜻) 프로그램은 여러 형태의 문제를 개선하고 변화하는 과정을 다룬다. — 옮긴이

1990년대 이후 리얼리티 TV의 등장과 더불어 포맷의 내러티브화가 늘어나면서(Dovey, 2008) '등장인물' 및 그들의 위기에 더욱 집중하게 되었다. 참가자들이 카메라에 장단을 맞추면서, 퍼포먼스로서의 자아 개념이 끊임없이 새로워지고, 종종 화면 내의 자아와 밖의 자아 사이의 경계가 더 허물어지고 서로 섞이게 되어, 실화 참가자들이 유명 연예인의 지위를 획득하게 된다. 이렇듯 계획된 자아 개념은 특히 메이크오버 프로그램에서 분명히 드러나는데, 여기에서 참가자들과 그들을 안내하는 전문가들은 끊임없이 그들이 어떻게 보이고 어떻게 자신을 표현하는지 관찰하고 평가하기 때문에 그들 스스로 자신을 감시한다는 생각이 끊이지 않는다.

어떤 비평가는 리얼리티 TV를 끊임없이 새로운 변종을 낳고 있는 "야생 장르feral genre"(Hill, 2007)로 묘사한다. 하지만 리얼리티 TV는 참가자들의 불안과 주목을 끌기 위한 간절한 욕망이 수용자의 오락과 및 욕구 충족을 위해 전시되는 현대의 "프릭쇼"(Dovey, 2000)에 다름없다는 비판도 자자했다. 비평가들은 또한 TV에서 '생방송'이라는 특전 배후에 있는 이데올로기적 가정들(Couldry, 2004) 그리고 이들이 우리에게 제공하는 모든 것은 현실에 대한 [순진한] "민중 이론folk theory"[80](Ryan, 2006)임을 강조했다.

그러므로 퓨어(1992)가 말하는 장르에 대한 이데올로기적 접

80 이 이론이 제시하는 '현실'은 구체적인 증거나 지식 또는 사실에 근거하는 것이 아니라 사람들이 지닌 일반적인 개념이나 믿음 등에 기초한다. — 옮긴이

근은 이러한 내러티브의 창작자가 수용자에게 도덕적 진보를 물질적 소유와 연관시키거나 성공을 위해서는 어떤 대가를 치르더라도 경쟁자를 물리치는 것이 필요하다는 개념을 받아들이게 하는 방식에 주목할 수도 있다. 토비 밀러Toby Miller(2010)가 말했듯이 "리얼리티 TV는…… 탐욕, 소유적 개인주의possessive individualism, 과잉 경쟁, 상품화"(160)로 가득 차 있다. 이러한 세계관 관점에서 문제가 되고 장애가 되는 것은 사회적인 것이 아니라 개인적인 것, 즉 개인적 책임의 문제이기 때문에 그것은 인내나 기술 또는 순전히 행운에 의해 쉽게 극복된다. 영국에서 리얼리티 TV는 특히 계급에 대한 표현 문제로 비판되었다. 노동 계급이 참가하는 프로그램 경우 이들을 자격이 없는 게으른 사람으로 그리는 경향이 있지만, 상류 계급이 등장하는 프로그램은 이들의 무절제를 코믹하거나 심지어 열망의 대상이 되는 것으로 묘사한다.

이데올로기적 접근은 또한 리얼리티 TV의 부상을 텔레비전 산업과 사회에 더욱 광범위하게 영향을 미치는 더 폭넓은 변화의 맥락에서 이해해야 할 필요가 있을 것이다. 문화 평론가들은 검증된 공식의 재생산이라는 상업적 견지에서 주어지는 명백한 이익뿐만 아니라, '권위 있는 인물'이나 유명인에 대한 거부로서 '보통' 사람들을 주목할지도 모른다. 반면, 실시간 내러티브에 대한 욕구는 우리가 시사 문제에 뒤처지지 않고 서로 즉각적인 것처럼 보이는 소통을 가능하게 하는 뉴 미디어의 부상이라는 맥락에서 이해할 수 있다.

유리 마골린Uri Margolin(1999: 161)은 "지금은 살고, 나중에 말하기"가 아니라 "살아가면서 말하는" "동시적 내레이션"에 대한 논의에서, 이것은 현대 문화에서 지배적인 TV의 힘이 만들어 낸 "살아가는 그대로의 삶life as lived" 형식의 내러티브에 대한 보다 일반적인 편견의 일부라고 주장한다. 텔레비전의 '**현재성**nowness'에 대한 존 피스크의 분석은 이와 관련해서 특히 영향력이 있다. 이 개념은 수용자가 화면에서 묘사되는 사건의 일부를 느끼게 되는 순간과 방식에 집중하는 행위의 힘을 요약적으로 설명해 준다. 피스크에 따르면, 이것은 텔레비전이 '생방송' 이벤트를 전달할 수 있다는 사실에 관한 것만이 아니라, 텔레비전 내러티브가 어떻게 우리의 틀에 박힌 일상과 삶에 특별하게 파고드는지 그리고 우리가 몇 달, 심지어 몇 년에 걸쳐 그들의 이야기를 지켜보는 사람들의 감정을 공유하도록 초대하는지의 문제에 관한 것이다.

하지만 앞서 말했듯이, 장르 이론은 점점 더 수용자가 단지 그들의 행복감을 유지시키려고 끝없이 재생산되는 공식에 대한 수동적 수취인이 아니라, 장르가 계속 새롭게 개발되어 현재의 사회·문화적 현실을 반영하게 되는 과정에 개입하는 창조적이고 비판적인 참여자라는 생각을 받아들인다. 많은 리얼리티 프로그램이 전화 참여나 소셜 미디어를 통해 수용자 참여를 유도하는 한편, 수용자는 이와 같은 '공식' 커뮤니케이션 채널과 더불어 그들의 참여 의사나 걱정거리를 표명하는 그들의 비공식 수단도 확보한다. 라이언(2006)이 주장하듯이, 텔레비전 시청자는 카메라 효과에 대해 그리고 리얼리티 TV가 어떻게 대본과 상호텍스트성에 의존하는지 잘 이해하고 있다. 리얼리티 TV 수용자는 자신의 시청 습관과 관련하여 기본적으로 비판적 태도를 보이는 것으로 알려져 있다(Hill, 2008). 이들은 프로그램의 부조리함과 억지로 꾸민 듯한 부자연스러운 플롯 장치 그리고 이러한 것들을 참고 견디는 자신 등에 대해 비판적이다.

미국 리얼리티 프로그램 〈서바이버*Survivor*〉에 대한 라이언의 연구는 내러티브 이론가가 장르 연구에 개입한 환영할 만한 일이지만 또한 흔치 않은 일이기도 하다. 어쨌든, 내러티브 이론가들이 내레이션 방식이나 사건의 구조화를 분석하기 위한 용어와 모델을 제공하는 등 형식 관련 논의에 기여할 일은 적지 않다. 다양한 내러티브 수준 간의 경계가 무너지고 실제와 허구가 겹치는 부분에 대한 불확실성이나 혼란이 야기되면서, 특히 서사학적 메털렙시스 개념(3장에서 논의됨)과 관련하여 이 분야에서 해야 할 추가 작업의 여지가 남아 있다.

*

장르가 21세기 내러티브를 분석하는 데 유용한 용어인지 아닌지에 대한 논쟁은 계속되고 있다. 니콜라스 애버크롬비Nicholas Abercrombie(1996)가 언급했듯이, 적어도 "장르들 사이의 경계는 움직이고 있으며 더욱 상호 침투적으로 되어 가고 있음이 분명하다"(46). 어떤 이들은 프로그램 편성표가 특정 시간대의 방송물 선정에 결정적인 영향을 주는 텔레비전과 같은 맥락에서 이러한 유동성과 역동성을 환영할 것이다. 그러나 장르 관습이 어떻게든 혁신을 저해한다는 생각은 장르가 진화하고, 결합하고, 재결합하는 방식을 지적함으로써 쉽게 검증될 수 있다. 게다가, 장르 이론이 수용자와 점점 더 많이 관계함에 따라, 왜 일상적인 것과 친숙함이 특정 종류의 내러티브에서 얻는 즐거움의 중요한 측면이 될 수 있는지 더 잘 이해할 수 있게 된다. 다음 장에서 보게 되겠지만, 대중적이고 오래된 장르는 뉴 미디어 형식이 보여 주는 내러티브에 널리 퍼져 있다. 따라서 장르가 작가와 제작자 그리고 수용자 모두에게 어떻게 작동하는지 이해하는 것은 계속 연구되어야 할 중요한 문제다.

8 뉴 미디어 내러티브

"현재의 우리가 바로 우리이며 우리는 짧은 빛 속에서 우리 자신을 보지만 항상 다음에 올 것의 그림자 속에 살고 있다." (Joyce, 2001: 81)

디지털 기술은 우리가 스토리를 말하고 소비하는 방식에 혁명을 일으켰다. 물론 세계의 몇몇 지역에서는 이러한 기술에 대한 접근이 당연한 일이 아닐 수 있고, 그래서 여전히 전통적인 구술 스토리텔링 방식이 지배적일 수 있다. 그러나 가장 부유한 산업화 국가의 마을과 도시를 거닐다 보면, 사람들이 스마트폰, 태블릿, 그리고 조만간 아마 가상 현실 헤드셋을 착용하고 종종 이야기 형식의 콘텐츠를 소비하는 모습을 보게 될 것이다. 일부 평자들은 디지털 기술이 가져온 주요 변화와 혁신 중 하나는 사람들이 이런 콘텐츠를 개인화하고 커스터마이즈하는 능력, 심지어는 인스타그램이나 유튜브 또는 트위터를 통해 자신의 스토리를 이야기하면서 자신만의 콘텐츠를 만들어 내는 능력이라고 말한다. 또한 신기술은 이동 중 다양한 스토리에 접근하고 다양한 플랫폼에 걸쳐 스토리를 팔로우하며 공유할 수 있는 더 많은 기회를 제공한다.

이러한 변화가 제기하는 근본적인 질문 중 하나는 디지털 시대를 맞아 사람들이 이야기하고, 소비하고 재순환하는 방식의 변화를 설명할 수 있는 새로운 내러티브 모델의 필요성 문제다. 분명히, 치코리코(2014)의 말처럼, "디지털 소설이 내러티브와 문학 이론에 대해 말해 줄 수 있는 것에서 얻을 게 많이 있을 것이다"(39). 어떤 이야기가 양장본 책이나 평면 TV가 아닌 휴대용 기기를 통해 경험된다면, 그것은 여전히 '동일한 이야기'일까? 개개인이 쉽게 콘텐츠를 만들고 더 넓은 세상과 자신의 이야기를 공유하는 생비자prosumer 시대에도 작가와 독자의 구별이 의미가 있을까? 끊임없이 편집되는 위키피디아 항목이나 끊임없이 업데이트되는 타임라인 속으로 사라지는 트윗을 이야기하는 시대에 '텍스트'에 대한 모든 개념은 시대에 뒤처진 것일까?

전자 '하이퍼텍스트' 소설

훨씬 더 급진적인 것은 뉴 테크놀로지의 어포던스에 호응하고 이를 활용하는 이른바 '본 디지털born digital'[81] 내러티브가 제시하는

81 종래 종이 기반의 아날로그 형식과 달리 디지털 형식으로 생산, 저장, 유포되는 모든 콘텐츠를 가리키는 개념이다. 이는 실제 종이에 기록된 아날로그 자료를 디지털

도전적 과제들이다. 이미 1980년대 작가들은 디지털 미디어의 하이퍼텍스트 링크로 인해 촉발된 가능성을 실험하기 시작했다. 마이클 조이스Michael Joyce, 스튜어트 몰스롭Stuart Moulthrop과 같은 하이퍼텍스트 소설 선구자들은 독자가 소설의 '탐색navigate' 방식을 선택할 수 있다는 개념을 활용하였다. 이러한 경우 각 독자들의 읽기는 각각 고유한 반복 불가능unrepeatable한 행위가 되며, 이는 스토리를 고정적인 것으로 간주하여 밝혀낼 수 있는 플롯을 가지고 있다고 보는 개념을 근본적으로 흔들어 버린다.

초기 전자 소설 이론가들이 가장 먼저 주목한 사람은 바르트였다. 그들은 '저자의 죽음'에 대한 논쟁을 부활시키고 텍스트를 해방시켜 텍스트의 의미 구성에 있어서 더욱 적극적인 독자 역할의 필요성을 제시하기 위해 바르트가 처음 사용한(2장과 5장에서 논의했다) '렉시아'와 같은 용어를 되살려냈다. 전자 텍스트는 책에 기반을 두는 종래의 내러티브 개념에 대한 근본적인 도전이다. 전자 텍스트는 장章, 절節, 페이지로 구성되는 것이 아니라, 빵부스러기 같은 흔적들만으로는 그 과정을 되짚어갈 수 없는 렉시아와 분기 경로branching pathways로 구성된다.

전자 텍스트는 그때그때 존재하는 테크놀로지에 의존하기 때문에, 작가, 독자, 교육자, 도서관 사서는 자신이 의존하는 테크

화한 디지털 재포맷의 경우와는 다르다. 주요 사례로 디지털 문학, 디지털 커뮤니케이션, 디지털 사진, 디지털 아트, 디지털 저널리즘, 디지털 오디오와 비디오 콘텐츠 등을 들 수 있다. — 옮긴이

놀로지의 "계획된 노후화planned obsolescence"[82](Fitzpatrick, 2011)에 신속하게 대응해야 했다. '진지한 하이퍼텍스트serious hypertext'를 표방하는 온라인 출판사인 이스트게이트Eastgate는 맥과 윈도우 모두에 사용할 수 있는 자체 '글쓰기 환경Writing Environment'인 스토리스페이스Storyspace[83]를 고안했지만 희생이 컸다. 하이퍼텍스트 소설 초기에 독자는 플로피 디스크, 그다음에는 시디롬CD-ROM에 의존했는데, 이들이 어떤 경우에는 단 하나의 운영 체제에서만 사용할 수 있으므로 호환 가능한 버전을 찾는 일에 불만이 컸을 것이다.

나중에 케이틀린 피셔Caitlin Fisher의 《이 소녀들의 파도*These Waves of Girls*》(2001)[84]와 같은 하이퍼텍스트들이 웹에서 무료로 제공되면서, 출판사와 편집자, 마케팅 담당자 등을 가리키는 모든 전통적인 게이트키퍼 개념은 의미가 없어져 버렸다. 피셔의 하이퍼

82 기업이 의도적으로 수명 제한이 있는 상품을 만들어, 일정한 기간이 지나면 새로운 상품의 판매 촉진을 위해 기존 상품을 고의로 쓸모없는 것으로 만드는 행위다. — 옮긴이

83 하이퍼텍스트 소설을 만들고 편집하고 읽기 위한 소프트웨어 프로그램이며, 인쇄용 픽션과 논픽션을 쓰고 구성하는 데 사용할 수도 있다. 1987년에 처음 발표되었으며 이스트게이트 시스템이 관리하고 배포한다. — 옮긴이

84 초등학교 소녀들이 청소년기로 전환되는 과정에서 겪는 경험과 감정, 성적 호기심을 주제로 만든 전자 하이퍼텍스트 소설이다. 주어진 텍스트에 시청각적 요소를 결합해 표현할 수 있는 범위와 영역을 다감각적으로 확대할 뿐 아니라, 독자가 링크를 클릭해 원하는 스토리로 이동하는 다중 형식 스토리 형태를 띠면서 하이퍼텍스트 소설의 형식을 한 단계 발전시켰다고 평가된다. — 옮긴이

텍스트 소설은 사운드와 이미지 그리고 비디오를 결합하는 방식이어서 초기 모델에 비해 훨씬 다양식적이었다. 따라서 그것을 단순히 '읽는다'는 면에서 경험을 말하는 것은 더욱 어려웠다.

뉴 미디어 서사학자인 마리로르 라이언은 인터랙티브 소설과 그 가능성에 대해 광범위하게 책을 썼다(예컨대 Ryan, 2001, 2006). 하지만 그녀는 "하이퍼텍스트에 대한 과잉 선전"(Ryan, 2002)에 강경하게 맞서 그것은 대학 교수 외에는 거의 읽지 않는다고 목소리를 높였다. 최근 아스트리드 엔슬린(2007)과 앨리스 벨Alice Bell(2010)과 같은 '제3 물결' 비평가들이[85] 재검토한 바에 따르면, 전자 소설에 관한 연구는 제1 물결 및 제2 물결 비평가들의 경우처럼 기존의 인쇄 소설과 비교하거나 그에 대해 단지 추상적으로만 말할 것이 아니라, 그것이 의존하는 구체적인 기술의 어포던스 맥락에서 글쓰기에 대한 면밀한 분석을 제공하는 다른 접근 방법을 요구한다. '제3 물결' 비평은 또한 전통적인 인쇄 기반 산문 소설 경우만큼이나 쉽게 비디오 게임이나 멀티플레이어 롤 플레잉 게임과의 유사점을 비교해 볼 수도 있다는 사실에 의해 특징 지어진다. 하지만 제3 물결 비평가들은 또한 고전 서사학에

85 여기서 '물결wave'은 창의적인 전자 문학 실천 및 관련 논의의 변화를 가리키는 개념이다. 1995년경 하이퍼텍스트 기술을 활용하지만 다소 기존의 책과 같은 미학적 형식을 따르는 제1세대 비평가들의 등장 이후, 2002년 하이퍼텍스트 미디어 개념에 주목하는 제2세대, 2005년 이후 트위터 인스타그램을 이용하는 사이버 텍스트 개념을 제한한 제3세대, 그리고 소셜 미디어 문학이라는 용어를 고안해낸 제4세대로 이어진다. — 옮긴이

힘입은 바 크며, 이인칭 '너you'의 사용과 같은 인터랙티브 소설의 특정 기능 중 일부를 설명하는 데 바르트뿐만 아니라 주네트의 논의도 활용한다(Bell & Ensslin, 2011).

하이퍼텍스트 작가들이 개척한 많은 기술이 현재 웹 문서와 같은 디지털 내러티브에 영향을 미치고 있음을 제시하는 증거도 있다. 분기 구조와 인터랙티브 기능은 사용자가 뉴스 스토리 및 스토리에 관련된 사람들에 대해 더 깊이 파고들 수 있게 한다. 예를 들어, 〈너의 등에 셔츠를*The Shirt on Your Back*〉(http://interactive.guim.co.uk/next-gen/world/ng-interactive/2014/apr/bangladesh-shirt-on-your0back/)은 사용자에게 영국에서 판매되는 의류가 어떻게 생산되는지 탐구하도록 권하는 인터랙티브 다큐멘터리다. 이 작품은 공장에서 일하는 사람들의 개별 이야기들에 초점을 맞추어, 사이트를 탐색하는 데 소비하는 시간을 그들이 받는 임금 및 소매상이 창출하는 이윤과 연결시킨다. 여기서 이인칭의 사용이 사용자의 노동자 착취를 암시하는 반면, 인터랙티브 기능은 노동자의 수입과 소매업체가 창출하는 이윤 사이의 격차라는 부당함을 강력한 논증을 통해 강조한다.

게임학 대 서사학

인터랙티브 형식의 이러한 내러티브들이 지닌 '게임'과 같은 특징은 비디오 게임이 어느 정도로 영화나 문학 형식의 내러티브와 함께 논의될 수 있는지에 대한 격렬한, 때로는 격앙된 논쟁을 불러왔다. 게임이론 연구자인 에스펜 오르세트Espen Aarseth는 플레이어/사용자의 개입이 아주 중요하고 플레이어가 여러 가지 가능한 결과를 가지고 실시간으로 펼쳐지는 사건을 경험하는 형식을 가리키는 '에르고딕 문학ergodic literature'[86]이라는 용어를 만들었다. 이러한 관점에서 보면, 비디오 게임은 게임의 맥락을 제공하는 스토리 같은 요소나 내러티브적인 겉모습을 담고 있다. 하지만 이는 영화와 같은 내러티브 형식에 훨씬 가까워 주로 게임이 불가능한 '컷 신cut scenes'[87] 같은 특정 부분에 국한될 수 있다. 그러나 우리가 보게 되겠지만, 비디오 게임이 결코 구조와 통제/자유에 대한 문제가 제기되는 유일한 내러티브 형식은 아니다.

종종 연구자들은 근래의 게임이 점점 더 내러티브를 차용하는 방향으로, 심지어는 소설 같은 기법을 채택하는 방향으로 변화한다고 주장한다. 예를 들어, 서바이벌 게임인 "더 라스트 오브 어스"(2013)에서 이용자는 보이스오버를 통해 주인공의 내면

86 특히 사이버 텍스트 개념과 연관되어 있으나, 독자가 텍스트를 탐색하는 데 사소하지 않은 특별한 노력이 필요한 모든 종류의 문학을 가리킨다. 에르고딕 텍스트를 만들기 위해서는 이야기의 전달을 위한 사진, 도표, 지도, 인터뷰 기록, 뉴스 스크랩, 비디오 클립 등이 포함된다. 따라서 이러한 문학은 미디어가 아니라, 텍스트가 기능하는 방식으로 규정되며, 독자는 이야기를 만들어 내는 과정에 적극적으로 상호 작용적인 차원의 참여를 한다. — 옮긴이

87 비디오 게임 중간에 스토리를 진행하기 위해 삽입하는 영화적 내러티브 부분으로, 일반적으로 플레이어의 상호 작용이 불가능하다. — 옮긴이

을 엿볼 수 있다. 게다가, 많은 비디오 게임은 우리가 텔레비전이나 영화를 통해 익숙해진 기존의 스토리 세계나 장르 관습을 기반으로 만들어진다. 그 예로는 도시 스릴러urban thriller에서 아이디어를 가져온 "L.A. 느와르L.A. Noire"(2011)나 "맥스 페인Max Payne"(2008)을 들 수 있다. 근래에는 일부 게임이 메타픽션 장치를 이용해 수용자를 "내러티브 의미에 창의적으로 개입"(Ensslin, 2012: 143)하게 함으로써 "픽션적 문학 예술 게임fictional literary art games"(144)이나 "게임-문학 하이브리드ludic-literary hybrids"(Ensslin, 2014: 77)와 같은 새로운 범주를 만들어 낸다는 논의도 있다. 게임 디자인이나 게임 플레이의 접근 방식과 전통적으로 언어와 텍스트성에 주목하는 고전 서사학 전통을 결합한 '게임서사주의ludo-narrativism'와 '게임서사학ludo-narratology' 등의 신조어가 만들어지기도(Ensslin, 2014: 83) 했다.

위치 기반과 모바일 스토리텔링

킨들, 아이패드, 스마트폰 등과 같은 장치를 사용하게 되면서 이동 중에 내러티브를 읽거나 보기가 훨씬 쉬워졌다. 일본에서는 휴대 전화 소설과 같은 형식도 등장하였으며, 모비소드mobisodes[88] 같

88 방송 콘텐츠를 휴대폰에 적합한 영상 콘텐츠로 변환하는 것을 말한다. — 옮긴이

은 것은 인기 TV 프로그램의 에피소드를 이동 중 즐길 수 있는 포맷으로 압축해 준다. 스마트폰은 지오로케이션geolocation 앱[89]을 사용해 사용자가 자신의 위치를 친구 및 가족과 공유하면서, 지도나 포스퀘어Foursquare와 같은 체크인 앱을 통해 사진이나 비디오를 업로드하거나 여정을 추적할 수 있게 한다. 예를 들어, 사용자가 셰익스피어로 유명한 런던과 같은 역사적이거나 문학적인 장소를 여행하면서 스토리와 정보에 액세스할 수 있는 많은 앱이 있는데, 이들은 작가들이 수세기 동안 구축하려고 시도한 특별한 '장소감sense of place'을 향상시킬 가능성을 갖고 있다.

참여 내러티브

'본 디지털' 내러티브가 일정 정도 창작자와 수용자 모두의 기술 노하우에 의존한다면, **참여 내러티브**participatory narratives는 사용자가 콘텐츠를 자유롭게 생성하고 공유할 수 있도록 하는 현대 온라인 문화의 잠재력을 찬양하는 개념이다. 헨리 젱킨스Henry Jenkins는 자신의 획기적인 연구(Jenkins, 2006b)에서 참여 문화를 "예술적 표현과 시민 참여의 장벽이 상대적으로 낮은" 문화라고 정의한다. 커뮤니티 개념은 젱킨스에게도 중요한데, 이는 "자

89 유무선망에 연결된 휴대 전화, 컴퓨터 등 기기의 지리적 위치 정보를 말한다. — 옮긴이

기 작품의 창작과 타인과의 공유에 대한 강력한 지지"를 표현하며 해당 커뮤니티의 구성원들이 "상호 일정 정도 사회적 유대를 느끼는" 공간이다. 참여는 다양한 형태를 취할 수 있다. 젱킨스에 따르면, "모든 구성원이 그래야 하는 것은 아니지만, 누구나 준비가 되었을 때 자유롭게 기여할 수 있고, 그들이 기여한 것은 적절하게 평가될 것"이라는 믿음을 가져야 한다. 점점더 내러티브 텍스트는 예컨대, 〈맘마 미아*Mamma Mia*〉(2008)의 싱어롱 상영[90]이나 시크릿 시네마Secret Cinema[91] 참가자들이 실제 실물 규모의 영화 세트를 오락거리 삼아 탐사하는 '몰입 경험'을 제공함으로써 수용자들의 참여를 독려하는 방식으로 경험될 수 있다.

젱킨스의 연구는 주로 팬 문화와 연관된다. 그는 저서 《텍스트 밀렵꾼들*Textual Poachers*》(1992)에서 강박 관념에 사로잡혀 있는 사람이라는 팬에 대한 잘못된 고정관념을 지적하고, 그들이 헌신

90 관객이 수동적으로 영화를 감상하는 전통적인 영화 관람 경험과 달리, 관객이 음악 영화를 관람하며 의상을 차려입고 배우와 함께 화면에 나오는 가사를 따라 노래를 부르며 즐기는 현상을 가리킨다. 관객의 능동적인 참여가 요구된다. 대표적인 예로 〈로키 호러 픽처 쇼*The Rocky Horror Picture Show*〉(1975), 〈맘마미아〉, 〈겨울왕국〉, 〈보헤미안 랩소디*Bohemian Rhapsody*〉(2018) 등을 들 수 있다. —옮긴이

91 파비앙 리갈Fabien Riggall이 2007년 영국 런던에서 설립한 몰입형 영화 및 텔레비전 이벤트를 전문으로 하는 엔터테인먼트 기업이다. 처음에는 런던의 비공개 장소에서 시작했으며 특수 제작된 세트 위에서 인터랙티브 공연을 포함하였다. 현재까지 70개 이상의 작품이 제작된 이 이벤트에는 하룻밤에 5,000명에 이르는 사람들이 참여하여 5시간 동안 세상을 탐험하고 캐릭터와 소통하며 스토리 일부가 되는 대규모 경험을 한다. — 옮긴이

적으로 몰두하는 대상을 중심으로 전개하는 창의적인 참여 활동에 대해 갈채를 보내야 한다고 주장한다. 팬 문화는 고유한 언어와 독특한 형태의 내러티브를 개발했다. 예를 들어 크로스오버 소설은 고전 소설의 캐릭터, 예컨대 제인 오스틴Jane Austen이 쓴 《오만과 편견*Pride and Prejudice*》의 다아시와 엘리자베스를 〈뱀파이어 해결사*Buffy the Vampire Slayer*〉[92]와 같은 현대 미디어 프랜차이즈 캐릭터와 '교배cross'를 시킬 수도 있다. 대체 우주alternate universe 소설은 우리가 익숙한 캐릭터를 예상치 못한 새로운 환경에 놓이게도 한다. 그 예로 다아시와 엘리자베스가 미국에 있는 고등학교에 다닌다거나 해리 포터Harry Potter 시리즈의 캐릭터가 외계 행성으로 이동하는 스토리 같은 경우를 들 수 있을 것이다.

팬이 만든 콘텐츠는, 예를 들어 장르, 캐릭터 페어링, 또는 '성인용' 콘텐츠 포함 정도를 토대로 하는 등급 체계에 따라 스토리를 정리하는 등 팬 사이트에 공동으로 큐레이팅[93] 되고 보관된다. 팬 문화는 보통 "민주적"(Pugh, 2005)이라는 찬사를 받기도 하지만 "팬타고니즘fan-tagonisms"[94](Johnson, 2007)이 부각될 수도 있다.

92 조스 위던Joss Whedon이 작가이자 감독을 겸한 미국 텔레비전 드라마 시리즈다. 뱀파이어를 물리치는 능력을 지닌 버피와 친구들의 이야기로 1997년부터 2003년까지 방영했다. — 옮긴이

93 큐레이션curation은 양질의 콘텐츠를 선별적으로 취합하고 분류함으로써 특별한 의미를 부여하고 가치를 재창출하는 작업이다. — 옮긴이

94 팬들이 특히 텍스트 생산자들을 향해 표현하는 분노나 적대감을 가리키는 개념이다. 팬들은 텍스트의 생산과 의미, 생산자의 반응 및 능력을 형성하기 위해 투쟁

팬 사이트가 다른 웹사이트들과 마찬가지로 따돌림과 파벌 간 분쟁의 대상이 될 수도 있다. 팬픽은 파생물일 뿐이라고 일축되었지만, 주류 언론 미디어가 더욱더 많은 스핀오프spin-offs와 속편prequels 같은 것들을 생산하고, 사용자와 소비자에게 콘텐츠를 개인화하고 콘텐츠와 상호 작용할 수 있는 기회를 더 많이 제공하면서 여러 주요 형식들을 활용하고 있음은 분명한 것 같다.

이러한 뉴 미디어 내러티브 시장에서 가상 세계에 대한 독창성과 순수함은 아마 팬이 콘텐츠를 원하는 대로 조정하고, 공유하고, 창조하는 능력보다 덜 중요할 것이다. 이로 인해 〈스타트렉〉이나 〈스타워즈〉 같은 인기 있는 프랜차이즈를 위해 "메타버스mataverse"(Sconce, 2004)와 같은 개념이 등장했고, 여기서 강조되는 것은 팬과 그들의 텍스트 외적 실천 행위와의 협력을 통해 생산되는 가상 세계의 끊임없는 확장이다. 팬 문화는 "선천적으로, 은유적 표현을 빌리자면, 메털렙틱metaleptic[95]"(Turk, 2011: 100)하여, 실제와 허구 사이를 포함하는 모든 종류의 경계를 초월한다고 알려져 있다. 따라서 내러티브 이론의 용어와 모델은 이러한 문화적 실천 행위를 가려내고 이해하는 데 어느 정도 도움이 될 수 있을 것이다. 하지만 이러한 실천 행위는 또한 우리가 그 용어를 다듬고 확장하며 내러티브의 본질에 대한 많은 기본 가정에 대해 질문할 것을 요청한다.

한다. — 옮긴이

95 메털렙시스의 의미다. 3장의 옮긴이 주를 참조하라. — 옮긴이

융합 문화를 위한 내러티브

헨리 젱킨스는 또한 "융합 문화convergence culture"(2006a)를 언급하며 '"오래된" 기술과 "새로운" 기술이 충돌하는' 현대 미디어 환경에 관해 설명했다. 컨버전스 환경에서 콘텐츠는 서로 다른 플랫폼에 걸쳐 흐르고, 대중이나 '공식적인' 생산자에 의해 생성된다. 오늘날 사용자가 점점 더 일간 신문이나 방송과 같은 단일 정보원에 의존하기보다는 스마트폰, 소셜 미디어, 블로그 등을 사용해서 다양한 정보원과 플랫폼을 통해 뉴스에 접근하게 되면서, 이 개념은 특히 뉴스 미디어를 논의하는 데 영향을 미쳤다. 시민 저널리즘 현상은 이제는 보통 사람들이 전쟁이나 반란 또는 재해 등에 관한 이야기를 전달하며, 전통적인 게이트키퍼와 정부 검열을 우회해서 다른 사람들에게 눈 앞에 펼쳐지는 전 세계 사건들에 대해 생소하지만 강력한 통찰을 제공하는 아이디어를 가리킨다.

한편으로 미디어 융합의 확대는 여러 플랫폼에 걸쳐 있는 거대한 미디어 프랜차이즈의 등장에 기여한 듯하지만 다른 한편으로는 사용자가 주류 밖의 콘텐츠에 항상 제어되지는 않는 방식으로 접근할 가능성을 열어 준다. 과거에 텔레비전 시청자는 프로그램 편성 담당자나 메타화자에 휘둘리면서(Ellis, 1992), 프로그램들을 그룹별로 묶고 그에 따라 타깃 수용자층을 형성하는 데 도움을 주었다. 하지만 이제 시청자는 비디오 및 DVD 녹화 그리고 주문형 서비스의 출현으로 원하는 시간과 장소에서 좋아하는

TV 프로그램에 접근할 수 있게 되었다. 예를 들어, 시청자는 '몰아서 보기' 방식으로 한 자리에서 시리즈 전체를 시청할 수 있다. 이것은 앞에서(5장) 논의한 바 있는 틈 메우기, 즉 시청자가 상상력을 발휘해서 다음에 일어날 수 있는 일을 예상하고, 가능한 플롯 결과와 클리프행어에 대한 논의에 참여한다는 아이디어에 영향을 줄 것이다.

새로운 테크놀로지는 또한 플롯 개념을 바라보는 태도에 대해 논쟁의 여지가 있는 영향을 주었다. 예를 들어, 수용자는 스포일러 웹사이트를 통해 향후 전개될 내용을 미리 읽을 기회를 제공할 뿐만 아니라, 다른 사람들에게 스포일러를 할 수도 있다(이에 대한 더 많은 정보는 이 장의 뒷부분을 참조하라). 젱킨스(2007)는 인터넷 전반을 통해 정보 및 새로운 콘텐츠를 수집하여 다른 사람들과 공유할 수 있는 현대 미디어 소비자를 현대의 수렵·채집인이라 불렀다.

분산 내러티브와 소셜 미디어

질 워커Jill Walker(2004)에 따르면, 새로운 미디어 기술은 스토리가 파편화되고 각종 미디어에 퍼져 다른 시간대와 다른 장소의 이용자가 접근할 수 있는 새로운 종류의 **분산 내러티브**distributed narrative의 등장을 촉진한다. 워커에 따르면, 분산 내러티브는 사용자에 의해 "채택되고, 전달되고 배포될 것을 요청"하며, 내러티브가 억제되거나 봉쇄될 수 있다는 아이디어에 대한 근본적인 도전이다.

트위터픽션 현상은 현대의 분산 또는 '네트워크형' 내러티브의 흥미로운 사례다(Page et al., 2013). 트위터는 사용자의 콘텐츠를 140자 또는 그 이하로 제한하는 소셜 미디어 플랫폼이다. 본래 트위터는 뉴스 배포에 가장 적합한 소셜 미디어 형태로 여겨졌다. 하지만 이 사이트는 2015년 2월 '당신의 이야기를 시작해요Start Telling Your Story'라는 슬로건을 내걸었다. 이것이 강력하게 제시한 메시지는 모든 사람은 누구나 하고 싶은 이야기가 있고, 트위터는 친구 및 지인과의 네트워크를 통해 다른 사람들과 이야기를 공유하는 실험을 할 수 있는 좋은 방법이라는 것이다.

처음부터 사용자는 140자 제한이라는 그럴싸한 한계를 극복하고 그 형식이 가지고 있는 어포던스를 창의적으로 활용할 수 있는 독창적인 방법을 찾아냈다. 유명인과 역사적인 인물에 대한 풍자 및 패러디 계정이 많아지고, 트랜스 미디어 스토리텔링 프랜차이즈와 연결된 캐릭터와 스토리 세계에 대한 트위터 계정도 등장했다. 예를 들어, 사용자는 트위터를 통해 TV 드라마 〈매드맨〉의 주인공 돈 드레이퍼의 사색 내용을 팔로우할 수 있으며, 〈헝거 게임〉의 팬은 캐피톨The Capitol이라는 이름으로 설정된 계정에 판엠Panem의 시민으로 등록할 수 있다.

제니퍼 이건Jennifer Egan과 데이비드 미첼David Mitchell과 같은 소설가를 포함하여 더 잘 알려진 다른 작가들도 트위터를 자신의 글을 배포하고 공유하는 플랫폼으로 사용했다. 팀 버튼Tim

Burton과 닐 게이먼Neil Gaiman은 트위터로 전달하는 스토리를 협업을 통해 실험했고, 성경과 제임스 조이스의 《율리시스*Ulysses*》 같은 고전 문학의 스토리를 포함하여 잘 알려진 이야기를 다시 들려주기 위한 많은 계정이 개설되었다.

많은 작가에게 있어서 140자로 기억에 남는 매력적인 스토리를 구성하는 도전은 그들의 창작력을 시험하는 것이다. 캐나다 작가 아르준 바수Arjun Basu는 자신이 창작한 단편 소설의 특정 장르를 가리키기 위해 '트위스터twister'라는 용어를 만들었으며, 많은 팔로워에게 매일 트위스터를 트윗하고, 아래에 제시하는 예에서와 같이, 인간관계에서 어떤 딜레마나 혼란을 겪는 두 캐릭터(남자와 여자로 추정)를 중심으로 하는 낯익은 주제를 반복하여 보여준다.

> @arjunbasu — 2월 4일
> 영화는 끝났고 우리는 성공적이었던 첫 데이트를 엉망으로 만들 것인지 말 것인지 주춤거렸다. 그리고 나는 그녀의 머리칼을 만지고 그것을 팝콘 버터로 덮어 버렸다.

바수의 팔로워들은 하루 평균 적어도 하나의 이야기는 받을 수 있을 것으로 예상한다. 그리하여 시간이 지나면서 팔로워들에게 즐거운 일상적 관례와 익숙함이 만들어진다.

윌리엄 넬스William Nelles(2012)는 "항상 미니어처 세계의 위험을 감수하는 예술가들이 있었음"(87)을 상기시키지만, 그런데도 트위터는 스토리텔러에게 그것만의 독특한 도전과 요구를 제시한다. 바수의 이야기와 같은 스토리는 사용자 타임라인에 드러나는 다른 모든 정보와 경합해야 하며, 트위터스피어Twittersphere[96] 전반에 걸쳐 리트윗터들에 의해 끊임없이 공유되고 유포될 것이다.

더 복잡한 것은 연재화連載化 그리고 시간의 경과에 따라 끊임없이 이어지는 내러티브 전개에 의존하는 트위터픽션 형식이다. 6장에서 논의한 바와 같이, 연재물 형식의 내러티브는 결과보다 과정에 더 중점을 두면서 오랜 시간에 걸쳐 이야기될 때 등장인물과 그들이 참여하는 사건에 대한 강한 몰입감을 만든다.

친두 스리드하란Chindu Sreedharan은 @epicretold에서 인도의 서사시 〈마하바라타*Mahabarata*〉를 다시 이야기하면서 클리프행어와 같은 익숙한 기법을 사용해서 독자가 계속 읽고 또 더 읽게 하도록 독려한다. 그러한 극적 사건을 이야기하는 다음의 발췌문에서 트윗은 트위터 타임라인에 드러나는 대로(즉 역순으로) 제시된다.

> @epicretold — 5월 1일
> 마차가 안전하게 건너지 못할 정도로 물이 깊은 것을 보고, 나는 내렸다.
> 어쨌든 나는 여기서부터는 혼자 가는 것이 더 좋았다.

96 트위터와 그 사용자 그리고 메시지를 포함하는 전체 트위터 세계를 가리킨다. — 옮긴이

@epicretold
그는 우리의 길을 막고 있는 강가강 지류를 주시하고 있었다. 비두라 아저씨의 부하들은 우리가 탈출하는 날 밤 배를 타고 건너가는 것을 도왔다.

@epicretold
'여기를 건너가 볼까?' 비소카의 수상한 목소리가 내 마음을 파고들었다.

그러나 스리드하란은 또한 기자로서의 경험을 바탕으로 트위터의 어포던스를 활용하여 팔로워들과의 지속적인 대화를 유지하면서, 스토리가 어떻게 진행되는지에 대해 피드백해 줄 것을 청하고, 팔로워들이 더욱 스토리를 원하도록 액션을 전면에 내세우고 스토리를 '뉴스거리'가 되도록 한다.

@epicretold와 같은 트위터픽션은 7장에서 논의한 '현재성' 경험을 만들어 내는 데 의존하여, 우리를 계속 업데이트되는 개별 타임라인의 흐름 안에 들어 있으면서, 현재 시제로 이야기되어 펼쳐지는 사건의 목격자 위치에 놓이게 한다. 이러한 내러티브는 최대한의 효과를 거두기 위해 소셜 미디어의 어포던스에 반응하고 그것을 활용하면서, 긴박감을 창조하고 팔로워들이 그 순간에 존재하는 데 의지한다.

워커 또한 분산 내러티브는 트위터픽션이 그러한 것처럼 뉴스 업데이트, 유명 연예인 가십 등과 경쟁하며 우리의 일상 속으로 침투할 가능성이 있다고 본다. 가령 허구 세계의 등장인물이 보내는 것처럼 보이는 이메일이나 SMS 알림을 생성하거나, 페이스북 프로필을 사용하여 우리에 대한 실제 정보를 수집해 픽션 작품에 끼워 넣음으로써 뉴 미디어 내러티브는 점점 더 허구와 실제 사이의 경계를 넘나든다.

소셜 미디어에서 전달되는 이야기들은 또한 단일 화자teller 모델에서 공동 제작 및 새로운 형태의 공동 화자cotellership(Page et al., 2013) 개념으로 이동하면서, 내러티브에 대한 우리의 많은 기본 가정들, 특히 선형성과 순서sequence 개념에 도전장을 내민다. 다중 모드 콘텐츠를 공유하고 연결하는 작업은 부수적이거나 주변적인 자료와는 대조적으로, 이야기의 핵심 부분을 규정한다는 측면에서 내러티브 이론에 대한 도전을 표현한다. 스토리를 이야기하는 맥락과 받아들이는 맥락이 온라인과 오프라인 환경을 오가며 유동적일 수 있는 상황에서는 맥락과 같은 개념조차도 복잡해진다. 전통적인 내러티브 모델에서 화자와 독자는 스토리의 방향을 통제하는 실체를 가리키는 것으로 간주되지만, 네트워크 환경에서는 자료들이 언제, 어떻게 접근되고 공유될지 아주 불확실하기 때문에 자료의 배포와 수용 모두 사실상 관리가 불가능하다.

트랜스미디어 스토리텔링

미디어 간의 융합이 증가하고 사용자가 스토리 콘텐츠를 생성하고 링크할 수 있는 새로운 플랫폼이 등장하면서, 내러티브를 단일 출처에 귀속되는 것으로 간주하는 아이디어는 점점 더 문제가 되고 있다. 이 새로운 환경의 구조를 정리하려는 많은 용어가 있으며 이들은 각각 끊임없이 시험되고 재정의된다. 서사학 분야는 트랜스미디어성transmediality(Ryan, 2013)과 인터미디어성intermediality(Grishakova & Ryan, 2010)이라는 용어를 선호한다. 이 용어들은 스토리가 어떻게 미디어들 사이를 이동하거나 흐르는가에 대한 추적만큼이나 미디어의 특수성 및 미디어의 정의 문제에 관심을 갖고 관여한다. 미디어 이론에서 **트랜스미디어 스토리텔링**transmedia storytelling이라는 용어는 더욱 널리 사용되었는데, 그 정의와 사용법과 관련해서는 끊임없이 논란과 논쟁이 있었다.

헨리 젱킨스(2011)는 트랜스미디어 스토리텔링을 "통합된 조화로운 엔터테인먼트 경험을 창출하기 위해 소설을 구성하는 필수 요소들이 다수의 전달 채널에 걸쳐 체계적으로 분산되는 과정"이라고 정의한다. 이 개념을 브랜드화나 프랜차이즈 개념과 구별하기 위해 젱킨스는 "각 미디어는 예를 들어, 주변 캐릭터들에 대해 더 많은 배경 스토리를 제공하거나 사건에 대한 새로운 관점을 제공하여 수용자의 개입을 심화시킴으로써 스토리 전개에 있어 특별한 기여를 한다"고 부연한다. 젱킨스는 자신이 이해하는 바에 따르면, 트랜스미디어 스토리텔링은 작가와 제작자가 계획하거나 상상한 것만큼 수용자와 팬이 제공하는 의견을 포함하는 "확장된 잠재력"에 관한 것이라고 강조한다. 젱킨스는 또한 J. R. R. 톨킨J. R. R. Tolkien,[97] 라이먼 프랭크 바움Lyman Frank Baum,[98] 디즈니 등의 작품을 포함해 역사적으로 중요한 선례들을 찾아내고, "오바마는 오비 완[99]만 한 트랜스미디어 캐릭터"라고 주장하며 언론과 시사 문제와 관련된 인물과 스토리라인을 발굴하려는 노력도 기울인다.

젱킨스는 트랜스미디어 스토리텔링과 관련된 어떠한 '공식formula' 개념에도 반대하지만 콘텐츠는 미디어들을 가로지르며 흐른다는 생각뿐만 아니라 이른바 '급진적 상호텍스트성radical intertextuality'과 다중 양식multimodality이라는 용어 사용의 중요성을 강조한다. 한 토론에서 젱킨스는 〈매트릭스*The Matrix*〉,[100] 〈로스트〉, 〈히어로즈*Heroes*〉[101]를 트랜스미디어 스토리텔링의 예로 사

97 J. R. R. 톨킨(1892~1973)은 영국의 영문학자이자 언어학자, 작가다. 특히 《반지의 제왕》, 《호빗》 등의 소설이 유명하다. — 옮긴이

98 미국의 동화 작가가 라이먼 프랭크 바움(1856~1919)은 《오즈의 마법사》를 비롯해 여러 작품을 남겼다. — 옮긴이

99 〈스타워즈〉 시리즈에 등장하는 은하공화국 소속의 제다이 기사다. — 옮긴이

100 젱킨스는 영화 〈매트릭스〉를 트랜스미디어 스토리텔링의 대표적인 사례로 제시한다. 〈매트릭스〉는 영화, 애니메이션, 게임 등의 다양한 미디어를 통해 공개되며 개별 미디어에서 전개되는 이야기는 미디어들을 가로지르며 확장되어 하나의 세계관으로 수렴된다. — 옮긴이

101 미국 NBC에서 2006~2010년 4시즌으로 방영된 슈퍼히어로 드라마 시리즈다. 자신이 초인적 능력을 지녔음을 알게 된 평범한 사람들의 이야기와 그러한 능력이 어떤 것인지 알려준다. 이 시리즈는 더 크고 포괄적인 내러티브를 기반으로 하는

용했지만, "평범한 10대 청소년들이 집에서"(2013) 만든 '민초들grassroots'의 사례도 꼭 포함시키기를 원한다. 하지만 비평가들은 이 용어가 적용된 방식에 대해 회의적이다. 예를 들어 마이크 존스Mike Jones(2011)는 그 용어를 둘러싼 "공허하고, 무의미하며, 무지하고, 추정적이고, 불합리하며, 교묘한 말로 손쉽게 표현한 진술"에 대해 문제를 제기한다. 그는 우리가 트랜스미디어 스토리텔링이 얼마나 급진적이고 혁명적인지를 강조함으로써 그것이 스토리텔링의 전통 및 기반과 연결되는 방식을 무시하게 되는 결과를 낳는다고 주장한다. 존스(2012)는 또한 이 용어를 "핵심 내러티브와 수용자 경험 관련 질문"에 대한 아무런 생각도 제시하지 않고 단지 여러 플랫폼에 걸쳐 배포되곤 하는 모든 종류의 미디어 캠페인을 지칭하는 개념으로 게을리 사용하는 행위에 대해 격분한다.

파라텍스트와 내러티브 확장

조너선 그레이Jonathan Gray(2010)는 현대 미디어 환경에 대한 분석에서 주네트(Genette, 1997)의 **파라텍스트**paratext 개념을 차용한다. 이 용어를 사용하는 데 주네트가 초점을 둔 것은 문학 텍스트를 둘러싼 다양한 자료들이며, 이들은 텍스트에 대한 '문턱' 기능

다중 에피소드 스토리를 사용하여 만화의 미학적 스타일과 스토리텔링을 모방했다. — 옮긴이

을 하는 것들로서, 예컨대 머리글, 헌정사, 차례 페이지 등을 가리킨다. 그레이는 “의미와 가치가 어떻게 우리가 흔히 텍스트 그 자체라고 생각하는 것 밖에서 구성되는지”(ix) 조사를 시작하면서, 주네트의 용어를 확장하여 파라텍스트는 텍스트를 시작하는 것 이상의 기능을 하며 “텍스트를 만들어 내고 계속 이어지게 한다”(11)고 주장한다. 따라서 그는 예고편, 포스터, 출연진 인터뷰 등이 영화와 TV 드라마가 방영되기도 전에 어떻게 이들에 대한 기대를 생성하고 자극하는 데 도움을 주는지 보여 준다. 반면에, 웹사이트와 롤플레잉 게임 또는 스튜디오 투어는 수용자에게 그들이 처음 접한 책이나 영화 보기 또는 비디오 게임을 끝내고 난 뒤 오랜 후에 특정 스토리 세계와 관련된 캐릭터 및 스토리라인에 대한 관여를 확장할 수 있도록 만드는 방법을 보여 준다. 그레이는 미디어 파라텍스트가 어떻게 전혀 주변적인 것이 아니고 “미디어 생산과 소비 과정의 중심부”(16)인지 보여 주면서, 만일 우리가 그것을 무시한다면 그것은 생산과 소비문화에 대한 우리의 이해를 피폐하게 하는 것이라고 주장한다. 그레이의 용법에 따르면, 파라텍스트는 “미디어를 위한 그리고 미디어의 영접원이고 게이트키퍼이며 응원단”(17)으로서, 디지털 시대 수용자가 내러티브에 관여할 수 있는 다양한 방법에 더욱 집중하게 한다.

파라텍스트적 접근 방법은 문화 상품의 마케팅을 분석하는 연습에 불과하다는 비판을 받아왔다. 게다가 토머스 도허티 Thomas Doherty(2014)는 “파라텍스트 지지자”들이 “산만한 디지털 잡동사니”에 너무 많은 시간과 에너지를 쏟아부음으로써 “상자

안에 들어 있는 상품," 즉 파라텍스트가 "장식용 포장 재료"가 되는 핵심 텍스트를 무시한다고 비난했다. 그런데도 다양한 분야에 걸쳐 존재하는 파라텍스트 자료에 대한 비판적인 관심은 점점 더 커지고 있는데, 이러한 관심은 오늘날 미디어 시장에서의 세계 설정(Wolf, 2012)과 트랜스미디어성에 대한 관심의 증대와 밀접하게 관계되는 것이다.

그레이(2007)는 제이슨 미텔과 함께 팬들이 플롯의 세부 사항을 온라인으로 공개하는 '스포일러' 현상에 대해 논의했다. 그들은 변화하는 트랜스미디어 스토리텔링의 본질이라는 맥락에서 스포일러를 논의하며, 오늘날 수용자들은 플롯의 결과보다는 내러티브가 구성되는 방식에 더 많은 관심을 보인다는 점과 "시청자들이 내러티브 전개를 어떻게 경험하길 원하는지, 그 방식은 다양하다"고 주장한다. 연구의 일환으로 그레이와 미텔은 사용자들의 토론 포럼 경험을 끌어내 스포일러 커뮤니티의 작동 방식을 더 잘 이해하기 위한 설문 조사를 했다. 현대 내러티브의 독자와 수용자 그리고 사용자들에 대한 이러한 관심은 특히 뉴 미디어 내러티브가 이런 종류의 반응을 보다 가시적이고 접근이 용이하게 함으로써 포스트고전 시대에 점점 더 널리 퍼지고 있다.

내러티브 매시업

매시업 현상은 새로운 결과물을 생산하기 위해 다른 출처의 콘텐츠를 결합하는 것이다. 유튜브는 다양한 음악 아티스트 또는 밴드의 트랙과 비디오를 리믹스하거나 샘플링한 매시업으로 가득하다. 매시업의 효과는 새로운 공명과 멜로디 반향을 찾아내는 것일 수도 있으나, 그 결과는 고의로 불협화음을 내기도 하고 도발적일 수도 있다. 유튜브에는 또한 영화와 TV 매시업의 사례가 많이 있는데, 그 예로 공포 영화 〈쏘우*Saw*〉와 주로 어린이를 대상으로 하는 애니메이션 시리즈 〈월레스와 그로밋*Wallace and Gromit*〉이라는 두 미디어 프랜차이즈를 결합한 예고편을 들 수 있다(http://www.youtube.com/watch?v=kvWAxH3EQus). 매시업의 문학적 형태도 있다. 예를 들어, 세스 그레이엄스미스Seth Grahame-Smith[102]의 《오만과 편견 그리고 좀비*Pride and Prejudice and Zombies*》(2009)는 제인 오스틴 소설의 원본 텍스트를 좀비 내러티브와 관련되는 온갖 피와 고어gore[103]와 결합한다.

폴 부스(2012)는 매시업이 "현대 미디어의 발전된 패턴"(10~11)이며, 단순히 하나의 사물이 아니라 하나의 과정, 즉 오늘날의 미디어 환경을 바라보는 방식이라고 주장한다. 특히 그는 트위터 해시태그를 사용해서 참여와 토론을 유도하는 것에서부터 〈커

102 세스 그레이엄스미스(1976~)는 미국의 소설가, 극작가이자 텔레비전 제작자다. 기존 문학 작품이나 역사적 사건에 좀비와 뱀파이어 등 공포 세계관을 더한 패러디 소설 《오만과 편견 그리고 좀비》, 《뱀파이어 헌터, 에이브러햄 링컨*Abraham Lincoln, Vampire Hunter*》을 썼다. — 옮긴이

103 영화나 만화 등에서 고어는 극도의 잔인성으로 공포감, 혐오감 등을 불러오게 하고 반사회성이 두드러지기도 하는 특정 장르 혹은 표현법을 지칭한다. — 옮긴이

뮤니티*Community*〉(NBC, 2009)[104]와 같은 프로그램에서 텀블러처럼 다른 미디어를 혼성모방하거나 패러디하는 것에 이르기까지 근래의 텔레비전 내러티브가 온라인 미디어의 특징들을 매시업하는 방식에 대하여 논의했다. 매시업은 또한 과거와 현재, 또는 과거와 미래의 영상을 결합하여 시간적 변위를 만들어 낼 수 있으므로, 이러한 경우 고전과 현대 문화, 그리고 고급과 저급 문화는 끊임없이 함께 '으깨어mashed'진다. 이러한 관점에서 매시업은 의미나 문화적 가치 측면에서 순전히 하나의 텍스트나 문화 산물에 초점을 맞추는 것을 불가능하게 만들며 품질이나 취향과 같은 개념에 도전한다.

*

내가 2011년에 《뉴 내러티브*New Narratives*》라는 책을 공동 편집했을 때의 일이다. 한 기고자가 그 책이 출판될 즈음, 그사이에 많은 것이 바뀌었기 때문에 책 제목을 '구 내러티브Old Narratives'로 변경해야 한다고 놀렸다. 내가 배운 또 한 가지는 문학 및 문화 역사가들은 거의 항상 선구자 및 선배 학자들을 언급할 것이기 때문에 무엇이든 그것을 '뉴new'라고 분류하는 것은 위험하다

104 2009~2015년 미국 NBC에서 방영한 시트콤 시리즈다. 콜로라도주의 가상의 마을인 그린데일에 있는 커뮤니티 칼리지 학생들의 이야기를 담고 있다. — 옮긴이

는 것이다. 그런데도 지난 15년 사이에 나의 내러티브의 소비와 이해는 디지털 기술 덕택으로 가능하게 된 혁신에 의해 근본적으로 재구성되었다. 이러한 맥락에서 '혁명'이라는 단어를 쓴다면 그것은 일종의 남용이 되겠지만, 이 장에서 논의한 많은 뉴 미디어 내러티브들은 내러티브의 본질에 대하여 그리고 오늘날 우리가 일상적으로 내러티브를 경험하는 아주 전형적인 방식 즉 끊임없는 스토리 리믹싱remixing, 재매개remediation, 리부팅rebooting 등의 맥락에서 작가, 플롯 또는 텍스트와 같은 기본 개념의 관련성에 대해 근본적인 문제를 제기한다. 하지만 주네트의 파라텍스트와 같이 오랫동안 평가절하된 용어가 그가 당시에는 결코 상상할 수 없었던 방식으로 새로운 목적과 의미를 발견하게 되는 것처럼, 내러티브 이론 그리고 고전적 서사학에서 파생된 용어와 모델은 여전히 새로운 형태와 경험을 탐색하는 데 아주 중요하다. 지금은 내러티브 연구에 있어서도 그렇고, 새롭게 등장하는 새로운 형태에 대한 단순한 설명과 기록뿐만 아니라 내러티브가 그 일부가 되는 더 넓은 문화적 실천들을 이해하기 위한 방법론으로서 내러티브를 탐구하는 데 관심이 있는 사람 누구에게나 흥미진진한 시기다.

9 결론

"내러티브는 항상 존재했고, 항상 최신 상태를 유지해 왔다." (Altman, 2008: 1)

앞 장에서 설명했듯이 지금은 스토리텔러와 내러티브의 작동 방식을 탐구하는 모두에게 흥미진진한 시기다. 우리의 연구 목적에 관한 한, 이제 다양한 미디어와 플랫폼을 통해 스토리 세계를 배달하고 마주치는 일이 일상화되면서, 내러티브 텍스트를 별개의 개체로 간주하고 말하는 것이 점점 더 어려워지고 있다. 동시에, 스토리텔링의 위력은 가장 전통적인 의미에서 전 세계적으로 정치 캠페인, 기업 커뮤니케이션, 엔터테인먼트 및 문화산업에 정보를 제공하면서 전례 없는 것으로 인식되고 있다. '브랜드 오바마 Brand Obama'는 가장 좋은 예다. 이 사례는 전통적인 정치적 수사修辭 수단을 현대 마케팅 기법과 결합하면서도 당시 대통령 후보로서의 개인적인 여정을 그가 이끌어 가고자 하는 국가의 여정과 연결시키는 자전적 스토리텔링에 크게 의존하였다(Lilleker, 2014). 우리가 이러한 "스토리텔링의 부활"(Salmon, 2010: 3)을 찬양하든 그에 대해 회의적이든, 정치와 언론 그리고 직장을 망라하여 새롭게 활용될 수 있는 내러티브 용도가 발견되고 있다고들 한다.

내러티브 연구에 관한 한, 기술의 발전은 내러티브에 대한 새로운 분석 방법을 가능하게 하고, 방대한 데이터 세트에 걸쳐 반복되는 패턴이나 주제를 탐구하거나 지질학적 기술을 사용하여 내러티브가 어떻게 대륙을 가로질러 경험되고 공유되며 확산되는지 설명하는 것을 가능하게 한다. 그러나 이러한 '빅 데이터' 접근 방식과 더불어, 연구자들은 사람들이 자기만의 방식으로 자신의 스토리를 이야기할 수 있게 독려하는 작업이 엄격한 사실관계나 다량의 정보에 의존하는 방법에 대한 효과적인 대안이 될 수 있음을 깨닫고 있다. 내가 소속된 기관에서 보건 및 사회과학 연구자들은 스토리텔링 기법을 사용하여 젊은 엄마의 모유 수유에 대한 태도, 치매 당사자와 간병인의 경험, 그리고 나이 든 레즈비언과 게이 남성의 개인사를 탐구했다. 이러한 경우 스토리가 설문이나 인터뷰 같은 보다 전통적 방법론을 대체한다. 하지만 스토리텔링은 또한 연구 결과를 제시하는 하나의 대안이 될 수도 있다. 예를 들어, 영화 〈루퍼스 스톤*Rufus Stone*〉은 '게이와 즐거운 땅?Gay and Pleasant Land?'[105] 프로젝트 수행을 위해 수집한 스토리를 영국

105 영국연구위원회Research Councils UK에서 지원을 받아 2009년부터 2012년까지 3년에 걸쳐 진행한 프로젝트다. 영국 남서부 잉글랜드와 웨일스 시골 지역의 나이 든 게이나 레즈비언의 성 정체성, 노화, 시골 풍경 등에 대한 자전적 이야기를 심층 인터뷰, 포커스 그룹 인터뷰, 현장 방문 등의 방법을 사용하여 연구했다. 이 결과를 토대로 영화 〈루퍼스 스톤〉(2012)이 제작되었다. — 옮긴이

시골에서 자신의 성 정체성을 발견한 어린 소년의 경험이 중심이 되는 감동 드라마로 바꿔 놓았다(Jones & Hearing, 2014).

한편, 포스트고전 서사학은 문학 텍스트를 넘어 분석의 초점을 계속 확장하고 있으며, 특히 최근 부상한 '오디오 서사학 audionarratology'이라는 분야처럼 음악이나 라디오 또는 오디오북 현상에 이르기까지 관심을 기울이고 있다. 내러티브 연구자들이 독자와 수용자, 그리고 내러티브가 이끌어내는 정동적이며 정서적인 반응에 훨씬 더 많은 관심을 기울이는 반면, 인지 서사학은 스토리가 마음을 더 잘 이해하는 데 도움이 될 수 있는지, 자폐증이나 치매와 같은 질환들이 어떻게 우리 마음에 영향을 줄 수 있는지 등에 대해 질문을 제기한다. 더욱 정교한 컴퓨터 프로그램이 고안되고 새로운 연구 분야를 통해 인간-동물 그리고 종 간trans-species 관계에 대한 새로운 이해가 등장함에 따라(예컨대 Herman, 2014), 우리가 인간으로서 스토리를 끝없이 만들어 낼 수 있는 독특한 능력을 지닌 것인지 아닌지에 대해 점점 더 의문이 깊어질 수도 있다. 이러한 변화 속에서 제기될 수 있는 가장 근본적인 질문 중 하나는 언어를 넘어, 제스처, 움직임, 운동, 촉각 차원들이 우리의 내러티브 경험에 기여하는 방식을 알아볼 필요에 관한 문제다.

변화의 속도와 규모에도 불구하고, 내러티브의 기본은 변하지 않았다고 할 수 있다. 불꽃 축제와 같은 기술은 일시적으로 관심을 끌 수 있지만, 우리의 관여와 자극 그리고 참여를 유지하는 힘은 매력적인 캐릭터와 플롯에 달려 있다. 구현된 '라이브live'

활동으로서의 스토리텔링은 그것이 스토리 '슬램slams'[106]이든 유튜브나 바인Vine[107]에 녹화된 경험이든 관계없이 계속 매력적인 힘을 발휘하고 수용자에게 감동을 주는 강력한 반응을 만들어 낸다. 오늘날 이러한 이야기 대부분이 조작되고 균질화되었다는 불평이 일부 있을 수는 있겠으나, 사용자와 수용자가 일반적인 기대와 용인된 관습을 깨고 뒤집을 수 있는 방식으로 자기 이야기를 하는 방법을 계속 찾고 있음을 시사하는 증거는 많다.

다음에 계속……

우리 모두 좋은 결말을 즐기지만, 가장 좋은 이야기는 아마도 프로그램이 끝나거나 책을 덮고 난 후에도 계속해서 우리 마음을 끌어당기고 자극하는 스토리일 것이다. 나는 내러티브에 대한 이 책이 현대 내러티브의 형식, 그리고 그것이 어떻게 우리가 공유하는 인간 경험의 일부를 반영하고 형성할 수 있는가에 대한 관심에 자극이 되었기를 바란다. 내러티브에 대한 기초 정보를 다룬 이 책은 독자가 미디어 전반에 걸쳐 다양한 사례에 대한 분

106 이야기의 낭독이나 퍼포먼스를 가리키며, 재치 있는 언어 기술이나 억양 등이 중요하다. — 옮긴이
107 트위터의 모바일 응용 프로그램으로, 사용자가 트위터 피드를 통해 비디오 클립을 공유할 수 있도록 한다. — 옮긴이

석을 할 수 있도록 해 줄 뿐만 아니라, 분석 기술을 개발하고 더 심도 있게 탐구할 수 있는 독해 방법을 알려주고자 했다. 아마도 좋은 이야기보다 좋은 것은 없을 것이다. 하지만 그 이야기가 어떻게 구성되었는지, 그리고 우리가 독자 및 수용자로서 어떻게 반응하고 관여할 것인지 이해하는 일 또한 매우 보람 있는 일이다. 한 가지 확실한 것은 우리가 이야기하고 토론할 새로운 스토리와 새롭게 스토리를 이야기하는 방법은 결코 소진되지 않는다는 사실이다. 하지만 우리는 그런 이야기에 생명을 불어넣고 다른 사람들이 즐길 수 있도록 전달하는 일이 아마도 우리의 역할이라는 점을 인식하기 시작했을지도 모른다.

서론

추천 문헌

포터 애벗의 《서사학 강의*The Cambridge Introduction to narrative*》는 특히 1장과 2장에서 근복적인 문제 일부를 훌륭히 소개한다. 데이비드 허먼David Herman의 《서사학*Narratologies*》 서론은 고전 선도자들에 대한 좋은 개관과 더불어 포스트고전 서사학의 출현에 대한 명확하고 이해하기 쉬운 설명을 제공한다. 《루틀리지 서사 이론 백과사전*Routledge Encyclopedia of Narrative Theory*》은 선도적 학자들의 주요 용어에 대한 포괄적 설명을 제공하므로 내러티브 이론에 관심이 있는 모든 사람에게 매우 유용한 자료다. 헬런 풀턴Helen Fulton이 편집한 에세이집 《내러티브와 미디어*Narrative and Media*》는 현대 미디어와 관련된 내러티브에 대한 좋은 입문서로서 특별히 광고와 잡지뿐만 아니라 영화와 텔레비전에 대한 장들을 포함하고 있으며 고전 서사학 용어와 모델을 다루고 비판한다. 닉 레이시의 《내러티브와 장르》 또한 고전 서사학 이론을 현대 영화와 텔레비전에서 응용한 사례를 제시하며 이해하기 쉽게 논의한다. 로버트 스콜스Robert Scholes와 로버트 켈로그Robert Kellogg의 《내러티브의 본질*The Nature of Narrative*》은 역사적인 그리고 구전적인 전통과 관련된 내러티브 연구를 매우 읽기 쉽게 개관한다(제임스 펠란James Phelan의 참여로 2006년에 업데이트됨). 한편, 최근 폴 코블리Paul Cobley의 연구는 연대기적 접근 방식을 취하며, 내러티브의 초창기 근원에 대한 논의를 리얼리즘과 모더니즘 그리고 포스트모더니즘 전통에서의 위치와 결합하고 새로운 테크놀로지 영향과 사회과학에서 내러티브의 역할에 대하여 살펴본다.

만화와 그래픽 노블에 관심이 있는 이들에게는 스콧 매클라우드Scott

McCloud가 쓴 《만화의 이해*Understanding Comics*》가 가장 좋은 출발점이 될 것이다. 만화로 쓴 이 책은 말풍선speech bubble, 컷panel, 홈통gutter의 개념을 그래픽으로 설명하고 일종의 '순차 예술sequential art'로서 만화에 중점을 둔다. 만화 연구가 별개의 분야로 부상하고는 있지만, 서사학자의 만화 및 그래픽 노블에 대한 논의 또한 증가하고 있다(예를 들어 Kukkonen, 2013).

1장

추천 문헌

브루노 베텔하임의 《옛이야기의 매력》은 어린 시절의 이야기가 어떻게 발달에 도움을 주며, 우리의 가장 깊고 어두운 상상에 반응하는지 매력적인 통찰을 제공한다. 친숙한 어린 시절 이야기에 대한 잭 자이프의 연구는 사회적이고 이데올로기적인 의미에 더 중점을 두고 있지만, 마리나 워너의 연구는 젠더 문제를 좀 더 강조한다.

프로프의 《민담 형태론》, 특히 기능과 행위 영역에 대한 논의는 인터넷을 통해 폭넓게 접근할 수 있다. 내러티브에 관한 대부분의 연구와 영화 및 미디어 연구에서 보게 되는 많은 서론은 종종 분석이 매우 피상적이기는 하지만 프로프에 대한 언급을 포함한다. 닉 레이시의 《내러티브와 장르》는 특별히 환영할 만한 자료로, 데이비드 핀처의 뒤얽힌 스릴러 〈세븐〉에 대한 흥미로운 분석을 제공한다. 존 피스크의 《텔레비전 문화》는 텔레비전 내러티브와 관련된 프로프의 이론에 대한 좋은 개요를 제공하며, 그레임 터너의 《대중 영화의 이해*Film as Social Practice*》는 프로프를 현대 영화에 적용해 분석한다.

2장

1. 뉴스 기사나 광고가 어떻게 개인이나 집단 간의 근본적인 대립 설정에 의존하는지 토론한다.
2. 다른 출처의 동일한 스토리에 대한 두 개의 뉴스 보도를 사용하여 각 보도별로 사건을 시간순으로 재배열한다. 주네트의 순서, 지속 시간 및 빈도 범주를 적용하여 본래 보도가 각 사건에 얼마나 많은 시간을 할애했는지, 얼마나 자주 언급되었는지 등을 조사한다. 이 분석은 두 스토리를 읽는 데 어떤 영향을 미치는가?

추천 문헌

그레임 터너의 《대중 영화의 이해》는 이항 대립과 균형 상태의 붕괴와 회복이 얼마나 많은 현대 영화 내러티브의 기초가 되는지를 보여 준다. 그는 또한 레비스토로스의 접근 방식이 어떻게 현대 영화에 접목되어 문화적으로 특정한 의미를 강조하는 데 도움을 주는지 논의한다. 또한 닉 레이시(2000)는 〈뉴욕 경찰 24시*NYPD Blue*〉, 〈엑스파일*The X Files*〉을 포함한 영화와 TV의 내러티브에 대한 논의에서 레비스트로스와 토도로프의 이론을 적용하며, 동시에 뉴스 스토리가 종종 어떻게 동양과 서양, 우리와 그들 사이에 근본적인 대립을 설정하는지 논의한다.

3장

1. 일인칭 소설의 시작 부분을 삼인칭 기법으로 다시 쓴다. J. D. 샐린저J. D. Salinger의 《호밀밭의 파수꾼*The Catcher in the Rye*》(1951)이나 하니프 쿠레이시Hanif Kureishi의 《교외의 부다*The Buddha of Suburbia*》(1990)의 시작 부분을 사례로 할 수 있다. 변화된 내용이 내러티브의 사건과 사람들에 대한 우리의 반응 그리고 내러티브의 진실성 및 진정성에 대한 우리의 확신에 어떻게 영향을 주는지 생각해 보자.

또는 뉴스 스토리를 가져와 관련자 중 한 사람(예컨대, 목격자, 피해자의 가족 등)의 관점에서 사건을 다시 써 보자.

2. TV 프로그램이나 영화의 한 장면을 재상상해서 원본에 대한 대안적인 관점을 재현해 보자. 예를 들어, 단역이나 주변부 인물이 보거나 듣는 것에 초점을 맞추어 볼 수 있다. 범죄나 호러 드라마에서 살인자 대신 피해자의 관점에서 사건을 보여 줄 수 있다.

추천 문헌

주네트의 《내러티브 담론》은 문학 소설 작가가 사용할 수 있는 다양한 유형의 내러티브 보이스에 대한 어휘를 제공한다는 면에서 핵심 텍스트다. 3장에서 언급했듯이, 그의 많은 개념과 용어는 다른 내러티브 미디어, 특히 영화에 적용되었다. 영화와 관련된 내레이션 개념뿐만 아니라 영화와 산문 소설을 비교하여 논의한 시모어 채트먼의 《이야기와 담론: 영화와 소설의 서사 구조*Story and*

Discourse: Narrative Structure in Fiction and Film》는 내레이션과 시점의 구별에 대해 주네트와 다른 학자들이 제시한 몇 가지 가정과 관련하여 읽기 쉽고 통찰력 있는 설명을 제공한다. 영화 연구에 깊이 뿌리를 둔 에드워드 브래니건 Edward Branigan의 《영화 내러티브의 이해*Narrative Comprehension and Film*》는 고전 서사학뿐만 아니라 언어학과 인지과학을 활용한다. 프레이밍과 관련해서는 《소설 백과사전*The Encyclopedia of the Novel*》이나 포터 애벗의 책 3장에서 내러티브의 경계에 대한 나의 글을 참조할 수 있다.

3장에서 제안한 바와 같이 시점과 초점화에 대해서는 상충되는 논의가 많다. 내 견해로는, 이 복잡한 주제를 처음 공부할 때는 한 가지 이론과 한 가지의 용어 세트를 고수하는 것이 좋다. 나는 수업 시간에 슬로미스 리먼케넌의 《소설의 시학*Narrative Fiction: Contemporary Poetics*》을 오랫동안 사용했다. 그것은 주네트의 일부 용어를 잘 정리해 제공하고 있으며, 말과 생각의 재현에 대해서도 어느 정도 심도 있는 논의를 한다.

《내러티브와 미디어*Narrative and Media*》에 실린 목소리와 시점에 관한 줄리언 머페의 글은 앨프리드 히치콕Alfred Hitchcock의 〈레베카*Rebecca*〉에서 〈파이트 클럽〉과 〈몬스터 주식회사*Monsters, Inc.*〉에 이르기까지 고전 및 현대 미디어 분석과 관련된 문제에 대해 훌륭한 논의를 제공한다. 데이비드 치코리코는 특히 다중 양식 및 독자의 개입과 관련해서 디지털 소설과 관련된 시점에 대하여 논의했다. 만화와 관련된 주네트의 용어에 대해서는 줄리아 라운드Julia Round의 논문 "만화에서 시각적 관점과 내러티브 보이스Visual Perspective and Narrative Voice in Comics"를 참조하기 바란다.

리치와 쇼트의 《소설의 스타일*Style in Fiction*》은 말과 생각의 재현에 대한 핵심 텍스트다. 이들의 유형을 바탕으로 레슬리 제프리스Lesley Jeffries와 같은 문체론자는 뉴스 스토리 및 정치적 담론에서의 자유 간접 담론 및 기타 기법을 분석한 반면, 사라 밀스Sara Mills는 광고에서 초점화와 말과 생각의 재현에 대해 논의한다.

4장

추천 문헌

미미 화이트Mimi White의 '이데올로기적 분석' 장은 현대 텔레비전 내러티브와 관련해서 고전적 마르크스주의와 이데올로기에 대해 개괄적으로 잘 설명해 준다. 또 다른 훌륭한 소개글로 제프 루이스Jeff Lewis의 '마르크스주의와 문화 이데올로기의 형성' 장을 들 수 있다. 제러미 탬블링Jeremy Tambling의 《내러티브와 이데올로기*Narrative and Ideology*》는 문자 내러티브에 보다 자세히 집중해서 이데올로기가 장편과 단편 소설에서 어떻게 유지되고 도전받는지 면밀한 관심을 보인다. 뉴스 보도 언어에 대한 세밀한 분석은 마이클 툴란Michael Toolan의 연구와 관점에 관한 폴 심슨Paul Simpson의 책에 제공된다. 더 명시적인 서사학적 논의는 《케임브리지 내러티브 안내서*The Cambridge Companion to Narrative*》의 뤽 헤르만Luc Herman과 바트 베르바엑Bart Vervaeck의 이데올로기에 대한 장에서 찾을 수 있다.

존 피스크의 《TV 읽기*Reading Television*》와 《텔레비전 문화》는 현대 문화 형식에 대한 바르트적 읽기를 제공하는 한편, 피트 베넷Pete Bennett과 줄리언 맥두걸Julian McDougall의 에세이집 《오늘날 바르트의 《신화》*Barthes' 'Mythologies' Today*》는 문화 비평에서 바르트의 중요성이 지속되고 있음을 보여 준다. 마지막으로 다큐멘터리 〈지젝의 기묘한 영화 강의*The Pervert's Guide to Cinema*〉(2006)는 지젝의 연구 및 히치콕을 포함한 여러 위대한 감독이 사용한 상징과 기법에 대한 흥미로운 통찰력을 다루는 훌륭한 자료다.

5장

추천 문헌

바르트의 에세이는 널리 선집으로 편찬되었으며(특히 《이미지-음악-텍스트*Image–Music–Text*》에 수록됨), 온라인에서도 볼 수 있다. 존 피스크의 《텔레비전 문화》는 바르트의 많은 용어와 개념을 텔레비전에 적용하고, 로버트 앨런의 '시청자 중심 비평' 장에서는 텔레비전 숍 오페라와 관련한 이저의 이론에 대한 훌륭한 설명을 접할 수 있다. 바르트의 작업은 조지 랜도George Landow의 《하이퍼텍스트 3.0*Hypertext 3.0*》을 포함하여 전자 문학 및 뉴 미디어 내러티브 연구에 특히 영향을 주었다. 한편, 《가상 현실로서의 내러티브*Narratived as Virtual Reality*》를 포함한 마리로르 라이언의 작업은 바르트와 이저를 모두 광범위하게 참고하였으며, 나는 이저의 작업을 참고하여 트위터픽션(8장에서 더 자세히 논의한다)과 같이 새롭게 부상하는 형식에 대해 논의했다. 엘리자베스

프로인트Elizabeth Freund의 《독자의 귀환*The Return of the Reader*》은 이저의 작업을 문학 텍스트에서의 독자의 역할과 관련된 더 넓은 연구 전통 내에 위치시킨다. 대부분의 미디어 교재에는 수용자에 대한 섹션이 있으며, 수용자 연구는 이러한 맥락에서 독특한 하위 학문 분야로 부상했다.

6장

1. 주인공의 성별을 '뒤집기'하여 내러티브를 재해석한다. 예를 들어, 소년이나 성인 남성이 내레이션한 소설(예를 들어 《호밀밭의 파수꾼》의 발췌문을 여성을 주인공으로 해서 다시 쓰거나, 여성 버전의 제임스 본드나 닥터 후가 어떻게 작동하는지 탐구할 수도 있다.
2. TV 편성을 출발점으로 삼아, 피스크가 제안한 방식으로 드라마를 남성과 여성 내러티브로 분류하는 것이 여전히 가능한지 논의한다.
3. 미한(1983)이 제시한 여성 캐릭터 유형 범주를 현재 방송 중인 TV 드라마에 적용한다.
4. 액션 어드벤처 영화나 TV 드라마를 상영하는 동안의 광고 시간을 로맨틱 코미디나 솝 오페라를 동반하는 광고 시간과 비교한다. 이것은 이들 유형의 내러티브와 관련해서 예상되는 수용자에 대해 무엇을 말해 주는가?

추천 문헌
로빈 워홀의 에세이 "죄책감Guilty Cravings"과 책 《해빙 어 굿 크라이》는 모두 솝 오페라와 같은 대중문화 형식과 관련된 페미니즘 문제에 대한 흥미로운 통찰력을 제공한다. 루스 페이지의 '젠더' 장과 그녀의 책 《페미니즘 서사학에 대한 문학 및 언어학적 접근*Literary and Linguistic Approaches to Feminist Narratology*》 모두 포스트고전적 서사학의 맥락에서 페미니스트 접근 방식의 출현에 대한 포괄적이고 명확한 설명을 제공한다.

남성의 응시에 대한 로라 멀비의 에세이는 여전히 영향력이 대단하며, 존 버거는 《다른 방식으로 보기*Ways of Seeing*》에서 동일한 주제를 시각 예술과 광고 분야로 확장하여 논의한다.

미한과 모들레스키, 프랑스 페미니즘과 주디스 버틀러의 논의를 포함하여 텔레비전 내러티브와 관련된 페미니스트 이론에 대한 탁월한 논의는 E. 앤

카플란E. Ann Kaplan의 '페미니즘 비평과 텔레비전' 장을 참조하라. 다양한 내러티브 형식에 대한 포괄적인 범위의 에세이 또한《젠더와 미디어 읽기 교재*The Gender and Media Reader*》에 제공된다.

출판 예정인 로빈 워홀과 수잔 랜서의 에세이집은 '내러티브 이론과 해석에 도전하는 퀴어 및 페미니즘의 다양한 스펙트럼'을 제공한다(이 책은 2016년에 *Narrative Theory Unbound: Queer and Feminist Interventions*라는 제목으로 출간되었다). 한편, 몇몇 주요 텍스트에 대한 좋은 소개 정보는 온라인의 '생생한 서사학 핸드북living handbook of narratology'(www.lhn.uni-hamburg.de/article.gender-and-narrative)에서 찾을 수 있다.

7장

1. 다음 중에서 일반적인 현대 장르를 찾아보자.

a) 온라인이나 신문 또는 〈라디오 타임스*Radio Times*〉[108]와 같은 잡지의 텔레비전 편성표.

b) 영화 정보 사이트인 IMDB(www.imdb.com)

c) 아마존Amazon(도서, 비디오 게임, DVD/블루레이)

2. 당신의 인생 이야기를 한 절節로 기술하라(Green & LeBihan, 1996에서 각색). 작성한 후에 다음 사항을 고려해 보자.

a) '나는 태어났다'로 시작하였는가?

b) 학교, 가족, 장소에 대한 자료를 포함하였는가?

c) 이야기를 어떻게 끝냈는가?

d) 왜 당신은 어떤 이야기 부분에 특히 더 많은 시간을 소비했는가?

추천 문헌

닉 레이시의《내러티브와 장르》는 서사학 모델과 함께 장르 이론을 검토하고 TV와 영화의 현대적 사례를 제시한다. 제인 퓨어의 '장르 연구와 텔레비전' 장은 텔레비전 시트콤을 구체적으로 언급하면서 장르에 대한 다양한 접근 방식

108 영국의 주간 텔레비전 및 라디오 프로그램 안내 잡지다. — 옮긴이

을 검토한다. 《텔레비전 장르 북*The Television Genre Book*》은 다양한 TV 장르에 대한 종합적이고 다양한 에세이들을 제공하며 장르 이론에 대한 좋은 서론을 포함하고 있다. 《케임브리지 내러티브 안내서*The Cambridge Companion to Narrative*》에 수록된 히타 피로넨Heta Pyrhönen의 장르에 관한 장은 고전 탐정 장르에 대한 보다 명시적인 서사학적 논의와 분석을 제공한다. 제이슨 미텔은 서사학 용어와 모델을 사용하여 현대 텔레비전 장르에 대해 폭넓게 기술하였다.

8장

1. 현대 내러티브(예를 들어 영화, 비디오 게임, TV 프로그램, 소설)의 파라텍스트를 분석해 보자. 예를 들어, 영화 예고편, TV 캐릭터의 트위터 계정, 또는 작가 인터뷰를 선택할 수 있을 것이다. 이 파라텍스트들은 기본 텍스트에 대한 나의 즐거움과 이해에 무엇을 더해 주는가?
2. 최근에 즐거웠던 내러티브를 하나 선택하여 그 텍스트가 팬픽이나 팬비드로 어떻게 재구성되었는지 탐색해 보자.
3. 소셜 미디어에서 최근 개봉한 영화나 TV 프로그램에 대한 관객의 반응을 살펴보자. 예를 들어 해시태그 검색을 하거나 팬이 설정한 텀블러 페이지를 찾아볼 수 있을 것이다.

추천 문헌

뉴미디어문학상New Media Writing Prize 웹사이트(www.newmediawritingprize.co.uk)에는 많은 인터랙티브 소설이 수록되어 있고, 전자 문학 컨소시엄Electronic Literature Consortium은 자체 디렉토리(http://directory.eliterature.org)를 유지 관리하고 업데이트한다. 헨리 젱킨스(www.henryjenkins.org), 제이슨 미텔(https://justtv.wordpress.com), 조너선 그레이(http://www.extratextual.tv/tag/paratexts/)의 온라인 블로그는 이 분야의 귀중한 자료를 제공한다.

《뉴 내러티브: 디지털 시대의 스토리와 스토리텔링*New Narratives: Stories and Storytelling in the Digital Age*》에는 마이클 조이스, 마리로르 라이언, 닉 몬포트Nick Montfort 등을 포함하여 뉴 미디어 내러티브 주요 실무자와 이론가의 글이 수록되어 있다. 이 책에는 하이퍼텍스트 소설에 대한 엘리스 벨과 아스트리드 엔슬린의 글도 있는데, 이들은 트위터픽션에 대한 나의 글이 포함된 최신 책인 《디지털 픽션 분석*Analyzing Digital Fiction*》의 편집진이기도 하다. 마리로르 라이언은 미디어 및 디지털 내러티브의 핵심 이론가이며, 최근 얀 노엘 톤Jan Noël Thon과 함께 《미디어를 가로지르는 스토리 세계*Storyworlds across Media*》를 공동 편집했다.

미디어 및 문화 연구뿐만 아니라 팬 연구는 온라인 환경에서의 새로운 경향과 실천을 이해하는 데 중요한 자료를 제공한다. 헨리 젱킨스의 연구만이 아니라 변형적 작품 단체Organization for Transformative Works(www.transformativeworks.org)도 유용한 자료를 제공하고 자체 학술지를 발행한다.

감사의 말

우선 내가 본머스대학교에 부임한 이래 수년간 가르치는 내러티브 구조 유닛의 토론 과정에 기여한 많은 학생에게 감사한다. 내가 본머스대학교에 재직하는 동안 가장 기억에 남는 일 중 하나는 한 학생이 수강 후기에 “내러티브 구조가 나의 삶을 바꾸었다”라고 쓴 글을 봤을 때다. 나는 그 학생의 감정에 공감한다. 그리고 내 학생들이 이 책에서 다룬 많은 이론을 적용하는 방식에서 나는 많은 것을 배울 수 있었다.

본머스대학교의 내러티브 연구 모임은 이 책을 위한 버팀목이자 영감의 원천이었다. 국제 내러티브 프런티어 학회International Society for the Frontiers of Narrative가 기획한 컨퍼런스에 참여하고, 같은 기관 학술지와 데이비드 허먼이 편집한 내러티브 프런티어 Frontiers of Narratives 시리즈에 글을 발표할 수 있었던 일 또한 행운이었다.

이 책의 4장에서 자사의 뉴스 스토리를 인용할 수 있게 허락한 가디언 뉴스 앤 미디어사에 감사한다. 그리고 8장에서 자신들의 트윗을 사용할 수 있게 허락해 준 아르준 바수와 친두 스리드하란에게도 감사의 말을 전한다.

용어 해설

거대 내러티브grand narratives: 리오타르(Lyotard, 1984)가 사용한 용어로, 우리 행동의 결과는 불가피한 것이며 어떤 더욱 커다란 논리의 일부라고 여기게 하는 특정 세계관에 일종의 타당성과 정당성을 부여하는 담론(종교, 역사, 과학)을 가리킨다.

게임학ludology: 게임 연구로, 종종 내러티브 기반 이론에 반대하는 위치에 있다.

구조주의structuralism: 우리는 언어나 다른 문화적 의미 체계에 의해 구축된 현실에만 접근하고 경험할 수 있다는 세계관. 기호학과 밀접한 관련이 있으며, 내러티브와 관련해서 이 용어는 주로 토도로프, 레비스트로스, 바르트를 포함하는 1960년대 유럽 철학자 및 이론가들이 한 연구를 가리키며, 이들은 내러티브의 기저 구조를 드러내는 데 관심이 있다.

기호학semiotics: 기호 및 기호 체계에 대한 과학과 연구. 특히 영화와 광고 연구에 큰 영향을 미쳤다.

내포 독자implied reader: 이저(Iser, 1974)가 설명한 바와 같이, 실제 독자나 이상적인 독자가 아니라, 우리가 특정한 텍스트 단서에 의해 목표로 삼은 수신자라고 가정하는 독자.

동종 디에게시스 화자homodiegetic narrator: 사건에 참여하는 화자이며 일반적으로 등장인물 중 하나다.

디에게시스diegesis: 전통적으로 디에게시스와 미메시스는 '말하기'와 '보여 주기'를 구분하는 데 사용된다. TV와 영화 내러티브와 관련해서 디에게시스는 내러티브에 묘사된 특정 세계를 가리킨다. 디에게시스적 음악은 등장인물이 들을 수 있지만, 비디에게시스적인 음악은 수용자에게 특정 분위기나 무드를 전달하나 내러티브 세계에 사는 이들에게는 들리지 않는다.

디에게시스 내적 내레이션intradiegetic narration: 내러티브는 예를 들어 한 등장인물이 다른 등장인물에게 자신의 이야기를 들려주는 것처럼 내부에서 상술된다.

디에게시스 외적 내레이션extradiegetic narration: 내러티브가 스토리 세계 외부나 그 '위'의 위치에서 설명되는 경우.

렉시아lexia: 바르트(Barthes, 1975)가 소개한 용어로, 하이퍼링크로 함께 연결된 텍스트의 노드나 블록을 가리키기 위해 인터랙티브 픽션이나 하이퍼텍스트 소설에 대한 논의에서 널리 사용된다.

메털렙시스metalepsis: 주네트(Genette, 1980)가 사용한 용어로, 내러티브 수준의 붕괴 또는 내러티브 외부로부터 야기되는 혼란을 말한다.

모더니즘modernism: 인간의 경험, 기억 등이 어떻게 재현될 수 있는지 도전하기 시작한 20세기 초반의 예술 및 문학 운동.

부자연스러운 내레이션unnatural narration: 물리학이나 논리학 등의 법칙을 위반하여 '자연적'인 것에 대한 우리의 개념에 도전하거나 그것을 파기하는 내러티브. 예를 들어 등장인물이 불가능한 힘을 가진 것처럼 보이는 내러티브 또는 시간이나 지리적 영역 사이를 옮겨 다니는 스토리가 포함될 수 있다.

분산 내러티브distributed narratives: 월드 와이드 웹과 네트워크 문화의 등장으로 가능해진 종류의 내러티브에 대한 워커(Walker, 2004)의 이론. 분산 내러티브는 하나의 특정 저자나 통제자 없이 파편화되어 시간과 공간에 걸쳐 퍼져 있다.

빈도frequency: 사건이 내러티브에서 얼마나 자주 이야기되는가와 관련하여 주네트(Genette, 1980)가 소개한 또 다른 용어다. 일반적으로 우리는 한 번 일어난 일에 대해 한 번 듣는다. 하지만 반복적으로 일어난 일에 대해 한 번만 듣거나 단 한 번 발생한 사건에 대해 반복해서 듣게 될 수도 있다. 지속 시간과 마찬가지로 빈도를 분석하면 사건의 중요성을 알 수 있다.

사건event: 내러티브의 액션의 기본 단위(즉 그것을 따라가는 것). 때로는 상태의 변화로 규정된다.

삼인칭 내러티브third person narrative: 삼인칭으로 이야기하는 내러티브(예를 들어, '그녀는 웨일스에서 태어났지만 세계를 여행하기 위해 떠났다'). 일반적으로 화자가 우리에게 말을 하는 등장인물과 분리되어 있는 내러티브와 관련이 있으며, 보통 화자가 자신이 관계하는 사건과 인물에 대해 모든 것을 알고 있는 것처럼 보이는 전지적 내레이션과 관련된다.

삽입된 내러티브embedded narratives: 예를 들어 소설 속 인물이 특정 사건에 관해 이야기하는 스토리 내 스토리. TV 프로그램에서 경쟁자나 참가자가 데이트하거나 어떤 도전에 참여하는 등의 경험을 이야기하는 경우에 발생할 수 있다. 내러티브 이론가들은 이 현상을 설명하기 위해 알 품기nesting, 양파 껍질, 러시아 인형, 쌓기stacking 등의 은유를 사용한다.

상호텍스트성intertextuality: 모든 텍스트는 다른 텍스트를 반향하며 그 텍스트와의 대화에 참여한다는 개념.

세계 설정worldbuilding: 미디어 내부에서 그리고 미디어 전반에 걸쳐 상상의 세계를 구축하는 것으로 수용자의 적극적인 참여를 포함한다.

수용 이론reception theory: 때때로 독자 반응reader-response 이론이나 수용자 이론과 교차 사용되는 포괄적인 용어로, 내러티브를 읽고, 보고, 듣는 경험이나 과정에 초점을 두는 접근 방식을 포함한다.

순서order: 내러티브에서 사건이 설명되는 경우를 위해 주네트(Genette, 1980)가 고안한 용어. 스토리를 이야기할 때 사건을 연대기적으로 설명할 필요는 없으나, 플래시백이나 플래시포워드와 같은 장치를 포함할 수는 있다.

신뢰할 수 없는 화자unreliable narrator: 사건에 대한 해석을 신뢰할 수 없는 화자. 이는 자신의 수용자를 속이려는 화자의 고의적인 욕망 때문일 수 있다. 한편, 신뢰할 수 없는 것은 피할 수 없는 지식이나 통찰력의 부족 때문일 수도 있다(예를 들어, 너무 어려서 자신이 이야기하는 사건에 대해 충분히 의미를 이해할 수 없는 화자).

신화myth: 반복되는 이야기를 통해 문화 집단이나 공동체에 특별한 힘과 의미를 갖게 되는 내러티브. 바르트는 이 용어를 이데올로기와 매우 비슷하게 사용한다.

연속물serial/**연속물화**serialization: 연속물 내러티브는 분할되어 진행되며, 흔히 오랜 기간에 걸쳐 발전되고 확장되는 다양한 등장인물과 플롯 라인을 특징으로 한다.

융합convergence: 현대 미디어 및 문화와 관련하여 젱킨스(Jenkins, 2006)가 기술한 바와 같이, '구old' 미디어와 '뉴new' 미디어가 결합하고 충돌하는 지속적 과정. 융합 문화에서 콘텐츠는 미디어 사이에서 끊임없이 흐르고, 수용자는 미디어 전체에 걸쳐 콘텐츠를 찾고 연결을 만들어 냄으로써 능동적으로 참여한다.

이데올로기ideology: 자연스럽고 명백해 보이지만 지배 계급의 이익을 반영하는 신념과 규범.

이인칭 내러티브second person narrative: 이인칭으로 이야기하는 내러티브(예를 들어, '당신은 웨일스에서 태어났지만 세계를 여행했습니다'). 이 형식은 최근 디지털 인터랙티브 소설과 부자연스러운 내레이션과 관련하여 많은 주목을 받고 있다.

이종 디에게시스 화자heterodiegetic narrator: 자신이 이야기하는 사건에 참여하지 않는 화자.

이항 대립binary oppositions: 구조주의 언어학에서 의미는 차이에서 파생된다. 이 아이디어를 문화적 형성과 내러티브로 확장하면 이항 대립은 우리가 세상을 근원적 긴장이나 갈등, 예를 들어 선/악, 부자/빈곤, 젊은이/노인으로 구성된 것으로 보는 방식을 구축한다. 내러티브는 주로 이러한 근원적 갈등을 중심으로 전개되지만, 이러한 대립 내부 및 사이에 존재하는 모순과 긴장을 이용하기도 한다.

인지 서사학cognitive narratology: 인지과학 및 마음 이론의 개념과 용어를 활용하는 이 접근 방식은 내러티브 텍스트를 읽는 것과 관련된 인지 과정 및 해당 텍스트가 특정한 마음 상태나 사고 습관을 묘사하는 방법에 중점을 둔다.

일인칭 내레이션first person narration: '나'가 화자가 되어 들려주는 내러티브의 경우를 가리킨다. 이때 '나'는 항상 그런 것은 아니지만 이야기에 참여하며 이야기하는 사건을 경험하는 등장인물(예를 들어, '나는 웨일스에서 태어났지만 세계를 여행하기 위해 떠났다')이다.

자유 간접 담론free indirect discourse: 주로 삼인칭 화자가 자기 내러티브 과정에서 자기 생각을 나타내거나 등장인물의 표현을 사용하는 경우를 가리킬 때 사용한다. 때로는 내러티브가 다른 사람의 관점에 의해 '채색'되는 경우를 가리킨다. 이 장치는 소설 형식의 부상과 밀접하게 연결되어 왔지만 이 내러티브 형식에만 국한되는 것은 아니다.

장르genre: 내러티브의 유형 또는 종류. 장르를 분류하려는 시도는 내러티브의 어떤 형식적 특성 또는 시청자나 독자에게 제공하는 경험의 종류를 가리킬 수도 있다.

젠더gender: 남성과 여성의 생리학적 차이를 토대로 하는 성sex과는 달리, 젠더는 남성다움과 여성다움이 사회적으로 구성되는 방식을 가리킨다.

지속 시간duration: 내러티브의 속도 또는 내러티브가 사건을 전달하는 데 걸리는 시간을 가리키는 주네트(Genette, 1980)의 이론을 말한다. 사건을 설명하는 데 걸리는 시간은 실제 사건 시간과 거의 같은 시간이 소요될 수 있다. 하지만 이와는 달리, 독자에게는 간략한 요약만이 제공되거나 내러티브가 영화의 슬로 모션 시퀀스처럼 특정 행위나 사건을 확장하기도 한다.

참여 내러티브participatory narrative: 사용자의 참여에 의존하는 내러티브 형식(일반적으로 온라인)이다. 여기서 참여는 다양한 형태를 취할 수 있지만, 헨리 젱킨스(Jenkins, 2006)가 규정한 참여 문화의 원칙과 실천 행위를 반영한다.

청자narratee: 화자가 의도하는 수용자로, 특히 이름을 가진 구체적 개인이나 집단에게 화자가 분명하게 직접 말을 거는 상대를 뜻한다.

초점화focalization: '시점point of view'에 대한 대안 용어로 도입된 서사학적 용어. 주네트(Genette, 1980)에 따르면, 초점자focalizer는 내러티브에서 '보는sees' 개체다.

텍스트text: 내러티브는 책, 비디오 게임, 팟캐스트 등과 같이 어떤 한정된 대상이나 물리적 사물의 형태로 우리에게 다가오는 듯하다. 바르트(Barthes, 1977)는 '작품work'에 반하는 '텍스트'라는 용어를 사용하여, 고정된 물질적 산물이라는 개념에서 벗어나 더 유동적인 텍스트가 다른 텍스트에 끊임없이 반응하고 서로 연결되는 방식을 탐구하였다.

트랜스미디어 스토리텔링transmedia storytelling: 헨리 젱킨스(Jenkins, 2007)가 여러 미디어 플랫폼에 걸쳐 배포되고 경험되는 내러티브를 지칭하기 위해 도입한 용어. 그 실천 행위를 규정하려는 시도는 논란의 여지가 있음이 입증되었다. 서사학자들이 사용하는 인터미디어 내러티브intermedial narrative와 트랜스미디어 내러티브transmedial narrative는 이에 필적하는 용어다.

틈gaps/**틈 메우기**gap-filling: 어떤 내러티브도 발생하는 모든 단일 사건에 대해 철저하게 설명할 수 없으므로 우리는 독자 또는 수용자로서 자신의 경험이나 장르 관습 등을 활용하여 이러한 틈을 메우기 위해 상상력이라는 풍부한 자원을 활용한다. 틈과 틈 메우기에 관한 연구는 주로 연속극(연재) 형식에 초점을 두었는데, 여기서 틈 메우기는 독자나 시청자가 텍스트에 대해 지니는 즐거움의 본질적인 부분이라는 주장이다.

파라텍스트paratext: 원래 주네트(Genette, 1997[1987])가 주 내러티브의 문턱 역할을 하는 자료를 가리키기 위해 만든 용어다. 조너선 그레이(Gray, 2010)는 이를 현대 미디어 형식에 적용하여 사용하면서 마케팅 자료와 겉보기에 주변적인 자료가 영화, 비디오 게임, TV 프로그램 등의 의미에 크게 기여할 수 있다고 주장한다.

포스트고전 서사학postclassical narratology: 페미니즘, 퀴어 서사학, 인지 서사학 등을 포함하여 현대 이론가들이 고전 서사학 모델 및 용어에 대응하고 재평가한 다양한 방식을 포함하는 포괄적인 용어다.

포스트모더니즘postmodernism: 1960년대 이후의 문화적 국면으로 문학 및 예술 분야의 운동. 포스트모던 내러티브는 흔히 매우 자의식적이며 특히 비선형성으로 규정할 수 있는 내러티브 형식을 여러모로 활용한다.

프레임frame: 내러티브의 사건이 형성되고 제한되는 방식. 예를 들어, 동화에서 '옛날 옛적에'는 시작, '그들은 오래오래 행복하게 살았다'는 그 끝을 가리킨다.

플래시백flashback: 플래시백 또는 후술법analepsis은 시간순으로 더 일찍 일어난 사건을 내러티브에 삽입하는 것을 가리킨다. 예를 들어 죽음을 눈앞에 둔 등장인물이 자신의 유년 시절을 되돌아보는 경우를 들 수 있다.

플래시포워드flashforward: 어떤 재난과 같은 것에 대한 예고나 예언과 같이 아직 일어나지 않은 사건이 내러티브에 나오는 예기적 서술법prolepsis이라고도 한다.

하이퍼리얼리티hyperreality: 포스트모던 문화에서 대상과 그 재현 사이의 구별이 무너져 현실과 시뮬레이션의 차이를 더 말할 수 없다는 개념이다.

하이퍼텍스트 소설hypertext fiction: 1980년대에 등장한 '전자 소설electronic fiction'의 한 형태. 하이퍼텍스트 링크가 독자에게 텍스트를 탐색하는 다양한 방법을 제공함으로써 반복할 수 없는 복잡한 비선형 내러티브가 생성된다.

현재성nowness: TV 내러티브의 특별한 특징에 대한 피스크(Fiske, 1987)의 용어로, 사건이 전개됨에 따라 수용자에게 등장인물이나 화면상의 인물들과 사건을 공유하는 실제 경험이나 인식된 경험을 제공한다.

참고 문헌

서론

Abbott, H. P. (2008) (2nd ed.) *The Cambridge Introduction to Narrative*. Cambridge: Cambridge University Press.

Barthes, R. (1977) Introduction to the Structural Analysis of Narratives. In *Image-Music-Text*. Transl. S. Heath. London: Fontana, 79~124.

Bruner, J. (2004[1987]) Life as Narrative. *Social Research*, 71/3, 691~710. Accessed 12/8/15 at http://ewasteschools.pbworks.com/f/Bruner_J_LifeAsNarrative.pdf

Cobley, P. (2014) (2nd ed.) *Narrative*. London: Routledge.

Fludernik, M. (1996) *Towards a 'Natural' Narratology*. London: Routledge.

Forster, E. M. (1963[1927]) *Aspects of the Novel*. Harmondsworth: Penguin.

Fulton, H. (2005) (ed.) *Narrative and Media*. Cambridge: Cambridge University Press.

Herman, D. (1999) (ed.) *Introduction. Narratologies: New Perspectives on Narrative Analysis*. Columbus: Ohio State University Press.

Herman, D. (2005) Storyworlds. In *Routledge Encyclopedia of Narrative Theory*, eds. D. Herman, M. Jahn and M-L. Ryan. London: Routledge, 569.

Herman, D. (2009) *Basic Elements of Narrative*. London: Blackwell.

Kukkonen, K. (2013) *Studying Comics and Graphic Novels*. London: Blackwell.

Manovich, L. (2001) *The Language of New Media*. Cambridge, MA: MIT Press.

McCloud, S. (1993) *Understanding Comics*. New York: Harper Perennial.

Prince, G. (1982) *Narratology: The Form and Functioning of Narrative*. Berlin: Mouton.

Prince, G. (1987) *A Dictionary of Narratology*. Lincoln: University of Nebraska Press.

Prince, G. (1988) The Disnarrated. *Style*, 22, 1~8.

Richardson, B. (2007) Drama and Narrative. In *The Cambridge Companion to Narrative*, ed. D. Herman. Cambridge: Cambridge University Press, 142~155.

Ryan, M-L. (1992) The Modes of Narrativity and Their Visual Metaphors. *Style*, 26, 368~387.

Ryan, M-L. (2005) Narrative and the Split Condition of Digital Textuality. dichtung-digital. Accessed 5/3/15 at http://www.dichtung-digital.de/2005/1/Ryan/

Ryan, M-L. (2007) Toward a Definition of Narrative. In *The Cambridge Companion to Narrative*, ed. D. Herman. Cambridge: Cambridge University Press, 22~35.

Ryan, M-L. (2010) Fiction, Cognition and Non-Verbal Media. In *Intermediality and Storytelling*, eds. M. Grishakova and M-L. Ryan. New York: DeGruyter, 8~26.

Schiff, B. (2007) The Promise (and Challenge) of an Innovative Narrative psychology. In *Narrative – State of the Art*. ed. M. Bamberg. Baltimore: Johns Hopkins University Press, 27~36.

Scholes, R., Kellogg, R. & Phelan, J. (2006) *The Nature of Narrative*. Oxford: Oxford University Press.

Strawson, G. (2004) Against Narrativity. Ratio, XVII. Accessed 27/3/14 at http://www.lchc.ucsd.edu/mca/Paper/against_narrativity.pdf

Turner, G. (2006) (4th ed.) *Film as Social Practice*. London: Routledge

1장

Barthes, R. (1993[1957]) *Mythologies*. Transl. A. Lavers. London: Vintage.

Bettelheim, B. (1991) *The Uses of Enchantment*. Harmondsworth: Penguin.

Bordwell, D. (1988) ApProppriations and ImProppriieties: Problems in the Morphology of Film Narrative. *Cinema Journal*, 27(3), 5~20.

Bordwell, D. & Thompson, K. (2008) (8th ed.) *Film Art*. New York: McGraw-Hill.

Bremond, C. (1980) The Logic of Narrative Possibilities. *New Literary History*, 11, 387~411.

Campbell, J. (1973) (2nd ed.) *The Hero with a Thousand Faces*. Princeton: Princeton University Press.

Eco, U. (1985) Strategies of Lying. In *On Signs*, ed. M. Blonsky. Baltimore: Johns Hopkins University Press, 3~11.

Fiske, J. (1987) *Television Culture*. London: Routledge.

Greimas, A. J. (1983[1966]) *Structural Semantics: An Attempt at a Method*. Transl. D. McDowell, R. Schleifer and A. Velie. Lincoln: University of Nebraska Press.

Henley, J. (2013) Philip Pullman: 'Loosening the chains of the imagination'. *The Guardian*. Accessed 24/3/15 at http://www.theguardian.com/lifeandstyle/2013/aug/23/philip-pullman-dark-materials-children

Lacey, N. (2000) *Narrative and Genre*. Basingstoke: Macmillan.

Lendvai, P., Declerck, T., Daranyi, S. & Malec, S. (2010) Propp Revisited: Integration of

Linguistic Markup into Structured Content Descriptors of Tales. Paper presented at the Digital Humanities Conference, King's College London. Accessed 9/8/2013 at http://dh2010.cch.kcl.ac.uk/academic-programme/abstracts/papers/html/ab-753.html

Malec, S. A. Proppian Structural Analysis and XML Modeling. Accessed 9/8/2013 at http://clover.slavic.pitt.edu/sam/propp/theory/propp.html

Newman, J. (2004) *Videogames*. New York: Routledge.

Propp, V. (2003[1968]) *Morphology of the Folk Tale*. Transl. L. Scott. Austin: University of Texas Press.

Scholes, R. (1974) *Structuralism in Literature: An Introduction*. New Haven: Yale University Press.

Turner, G. (2006) (4th ed.) *Film as Social Practice*. London: Routledge.

Vogler, C. (1998) *The Writer's Journey: Mythic Structures for Writers*. Studio City, CA: Michael Wiese Productions.

Warner, M. (1995) *From the Beast to the Blonde: On Fairy Tales and Their Tellers*. London: Vintage.

Zipes, J. (1993) *The Trials and Tribulations of Little Red Riding Hood: Versions of the Tale in Sociocultural Context*. London: Routledge

2장

Abbott, H. P. (2008) (2nd ed.) *The Cambridge Introduction to Narrative*. Cambridge: Cambridge University Press.

Barthes, R. (1977) Introduction to the Structural Analysis of Narratives. In *Image-Music-Text*. Transl. S. Heath. London: Fontana.

Booth, P. (2012) *Time on TV: Temporal Displacement and Mashup Television*. New York: Peter Lang.

Chatman, S. (1978) *Story and Discourse: Narrative Structure in Fiction and Film*. Ithaca: Cornell University Press.

Cixous, H. (1981) Sorties. In *New French Feminisms*, eds. E. Marks & I. de Courtivron. Brighton: Harvester, 90~99.

Dundes, A. (2003 [1968]) *Introduction to the Second Edition of Morphology of the Folktale* by V. Propp. Austin: University of Texas Press, xi-xvii.

Fiske, J. (1990) (2nd ed.) *Introduction to Communication Studies*. London: Routledge.

Foucault, M. (1991) *Discipline and Punish: The Birth of the Prison*. Trans. A. Sheridan. London: Penguin.

Genette, G. (1980) *Narrative Discourse*. Transl. J. Lewin. Ithaca: Cornell University Press.

Hjelmslev, L. (1969) *Prolegomena to a Theory of Language*. Transl. F. J. Whitfield. Madison: University of Wisconsin Press.

Lacey, N. (2000) *Narrative and Genre*. Basingstoke: Macmillan.

Levi-Strauss, C. (1955) The Structural Study of Myth. *The Journal of American Folklore*, 68/270, 428~444.

Levi-Strauss, C. (1966) *The Savage Mind*. London: Weidenfeld & Nicolson.

Levi-Strauss, C. (2000[1967]) The Structural Study of Myth. In *The Narrative Reader*, ed. M. Mcquillan. London: Routledge.

Lodge, D. (1980) Analysis and Interpretation of the Realist Text: A Pluralistic Approach to Ernest Hemingway's 'Cat in the Rain'. *Poetics Today*, 1/4, 5~22.

Phelan, J. (1989) *Reading People, Reading Plot: Character, Progression and the Interpretation of Narrative*. Chicago: University of Chicago Press.

Rimmon-Kenan, S. (1983) *Narrative Fiction: Contemporary Poetics*. London: Methuen.

Todorov, T. (1971) *The Two Principles of Narrative*. Diacritics I, 1, 37~54.

Turner, G. (2006) (4th ed.) *Film as Social Practice*. London: Routledge.

3장

Abbott, H. P. (2008) (2nd ed.) *The Cambridge Introduction to Narrative*. Cambridge: Cambridge University Press.

Bakhtin, M. (1981) *The Dialogic Imagination*. Transl. C. Emerson & M. Holquist. Austin: University of Texas Press.

Bolter, J. & Grusin, R. (2000) *Remediation: Understanding New Media*. Cambridge, MA: MIT Press.

Branigan, E. (1992) *Narrative Comprehension and Film*. London: Routledge.

Chatman, S. (1978) *Story and Discourse: Narrative Structure in Fiction and Film*. Ithaca: Cornell University Press.

Chatman, S. (1990) *Coming to Terms: The Rhetoric of Narrative in Fiction and Film*. Ithaca: Cornell University Press.

Ciccoricco, D. (2014) Digital Fiction and Worlds of Perspective. In *Analyzing Digital Fiction*, eds. A. Bell, A. Ensslin & H. Rustad. London: Routledge, 39~56.

Genette, G. (1980) *Narrative Discourse*. Transl. J. E. Lewin. Ithaca: Cornell University Press.

Golding, W. (1956) *Pincher Martin*. London: Faber & Faber.

Herman, D. (2002) *Story Logic: Problems and Possibilities of Narrative*. Lincoln: University of

Nebraska Press.
Jahn, M. (2005) Focalization. In *Routledge Encyclopedia of Narrative*, eds. D. Herman, M-L. Ryan & M. Jahn. London: Routledge, 173～177.
Jeffries, L. (2009) *Critical Stylistics*. Basingstoke: Palgrave Macmillan.
Lanser, S. (1981) *The Narrative Act: Point of View in Prose Fiction*. Princeton: Princeton University Press.
Leech, G. & Short, M. H. (1981) *Style in Fiction*. Harlow: Longman.
Mills, S. (1995) *Feminist Stylistics*. London: Routledge.
Murphet, J. (2005) Narrative Time. Narrative Voice. Point of View. In *Narrative and Media*, ed. H. Fulton. Cambridge: Cambridge University Press, 60～95.
Ong, W. (1982) *Orality and Literacy: The Technologizing of the Word*. London: Methuen.
Palmer, A. (2004) *Fictional Minds*. Lincoln: University of Nebraska Press.
Richardson, B. (2006) *Unnatural Voices: Extreme Narration in Modern and Contemporary Fiction*. Columbus: Ohio State University Press.
Rimmon-Kenan, S. (1983) *Narrative Fiction: Contemporary Poetics*. London: Methuen.
Round, J. (2007) *Visual Perspective and Narrative Voice in Comics: Redefining Literary Terms*. International Journal of Comic Art, 9(2), 316～329.
Ryan, M-L. (1990) Stacks, Frames and Boundaries, or Narrative as Computer Language. *Poetics Today*, 11(4), 873～899.
Thomas, B. (2011) Frame. In *The Encyclopedia of the Novel*, ed. P. Logan. Malden, MA: Wiley Blackwell, 320～325.
Thomas, B. (2012) *Fictional Dialogue: Speech and Conversation in the Modern and Postmodern Novel*. Lincoln: University of Nebraska Press.
Thomas, B. (2014) 140 Characters in Search of a Story: Twitterfiction as an Emerging Narrative Form. In *Analyzing Digital Fiction*, eds. A. Bell & A. Ensslin. London: Routledge.

4장

Altes, L. K. (2005) Ethical Turn. In *Routledge Encyclopedia of Narrative Theory*, eds. D. Herman, M. Jahn & M-L. Ryan. London: Routledge, 142～146.
Althusser, L. (1971) *Lenin and Philosophy and Other Essays*. London: New Left Books.
Bakhtin, M. (1981) *The Dialogic Imagination*. Transl. C. Emerson & M. Holquist. Austin: University of Texas Press.
Barthes, R. (1993[1957]) *Mythologies*. Transl. A. Lavers. London: Vintage.

Bennett, P. & McDougall, J. (2013) *Barthes' 'Mythologies' Today: Readings of Contemporary Culture*. London: Routledge.

Booth, W. C. (1961) *The Rhetoric of Fiction*. Chicago: Chicago University Press.

Dovey, J. (2000) *Freakshow: First Person Media and Factual Television*. London: Pluto Press.

Fiske, J. (1987) *Television Culture*. London: Routledge.

Fiske, J. & Hartley, J. (1978) *Reading Television*. London: Methuen.

Galtung, J. & Ruge, M. (1965) The Structure of Foreign News. *Journal of International Peace Research*, 1, 64～91.

Gramsci, A. (1971) *Selections from the Prison Notebooks*. Transl. Q. Hoare & G. Nowell-Smith. London: Lawrence & Wishart.

Hebdige, D. (1979) *Subculture: The Meaning of Style*. London: Methuen.

Herman, L. & Vervaek, B. (2007) Ideology. In *The Cambridge Companion to Narrative*, ed. D. Herman. Cambridge: Cambridge University Press, 217～230.

Lewis, J. (2002) *Cultural Studies: The Basics*. London: Sage.

Lyotard, J. (1984) *The Postmodern Condition*. Transl. G. Bennington & B. Massumi. Minneapolis: University of Minnesota Press.

Macherey, P. (1978) *A Theory of Literary Production*. Transl. G. Wall. London: Routledge & Kegan Paul.

Masterman, L. (ed.) (1984) *Television Mythologies*. London: Comedia.

McHale, B. (1992) *Constructing Postmodernism*. London: Routledge.

Phelan, J. (2007) Rhetoric/Ethics. In *The Cambridge Companion to Narrative*, ed. D. Herman. Cambridge: Cambridge University Press, 203～216.

Rimmon-Kenan, S. (1983) *Narrative Fiction: Contemporary Poetics*. London: Methuen.

Simpson, P. (1993) *Language, Ideology and Point of View*. London: Routledge.

Tambling, J. (1991) *Narrative and Ideology*. Milton Keynes: Open University Press.

Toolan, M. (2001) (2nd ed.) *Narrative: A Critical Linguistic Introduction*. London: Routledge.

Turner, G. (2006) *Film as Social Practice*. London: Routledge.

Wales, K. (2001) (2nd ed.) *A Dictionary of Stylistics*. Harlow: Longman.

White, M. (1992) Ideological Analysis and Television. In *Channels of Discourse: Reassembled*, ed. R. C. Allen. London: Routledge, 161～202.

Williamson, J. (1978) *Decoding Advertisements*. London: Marion Boyars.

Zižek, S. (1989) *The Sublime Object of Ideology*. London: Verso.

5장

Allen, R. C. (1992) Audience-Oriented Criticism and Television. In *Channels of Discourse: Reassembled*, ed. R. C. Allen. London: Routledge, 101~137.

Barthes, R. (1975a) *The Pleasure of the Text*. Transl. R. Miller. New York: Hill & Wang.

Barthes, R. (1975b) *S/Z*. Transl. R. Miller. London: Jonathan Cape.

Barthes, R. (1977) *Image-Music-Text*. Transl. S. Heath. London: Harper Collins. [Includes 'The Death of the Author' and 'From Work to Text'.]

Fiske, J. (1987) *Television Culture*. London: Routledge.

Freund, E. (1987) *The Return of the Reader: Reader-Response Criticism*. London: Methuen.

Hall, S. (1980) Encoding/Decoding. In *Culture, Media and Language*, eds. S. Hall, D. Hobson, A. Lowe & P. Willis. London: Hutchinson, 128~139.

Ingarden, R. (1973) *The Cognition of the Literary Work of Art*. Transl. R. A. Crowly & K. R. Olsen. Evanston: Northwestern University Press.

Iser, W. (1974) *The Implied Reader*. Baltimore: Johns Hopkins University Press.

Iser, W. (1978) *The Act of Reading*. Baltimore: Johns Hopkins University Press.

Iser, W. (2006) *How to Do Theory*. Oxford: Blackwell.

Landow, G. (2006) (3rd ed.) *Hypertext 3.0*. Baltimore: Johns Hopkins University Press.

Morley, D. (1986) *Family Television*. London: Comedia.

Ryan, M-L. (2001) *Narrative as Virtual Reality: Immersion and Interactivity in Literature and Electronic Media*. Baltimore: Johns Hopkins University Press.

Thomas, B. (2014) 140 Characters in Search of a Story: Twitterfiction as an Emerging Narrative Form. In *Analysing Digital Fiction*, eds. A. Bell, A. Ensslin & H. Rustad. London: Routledge, 94~108.

Vonnegut, K. (1987[1969]) *Slaughterhouse Five*. London: Triad Grafton.

6장

Ball, V. (2012) The "FEMINIZATION" of British Television and the Re-Traditionalization of Gender, *Feminist Media Studies*, 12(2), 248~264.

Berger, J. (1990[1972]) *Ways of Seeing*. Harmondsworth: Penguin.

Butler, J. (1999) (2nd ed.) *Gender Trouble*. London: Routledge.

Cixous, H. (2000[1975]) Sorties. In *Modern Criticism and Theory: A Reader*, eds. D. Lodge & N. Wood. Harlow: Longman, 358~365.

Ensslin, A. (2012) *The Language of Gaming*. Basingstoke: Palgrave.

Farokhmanesh, M. (2014) How Naughty Dog Created a Partner not a Burden, with Ellie in

The Last of Us. Accessed 20/3/15 at http://www.polygon. com/2014/3/22/5531146/the-last-of-us-ellie-was-designed-to

Fiske, J. (1987) *Television Culture*. London: Routledge.

Gamman, L. & Marshmant, M. (eds.) (1988) *The Female Gaze*. London: Women's Press.

Goffman, E. (1979) *Gender Advertisements*. New York: Harper & Row.

Haraway, D. J. (1991) *Simians, Cyborgs and Women: The Reinvention of Nature*. New York: Routledge.

Jeffries, S. (2013) Soap Operas: Has the Bubble Burst? Accessed 20/3/15 at http://www.theguardian.com/tv-and-radio/2013/oct/01/soap-operas-has-thebubble-burst

Kaplan, E. A. (1992) Feminist Criticism and Television. In *Channels of Discourse: Reassembled*, ed. R. C. Allen. London: Routledge, 247~283.

Kearney, M. C. (ed.) (2012) *The Gender and Media Reader*. London: Routledge.

Lanser, S. (1991) Toward a Feminist Narratology. In *Feminisms: An Anthology*, eds. R. Warhol and D. P. Herndl. New Brunswick: Rutgers University Press, 610~629.

Meehan, D. (1983) *Ladies of the Evening: Women Characters of Prime-Time Television*. Metuchen, NJ: Scarecrow Press.

Modleski, T. (1982) *Loving with a Vengeance: Mass-Produced Fantasies for Women*. Hamden, CT: Archon.

Modleski, T. (1983) The Rhythms of Reception: Daytime Television and Women's Work. In *Regarding Television: Critical Approaches – an Anthology*, ed. E. A. Kaplan. Frederick, MD: University Publications of America.

Mulvey, L. (1975) Visual Pleasure and Narrative Cinema. *Screen*, 16(3), 6~18.

Page, R. (2006) *Literary and Linguistic Approaches to Feminist Narratology*. Basingstoke: Palgrave.

Page, R. (2007) Gender. In *The Cambridge Companion to Narrative*, ed. D. Herman. Cambridge: Cambridge University Press, 189~202.

Robinson, S. (1991) *Engendering the Subject: Gender and Self-Representation in Contemporary Women's Fiction*. New York: State University of New York Press.

Roof, J. (1996) *Come as You Are: Sexuality and Narrative*. New York: Columbia University Press.

Showalter, E. (1977) *A Literature of Their Own: British Women Novelists from Brontë to Lessing*. Princeton: Princeton University Press.

Spender, D. (1985) *Man Made Language*. London: Routledge & Kegan Paul.

Taber, N., Woloshyn, V. & Lane, L. (2013) 'She's MORE LIKE a GUY' and 'HE'S MORE

LIKE a TEDDY BEAR': GIRLS' PERCEPTION of VIOLENCE and GENDER in The Hunger Games. *Journal of Youth Studies*, 16(8), 1022~1037.

Tuchman, G. (1978) The SYMBOLIC ANNIHILATION of WOMEN by the MASS MEDIA. In *Hearth and Home: Images of Women in the Mass Media*, eds. G. Tuchman, A. K. Daniels & J. Benet. New York: Oxford University Press, 3~45.

Warhol, R. (1999) Guilty Cravings: What Feminist Narratology Can Do for Cultural Studies. In *Narratologies: New Perspectives on Narrative Analysis*, ed. D. Herman. Columbus: Ohio State University Press, 340~355.

Warhol, R. (2003) *Having a Good Cry: Effeminate Feelings and Pop-Cultural Forms*. Columbus: Ohio State University Press.

Warhol, R. (2010) Gender. In *Teaching Narrative Theory*, eds. D. Herman, B. McHale & J. Phelan. New York: The Modern Language Association of America, 237~251.

Warhol, R. & Lanser, S. (2016) *Narrative Theory Unbound: Queer and Feminist Interventions*. Columbus: Ohio State University Press.

Woolf, V. (1977[1929]) *A Room of One's Own*. London: Grafton Books.

7장

Abercrombie, N. (1996) *Television and Society*. Cambridge: Polity Press.

Altman, R. (1984) A Semantic/Syntactic Approach to Film Genre. *Cinema Journal*, 23(3), 6~18.

Austin, J. L. (1962) *How to Do Things with Words*. Oxford: Oxford University Press.

Bakhtin, M. M. (1986) *Speech Genres and Other Late Essays*. Transl. V. W. McGee. Austin: University of Texas Press.

Ball, V. (2012) The 'Feminization' of British Television and the Re-Traditionalization of Gender. *Feminist Media Studies*, 12(2), 248~264.

Baudrillard, J. (1994) *Simulacra and Simulacrum*. Transl. S. F. Glaser. Ann Arbor: University of Michigan Press.

Bordwell, D. (1989) *Making Meaning: Inference and Rhetoric in the Interpretation of Cinema*. Cambridge, MA: Harvard University Press.

Bruner, J. (2004) Life as Narrative. *Social Research*, 71(3), 691~710.

Buckingham, D. (1993) *Children Talking Television: The Making of Television Literacy*. London: Falmer Press.

Chandler, D. (1997) An Introduction to Genre Theory. Accessed 20/3/15 at http://www.aber.ac.uk/media/Documents/intgenre/chandler_genre_theory.pdf

Cobley, P. (2014) (2nd ed.) *Narrative.* London: Routledge.

Couldry, N. (2004) Liveness, 'Reality', and the Mediated Habitus from Television to the Mobile Phone. *Communication Review*, 7(4), 353~361.

Creeber, G. (2008) (2nd ed.) *The Television Genre Book*. Basingstoke: Palgrave.

Derrida, J. (1990[1980]) The Law of Genre. In *Acts of Literature*, ed. D. Attridge, transl. A. Ronell. New York: Routledge.

Dovey, J. (2000) *Freakshow: First Person Media and Factual Television*. London: Pluto Press.

Dovey, J. (2008) Introduction. Reality TV. In *The Television Genre Book*, ed. G. Creeber. Basingstoke: Palgrave, 134~136.

Ellis, J. (1992) *Visible Fictions*. London: Routledge.

Feuer, J. (1992) Genre Study and Television. In *Channels of Discourse: Reassembled* (2nd ed.), ed. R. C. Allen. London: Routledge.

Fiske, J. (1987) *Television Culture.* London: Routledge.

Fiske, J. & Hartley, J. (1978) *Reading Television*. London: Methuen.

Fowler, A. (1982) *Kinds of Literature: An Introduction to the Theory of Genres and Modes.* Cambridge, MA: Harvard University Press.

Frank, A. (1997) *The Wounded Storyteller: Body, Illness and Ethics*. Chicago: University of Chicago Press.

Green, K. & LeBihan, J. (1996) *Critical Theory and Practice*. London: Routledge.

Highmore, B. (2001) (ed.) *The Everyday Life Reader*. London: Routledge.

Hill, A. (2007) *Restyling Factual TV: Audiences and News, Documentary and Reality Genres.* London: Routledge.

Hill, A. (2008) Audiences and Reality TV. In *The Television Genre Book* (2nd ed.), ed. G. Creeber. Basingstoke: Palgrave, 137.

Lacey, N. (2000) *Narrative and Genre*. Basingstoke: Macmillan.

Margolin, U. (1999) Of What Is Past, Is Passing, or to Come: Temporality, Aspectuality, Modality and the Nature of Literary Narrative. In *Narratologies: New Perspectives on Narrative Analysis*, ed. D. Herman. Columbus: Ohio State University Press, 142~166.

Miller, T. (2010) *Television Studies: The Basics*. London: Routledge.

Mittell, J. (2006) Narrative Complexity in Contemporary American Television. *The Velvet Light Trap*, 58, 29~40.

Modleski, T. (1983) The Rhythms of Reception: Daytime Television and Women's Work. In *Regarding Television: Critical Approaches – an Anthology*, ed. E. A. Kaplan. Frederick, MD: University Publications of America.

Neale, S. (2008) Studying Genre. In *The Television Genre Book*, ed. G. Creeber. Basingstoke: Palgrave, 3~5.

Propp, V. (2003[1928]) *Morphology of the Folk Tale*. Transl. L. Scott. Austin: University of Texas Press.

Pyrhonen, H. (2007) Genre. In *The Cambridge Companion to Narrative*, ed. D. Herman. Cambridge: Cambridge University Press, 109~123.

Richardson, B. (2006) *Unnatural Voices: Extreme Narration in Modern and Contemporary Fiction*. Columbus: Ohio State University Press.

Ryan, M-L. (2006) *Avatars of Story*. Minneapolis: University of Minnesota Press.

Smith, A. N. (2014) True Detective and the Pleasures of Genre Uncertainty. CST Online. Accessed 20/3/15 at http://cstonline.tv/true-detective-and-the-plea sures-of-genre-uncertainty

Stam, R. (2000) *Film Theory*. Oxford: Blackwell.

Thomas, B. (2012) *Fictional Dialogue: Speech and Conversation in the Modern and Postmodern Novel*. Lincoln: University of Nebraska Press.

Todorov, T. (1975) *The Fantastic: A Structural Approach to a Literary Genre*. Ithaca: Cornell University Press.

Todorov, T. (1977) The Typology of Detective Fiction. In *The Poetics of Prose*. Transl. R. Howard. Oxford: Blackwell, 42~52.

Williams, R. (1974) *Television: Technology and Cultural Form*. London: Fontana.

8장

Aarseth, E. (1997) *Cybertext: Perspectives on Ergodic Literature*. Baltimore: Johns Hopkins University Press.

Bell, A. (2010) *The Possible Worlds of Hypertext Fiction*. Basingstoke: Palgrave.

Bell, A. & Ensslin, A. (2011) 'I know what it was. You know what it was:' Second Person Narration in Hypertext Fiction. *Narrative*, 19(3), 311~329.

Bell, A. & Ensslin, A. (2014) *Analyzing Digital Fiction*. London: Routledge.

Booth, P. (2012) *Time on TV: Temporal Displacement and Mashup Television*. New York: Peter Lang.

Ciccoricco, D. (2014) Digital Fiction and Worlds of Perspective. In *Analyzing Digital Fiction*, eds. A. Bell, A. Ensslin & H. Rustad. London: Routledge, 39~56.

Doherty, T. (2014) The Paratext's the Thing. The Chronicle of Higher Education. Accessed 23/3/15 at http://chronicle.com/article/The-Paratexts-the-Thing/143761/

Ellis, J. (1992) *Visible Fictions*. London: Routledge.

Ensslin, A. (2007) *Canonizing Hypertext*. London: Continuum.

Ensslin, A. (2012) *The Language of Gaming*. Basingstoke: Palgrave.

Ensslin, A. (2014) Playing with Rather than by the Rules: Metaludicity, Allusive Fallacy, and Illusory Agency in The Path. In *Analyzing Digital Fiction*, eds. A. Bell, A. Ensslin & H. Rustad. London: Routledge, 75~93.

Fitzpatrick, K. (2011) *Planned Obsolescence: Publishing, Technology and the Future of the Academy*. New York: New York University Press.

Genette, G. (1997[1987]) *Paratexts*. Transl. J. Lewin. Cambridge: Cambridge University Press.

Gray, J. (2010) *Show Sold Separately: Promos, Spoilers and Other Media Paratexts*. New York: New York University Press.

Gray, J. & Mittell, J. (2007) Speculation on Spoilers: Lost Fandom, Narrative Consumption and Rethinking Textuality. *Participations* 4(1). Accessed 20/3/15 at http://www.participations.org/Volume%204/Issue%201/4_01_graymittell.htm

Grishakova, M. & Ryan, M-L. (eds.) (2010) *Intermediality and Storytelling*. Berlin: DeGruyter.

Jenkins, H. (1992) *Textual Poachers: Television Fans and Participatory Culture*. London: Routledge.

Jenkins, H. (2006a) *Convergence Culture: Where Old and New Media Collide*. New York University Press.

Jenkins, H. (2006b) Confronting the Challenges of Participatory Culture: Media Education for the 21st Century (Part One). Accessed 20/3/15 at http://hen ryjenkins.org/2006/10/confronting_the_challenges_of.html

Jenkins, H. (2007) Transmedia Storytelling 101. Accessed 20/3/15 at http:// henryjenkins.org/2007/03/transmedia_storytelling_101.html

Jenkins, H. (2011) Transmedia 202: Further Reflections. Accessed 20/3/15 at http://henryjenkins.org/2011/08/defining_transmedia_further_re.html

Jenkins, H. (2013) Transmedia Storytelling and Entertainment: A New Syllabus. Accessed 12/8/15 at http://henryjenkins.org/2013/08/transmedia-storytell ing-and-entertainment-a-new-syllabus.html

Johnson, D. (2007) Fan-tagonism: Factions, Institutions, and Constitutive Hegemonies of Fandom. In *Fandom: Identities and Communities in a Mediated World*, eds. J. Gray, C. Sandvoss & C. L. Harrington. New York: New York University Press, 285~300.

Jones, M. (2011) Transmedia Storytelling Is Bullshit . . . . Accessed 20/3/15 at http://www.mikejones.tv/journal/2011/4/4/transmedia-storytelling-isbullshit. html

Jones, M. (2012) Transmedia. It's Not a Brand. It's Not a Campaign. It's Not Fucking Advertising! Accessed 20/3/15 at http://www.mikejones.tv/journal/2012/7/9/transmedia-its-not-a-brand-its-not-a-campaign-its-notfuckin.html

Joyce, M. (2001) *Othermindedness: The Emergence of Network Culture*. Ann Arbor: University of Michigan Press.

Nelles, W. (2012) Microfiction: What Makes a Very Short Story Very Short. *Narrative*, 20(1), 87~104.

Page, R., Harper, R. & Frobenius, M. (2013) From Small Stories to NetworkedNarrative: The Evolution of Personal Narratives in Facebook Status Updates. *Narrative Inquiry*, 23(1), 192~213.

Page, R. & Thomas, B. (2012) *New Narratives: Stories and Storytelling in the Digital Age*. Lincoln: University of Nebraska Press.

Pugh, S. (2005) *The Democratic Genre: Fan Fiction in a Literary Context*. Bridgend: Seren Books.

Ryan, M-L. (2001) *Narrative as Virtual Reality: Immersion and Interactivity in Literature and Electronic Media*. Baltimore: Johns Hopkins University Press.

Ryan, M-L. (2002) Beyond Myth and Metaphor: Narrative in Digital Media. *Poetics Today*, 23(4), 581~609.

Ryan, M-L. (2006) *Avatars of Story*. Minneapolis: University of Minnesota Press.

Ryan, M-L. (2013) Transmedial Storytelling and Transfictionality. *Poetics Today*, 34(3), 361~88.

Ryan, M-L. & Thon, J.N. (2014) *Storyworlds across Media: Towards a Media-Conscious Narratology*. Lincoln: University of Nebraska Press.

Sconce, J. (2004) Star Trek, Heaven's Gate, and Textual Transcendence. In *Cult Television*, eds. S. Gwenllian-Jones & R. Pearson. Minneapolis: University of Minnesota Press, 199~222.

Turk, T. (2011) Metalepsis in Fan Vids and Fan Fiction. In *Metalepsis in Popular Culture*, eds. K. Kukkonen & S. Klimek. Berlin: Walter de Gruyter, 83~103.

Walker, J. (2004) Distributed Narrative: Telling Stories Across Networks. In Paper presented at AOIR 5.0, Brighton UK. Accessed 20/3/15 at: http://jilltxt.net/txt/Walker-AoIR-3500words.pdf

Wolf, M.J.P. (2012) *Building Imaginary Worlds: The Theory and History of Subcreation*.

London: Routledge.

9장

Altman, R. (2008) *A Theory of Narrative*. New York: Columbia University Press.

Herman, D. (2014) Narratology Beyond the Human. Diegesis. 3.2. Accessed 12/8/15 at https://www.diegesis.uni-wuppertal.de/index.php/diegesis/article/view/165

Jones, K. & Hearing, T. (2013) Turning Research into Film. In *Qualitative Research for the Social Sciences*, ed. M. Lichtman. London: Sage, 184~189.

Lilleker, D. (2014) Autobiography and Political Marketing: Narrative and the Obama Brand. In *Real Lives, Celebrity Stories: Narratives of Ordinary and Extraordinary People Across Media*, eds. B. Thomas & J. Round. London: Bloomsbury, 129~149.

Salmon, C. (2010) *Storytelling: Bewitching the Modern Mind*. Transl. D. Macey. London: Verso.

Living Handbook of Narratology (Wiki/Open Access Resource). http://www.lhn.uni-hamburg.de

Narrative Wiki (hosted by the International Society for the Study of Narrative). http://narrative.georgetown.edu/wiki/index.php/Main_Page

Semiotics for Beginners. http://visual-memory.co.uk/daniel/Documents/S4B/semiotic.html

A Guide to Narratological Film Analysis (Manfred Jahn). http://www.uni-koeln.de/~ame02/pppf.htm

Gender Ads Project – resource of over 4000 ads. http://www.genderads.com

찾아보기